Das erste Mal, dass ich ahnte: „Es gibt ihn doch", war noch am Anfang der Reha in der Schweiz. Gerade fing mir an zu dämmern, dass ich diesmal nicht glimpflich davongekommen war. Ich würde nicht wie nach meinen sonstigen Unfällen auf meinen eigenen Beinen gesund und munter die Klinik verlassen. Es sah richtig übel aus und vermutlich würde es auch so bleiben. *Du wirst nie wieder laufen können, nie wieder selbstständig leben.*

Alles, was mir auch nur irgendwie, irgendwann mal vorgeschwebt hatte, lag nun in Ruinen vor mir. Drei endlose Monate lang hatte ich auf dem Rücken gelegen, mit dem Kopf eingespannt in einer Schraubstockkonstruktion. Kurz nachdem ekelhafte, demütigende Dinge mit mir gemacht worden waren, „durfte" ich ein paar Minuten im Rollstuhl sitzen. Man fuhr mich auf den Balkon. Schmerzen. Frustration. Alle Träume für ewig zerplatzt?

Samuel Koch
Rolle vorwärts

Das Leben geht weiter, als man denkt

adeo

Inhalt

Lieber Samuel,

als ich Dich für „Honig im Kopf" gecastet habe, war ich von Dir bereits als Mensch und dann auch als Schauspieler beeindruckt. Seitdem haben wir gemeinsam einen Kinofilm gedreht, einige Feste gefeiert und sogar die letzte Folge von „Wetten, dass..?" durchgestanden. Jetzt lese ich Dein Buch und bin erneut beeindruckt: Deine „Kopfgrütze", wie Du es nennst, ist so ziemlich das spannendste, rührendste, traurigste und wahrhaftigste Buch, das ich in der letzten Zeit gelesen habe.

Wenn Du beschreibst, wie nach Deinem Unfall schon beim Aufrichten des Bettes der Kreislauf kollabierte, wie Du unter Schmerz- und Aufputschmitteln nach drei Monaten zum ersten Mal im Rollstuhl sitzen konntest und wie Dich die absurde Freude des Klinikpersonals wunderte, als Du zum ersten Mal ohne Medikamente nackt im Duschrollstuhl saßst, ist der Kloß im Hals so dick, dass man nicht weiß, ob man lächeln oder weinen soll.

Während sich die meisten Autoren vor Unannehmlichkeiten drücken, gehst Du sprachlich mit offenem Visier ins Gefecht. Du stößt den Leser vor den Kopf, provozierst und kitzelst so manches Schmunzeln hervor. Dein Buch verstört, berührt und bewegt. Oftmals alles drei zugleich.

Mit Gedanken in Lichtgeschwindigkeit analysierst Du Dein eigenes Leben, unsere Gesellschaft und unsere Wertvorstellungen. Es scheint, als fließe Deine ganze Energie (die sich beim Betrachten unsortierter Kleiderbügel aufstaut) in kleine literarische Rundumschläge, mit denen Du schonungslos die ganze Welt in Wahrheiten zerlegst.

Dabei glückt Dir ein hochphilosophisches Buch, das durch den Blick des Tetraplegikers dem Leser viel mehr über sich selbst verrät, als es irgendjemand sonst vermitteln könnte.

Deshalb bin ich froh, dass Du nicht tust, was Dir am liebsten wäre: Ich bin froh, dass Du nicht in der Masse untergehst, sondern auffällst. Dass Du Deine Stimme erhebst und Dich mitteilst. Ich bin froh, dass Du ein Buch wie dieses schreibst, und ich bin froh, dass Du Deinen Lesern schenkst, was unser Leben erst lebenswert macht: Hoffnung zu lieben, Hoffnung zu lachen und Hoffnung zu leben. Und dafür möchte ich Dir danken.

Dein Til

Foto: © Warner Bros.

Til Schweiger, geb. 1963, ist Schauspieler, Regisseur, Drehbuchautor und Produzent. Er gilt als größter deutscher Filmstar und ist als Filmemacher für die erfolgreichsten deutschen Kinoproduktionen der vergangenen Jahre verantwortlich. Mit dem Film „Honig im Kopf" feierte er bislang seinen größten Erfolg mit 7 Millionen Zuschauern.

Einleitung

Das Einzige, das man sich jederzeit nehmen darf,
ohne danach sitzen zu müssen, ist Platz.
Also nehmen Sie Platz und blättern ein wenig ...
Heinz Erhardt

„Ach, ein Artgenosse!", denke ich, wenn ich auf der Straße einen Rollstuhlfahrer sehe. Früher habe ich sie kaum wahrgenommen, jetzt sehe ich ständig Rollstuhlfahrer, überall. Mir wird bei diesen Begegnungen immer mehr klar: Ich gehöre jetzt auch zu dieser Clique. Das ist nicht wie bei Harleyfahrern, die sich grüßen, weil sie sich cool finden. Wir Rollstuhlfahrer nicken uns zu und denken dabei wehmütig: *Du also auch.*

Das Komische ist, dass ich irgendwie dazugehöre, aber lieber nicht dazugehören würde.

„Denn tatsächlich würde ich wohl einfach rausgehen und loslaufen, nur um des Laufens willen. Irgendwo an einem Baum meiner Wahl anhalten, mich mit einer Hand daran abstützen und etwas von meinem Gewicht an ihn abgeben, die raue Rinde spüren. Mich dann vielleicht hinsetzen, nur um des Hinsetzens willen. Nach einer Weile die Beine überkreuzen und die Hände hinterm Kopf verschränken, einfach so, weil ich es kann."

So weit meine Gedanken aus dem letzten Kapitel des Buches „Zwei Leben".

„Aus meiner heutigen Sicht gibt es zwei Möglichkeiten: Entweder mein Zustand verbessert sich so weit, dass ich damit leben kann – oder ich lerne, meine Situation so anzunehmen, wie sie ist."

Seitdem ist viel Zeit vergangen – Zeit voller absurder Erlebnisse, überraschender Begegnungen und Erfahrungen, die mir gezeigt haben, dass das Leben manchmal weiter geht, als man denkt.

Außenstehende können selten beurteilen, was in jemandem vorgeht, der im Rollstuhl sitzt, da sie ja doppelt disqualifiziert sind: außen und stehend. Dieses Buch ist daher eine Einladung, vielleicht für ein paar Stunden von einem Außenstehenden zu einem Innensitzenden zu werden.

Samuel Koch

Nah an der Sonne gebaut

Es gibt eine Kraft, die alles erträgt.

Fjodor Dostojewski

„Was gibt dir Kraft? Wie schaffst du das bloß?"
Ich habe den Überblick verloren, wie oft mir diese oder ähnliche Fragen schon gestellt worden sind. Aber es ist schwer bis unmöglich, von Kraft zu sprechen, wenn man sich selbst gar nicht sonderlich kräftig fühlt. Ich verstehe jedoch, warum die Leute die Antwort interessiert, also versuche ich es mal wieder:
Früher war ich es gewohnt, meine Woche mit mindestens 12 sportlichen Trainingseinheiten vollzupacken. Dazu kamen diverse Wettkämpfe im In- und Ausland.

Als mir mit zirka 13 Jahren meine Eltern aus finanziellen Gründen verwehrten, zum Snowboarden zu gehen, beschloss ich, fortan eigenes Geld zu verdienen, um nie wieder Lebensqualität in Form von schönen Aktivitäten mit Freunden zu verpassen. Daher begann ich neben dem Training, dem Feiern und Gemeindeaktivitäten zu arbeiten. Wenn dann noch Zeit blieb, ging ich in die Schule.

Daher stellt sich mir heute meist gar nicht die Frage: „Woher nehme ich die Kraft?", sondern eher: „Wohin mit meiner (jetzt überschüssigen) Kraft?" Kraft im Sinne von Energie habe ich mehr als genug; eher habe ich Schwierigkeiten, diese zu kanalisieren. Sicher ist ein großer Anteil dieses inneren Antriebs in vielen Jahren Turntraining entstanden, das von Disziplin und Ehrgeiz geprägt war. Den sogenannten Drill später bei der Bundeswehr empfand ich als ziemlich lasch im Vergleich zum Turntraining und erst recht zur Erziehung meiner Mutter.

Etwas anderes ist die innere Kraft, auch weniger schöne Dinge auszuhalten und nicht daran zu verzweifeln. Woher diese kommt, ist wohl von Mensch zu Mensch unterschiedlich. Niki Lauda zum Beispiel hat mir einmal erzählt, dass er seit seinem Unfall, bei dem er fast komplett verbrannte, viel von seiner Kraft aus der Wut zieht, die er immer noch auf Gott hat. Das fand ich spannend, weil es so ganz anders ist als bei mir.

Auch Huschan, den ich in der Reha-Klinik in Nottwil kennenlernte, ließ sich von seiner Wut antreiben. Er war beim Kirschenpflücken vom Baum gefallen und ist seitdem gelähmt. In seiner Heimatstadt Teheran hätte er als Paraplegiker große Schwierigkeiten gehabt. Deshalb schrieb ich in „Zwei Leben", dass er dringend eine nette Schweizerin sucht, die er heiraten kann. Tatsächlich hat er eine gefunden. Heute leben sie gemeinsam in der Nähe von Winterthur.

In Nottwil sagte Huschan einmal: „Samuel, brauche Benzin!"

„Wozu denn?", fragte ich ihn.

„Für Kirschebaum."

„Wie jetzt? Willst du den Kirschbaum anzünden?"

„Nein. Nur draufschütten. Stirbt Kirschebaum ganz langsam."

„Stell dich nicht so an!"

Ich habe sicher eine ziemlich robuste, positive Grundpersönlichkeit. Gerne antworte ich auf Fragen wie: „Wieso strahlst du eigentlich ständig so?" mit: „Na ja, weißt du, ich bin eben nah an der Sonne gebaut." Das ist mir einerseits in die Wiege gelegt und andererseits durch Erziehung „auferlegt" worden.

Ein typisches Beispiel dafür: Wir fuhren zu meiner Oma; ich muss so um die sieben, acht Jahre alt gewesen sein. Meine Mutter saß am Steuer, ich auf dem Beifahrersitz. Eine meiner kleinen Schwestern, ich weiß nicht mehr, welche, saß im Kindersitz auf der Rückbank und trat von hinten gegen meinen Sitz, immer wieder, penetrant, die ganze vierstündige Fahrt lang. Nachdem ich mich vergebens bei ihr beschwert hatte, wandte ich mich an meine Mutter. „Die hört nicht auf damit! Das nervt mich!" Ihre Antwort war: „Stell dich nicht so an. Das ist ein Kind und so was machen Kinder halt."

Diesen oft gehörten Satz fand ich damals nicht schön, aber heute hilft es mir oft, wenn ich mir selbst sage: „Stell dich nicht so an!" Es gäbe jeden Tag genug Gründe für mich, nicht zur Arbeit zu erscheinen. Allen voran Schmerzen, die ich immer noch fast ständig habe, oder einfach nur der Wunsch, zu Hause zu bleiben, wo mich niemand anstarrt und alles eingespielt und bequem ist. Wenn ich es darauf anlegen würde, könnte ich mich ständig krankschreiben lassen. Aber da ich das noch nie gemacht habe, gestatte ich es mir auch jetzt nicht. Man kann sich auf eine gesunde Art selbst manipulieren, indem man sich nicht so anstellt. Ich rationalisiere vom Verstand aus und ändere damit erfolgreich das „Ich glaub, heut geht's mir nicht so gut"-Gefühl.

Einer der weiteren prägenden Sätze meiner Mutter war: „Es ist nicht zum Tode." Diesen hat sie zwar eingedämmt, seitdem bei mir viele Situationen doch akut lebensgefährlich waren. Aber mittlerweile entfaltet er wieder seine beruhigende Wirkung, denn die meisten Sachen sind ja tatsächlich halb so schlimm.

Kraftquellen

Es gibt auch konkrete Dinge, die die innere Aushalte-Kraft bei mir stärken. Nach den vielen Begegnungen mit ebenfalls körperlich eingeschränkten, anders Versehrten und vom Schicksal tief geschlagenen Menschen kann ich mir aber nicht anmaßen, zu dieser Thematik allgemeingültige Antworten, Lösungen, geschweige denn einen Tipp zu geben. Leidenswege und Schicksale sind, auch wenn es plump klingt, stets individuell zu betrachten. Ich stelle immer wieder fest, dass Methoden, die mir aus „tiefen Momenten" helfen, für andere genau das Falsche sein können und Tipps, die ihnen wiederum helfen, mich nur runterziehen.

Und sogar bei mir selbst kann eine Maßnahme an einem Tag hilfreich sein und am nächsten genau das Gegenteil bewirken.

Dies vorweggeschickt, kann ich also sagen, dass es mir hilft: mich in Geduld zu üben, Schmerzen auszuhalten, selbst zu denken, gegen Widerstände zu kämpfen, still zu sein, allein zu sein, in Gesellschaft zu sein, zuzuhören, mich aus meinem Wohlfühlbereich herauszubewegen, aktiv zu sein, mir Beschäftigung zu suchen, unvernünftig zu sein, höflich zu sein, diplomatisch zu sein und ab und zu mal zu schlafen.

Nicht allein

Die wichtigste Antwort, die ich auf alle Fragen der Art „Wie schaffst du das?" gebe und auch geben muss, lautet:
Nicht allein!
Das gilt gleich in vielerlei Hinsicht. Wofür würde es sich sonst zu leben lohnen, wenn nicht mit oder vor allem für andere Menschen?

In der Akutphase nach meinem Unfall und vor allem in den ersten Monaten meiner Rehabilitation, die ich völlig unbeweglich auf dem Rücken liegend verbrachte, waren es meine Freunde, meine Familie sowie verschiedene Pfleger und Therapeuten, die mich auf positive Weise ablenkten, auf andere Gedanken brachten, mit mir spielten, sangen, beteten und mich trotz großer Schmerzen zum Lachen brachten. Ich glaube, Leid ist kaum nachhaltig zu ertragen, wenn man nicht auch Freude erlebt. Man verliert jedweden Lebensmut, wenn man nicht irgendwo Energie und Spaß tanken kann. Und tatsächlich ist es zu meinem eigenen Erstaunen rückblickend so, dass ich seit dem Unfall keinen einzigen Tag ohne Lachen erlebt habe. Und wenn es nur ein dummer Wortverdreher von meiner persönlichen Lektorin war.

Für mich war es auch eine Art Gnade, von grausamen Diagnosen verschont zu werden und nicht gleich alles zu erfahren. Wenn ich von Anfang an gewusst hätte, dass ich vier ganze Jahre gelähmt bleiben muss, hätte ich gedacht: *Das halte ich nicht durch, holt den Tierarzt, nie im Leben schaffe ich das!* Aber rückblickend kann ich sagen, dass ich in diesen Jahren auch viele Stunden erlebt habe, die schön waren und friedlich und gut und die mich all die Verzweiflung haben vergessen lassen. Das hätte ich in der Klinik nicht gedacht, dass es solche Momente geben würde, für die es sich zu leben lohnt.

Eine weitere Dimension der „Nicht allein"-Bewältigungsstrategie ist die Freude daran, anderen Menschen helfen zu können. Dies ist immer ein Geben und Nehmen, finde ich. Wenn es mir gelingt, jemandem Mut zu machen, macht mir das wiederum auch Mut.

Das Beste kommt erst noch

Was mir wohl am meisten hilft, ist die Aussicht auf „mehr". Wenn ich denken würde, dass mein Leben in der Wiege beginnt und im Sarg endet und ich mich damit zwangsläufig selbst in den Mittelpunkt setze, wäre dieses Leben ganz schön „wenigdimensional" und armselig.

Da ich aber überzeugt davon bin, dass dieses Leben nicht alles ist, muss ich nicht krampfhaft versuchen, es möglichst vollzupacken oder zu verlängern. Und es hängt auch nicht mehr so viel davon ab, immer und überall die optimalste, ökonomischste und Erfolg versprechendste Entscheidung zu treffen. Wenn man konsequent davon ausgeht, dass das Beste erst noch kommt, relativiert sich nicht nur vieles Unschöne, sondern die gesamte Perspektive auf das Leben verändert sich. Das klingt vielleicht im ersten Moment etwas kompliziert, führt aber im Grunde dazu, dass man sich öfter mal sagt: „Na und?", statt endlos über eine suboptimale Angelegenheit verärgert zu sein.

Stattdessen verschiebe ich meine Perspektive lieber auf die schönen Dinge im Leben. Dazu versuche ich zum Beispiel regelmäßig Dankbarkeitslisten zu erstellen. Ich zähle mir – ein bisschen selbstmanipulativ – Dinge auf, für die ich dankbar bin: Sei es die Schönheit der Schöpfung oder die Entdeckung der Mikrowellen, die so schnell ein Kirschkernkissen aufheizen können, das dann meinen Nacken wärmt. Oder meine Wohnung, warme Socken, Saunas, Vogelgezwitscher am Morgen, Chris, Jonathan, Seb, Alex, Sarah, Gergö, Facebook, Touch-Displays, Mama, Papa, mein Bruder, Naomi, meine Schwestern und ihre hoffentlich guten Jungs, Cousinen, Cousins, Oma und Opa, Onkel und Tanten, Bavaria, Ufa, Til, Christoph, Physiotherapie, Simon, Isa, Sonnenaufgang, Sarah, Fahrtwind, Manuel, Pfefferminztee, Kunstturnen, Meike, Heinz Erhardt, Kinder, mein Auto, David, eine besondere Mail, meine Trainingsgeräte, Jan, Uli, Robert, Gaffer-Tape, Bennyboy, Markus, Badewannen, Godwin, Carlos, Spülmaschinen, Harfsts, Mündigkeit, Müdigkeit, kurze, nette Briefe, meine Stimme, Tiefensensibilität, schöne Träume, eine Festanstellung, Gottesdienst, Assistenten, Schwimmbad, Marja, Bildung, Fotos, Skype, Late Check-out, Sarah, Bananensplit, Sprühflaschen, keine Rechnungen im Briefkasten... Und wenn ich erst mal damit anfange, bin ich jedes Mal neu überrascht, wie viele Dinge es tatsächlich gibt, für die ich dankbar bin.

Ich versuche vermehrt, im Augenblick zu leben und diesen zu genießen, mir mein inneres Kind zu bewahren, das nicht so viel an morgen und schon gar nicht an übermorgen denkt. Der berühmte König Salomo, der als der reichste und weiseste Mensch seiner Zeit galt und alles erreicht und ausprobiert hat, was nur möglich war, kam schließlich zu der Erkenntnis: „Dann dachte ich nach über das, was ich erreicht hatte, und wie hart ich dafür arbeiten musste, und ich erkannte: Alles war letztendlich sinnlos – als hätte ich versucht, den Wind einzufangen! Es gibt auf dieser Welt keinen bleibenden Gewinn. (...) So kam ich zu dem Schluss, dass es für den Menschen nichts Besseres gibt, als sich zu freuen und das Leben zu genießen. Wenn er zu essen und zu trinken hat und sich über die Früchte seiner Arbeit freuen kann, ist das allein Gottes Geschenk." (Prediger 2,11 und 3,12f, Hfa)

Ge-Niesen und andere Glücksmomente

Es gibt zwei Arten sein Leben zu leben:
entweder so, als wäre nichts ein Wunder,
oder so, als wäre alles eines.
Albert Einstein

Das Glück ist mit den Dummen. Mehr Glück als Verstand haben. Da kann man noch von Glück reden. Glück im Unglück haben. Geduld ist der Schlüssel zum Glück. Manchen muss man zu seinem Glück zwingen. Jeder ist seines Glückes Schmied. Das Glück beim Schopfe packen. Trautes Heim, Glück allein. Ein Unglück kommt selten allein. Das höchste Glück der Erde liegt auf dem Rücken der Pferde. Geld allein macht nicht glücklich. Pech im Spiel, Glück in der Liebe. Scherben bringen Glück.

Kleeblätter, Glücksschweinchen, Schornsteinfeger, Hasenpfoten, Hufeisen, Glückssteine und viele weitere tote Dinge mehr sollen angeblich Glück bringen.

Unzählige Bücher befassen sich mit dem Thema Glück in allen Varianten. Erst neulich besuchte ich eine Talkshow im Rahmen der ARD-Themenwoche „Glück".

1972 hat der König von Bhutan das „Bruttonationalglück" zum obersten Ziel der nationalen Politik ausgerufen. In einem Gesetzentwurf wurde formuliert, die Regierung hätte keine Berechtigung, wenn sie nicht für das Glück ihrer Bürger sorgen könne. Der Fortschritt in Richtung eines höheren Bruttonationalglücks wird anhand des GNHI (*Gross National Happiness Index*) gemessen. Der Index umfasst neun Bereiche, die mithilfe von 33 Indikatoren messbar gemacht werden: psychologisches Wohlbefinden, die Verwendung von Zeit, die Vitalität der Gesellschaft, kulturelle Diversität, ökologische Resilienz, Lebensstandard, Gesundheit, Bildung und Good Governance.

Die ganze Welt scheint irgendwie nach Glück zu streben. Man rennt zu Psychologen oder Wahrsagern, wechselt erneut den Partner, sucht Glückscoaches auf oder reist um die ganze Welt, um sein persönliches Glück zu finden.

Wenn ich den Partner meines Lebens finde, heirate und Kinder bekomme, dann bin ich glücklich. Wenn ich das Haus kaufe, das Auto lease und mein Garten richtig schön ist, dann bin ich glücklich. Wenn ich mich gesund oder vegan ernähre, abnehme, zum Fitness gehe oder die Rückenschmerzen dank Pilates, Yoga, Zumba, Rumba loswerde, dann bin ich glücklich. Alle paar Monate jagt ein Glückstrend den nächsten.

Doch kann man nur dann glücklich sein, wenn die Umstände stimmen und alles so ist, wie man es sich vorgestellt hat? Ich hoffe nicht, denn das würde bedeuten, dass ich bis auf Weiteres keine Chance mehr hätte, glücklich zu sein.

Früher, so erinnere ich mich, war ich fast durchgehend glücklich. Kaum ein Tag begann ohne gute Laune und vor allem Dankbarkeit für das, was ich hatte und was mir alles Gutes widerfuhr. Ich hatte das Privileg, ständig neue Dinge tun zu dürfen, die mir Spaß machten, und war von tollen Leuten umgeben. Ich hatte alles, was ich brauchte, und noch weitaus mehr. Mein Hobby – die Arbeit mit meinem Körper –, Ausbildungen, Studium und Beruf verschmolzen perfekt miteinander. Alles lief fast schon zu gut, um wahr zu sein.

Wenn man mich heute fragen würde: „Bist du glücklich?", kann ich das nicht uneingeschränkt mit einem Ja beantworten, so wie früher. Unter dem „Rundum-glücklich-Gefühl" schwingt immer ein Aber mit. Allerdings erleben vermutlich die wenigsten Menschen ein dauerhaftes, allumfassendes Glücklich*sein*.

Zeitweilige Glücks*momente* habe ich nach wie vor. Wenn ich in der Schweiz bin und ein Skipisten-Bullifahrer von der Bergwacht schnallt mich auf sein Schneemobil und heizt mit irrer Geschwindigkeit die Alpenketten entlang und die Sonne knallt vom schwarzblauen Himmel und die Aussicht ist herrlich – dann empfinde ich Glück. Oder wenn ich über den Dächern von Verona die ebenfalls herrliche Aussicht auf meine leicht bekleidete Freundin genieße, während wir in einem 37 Grad heißen Whirlpool sitzen und man uns Prosecco reicht. Es sind aber keineswegs nur extravagante Momente, bei denen ich denke: *Meine Fresse, jetzt bin ich wirklich der glücklichste Querschnittgelähmte der Welt!* Manchmal schießt mir auch einfach so durch den Kopf: *Ach, ich hab's gut,* wenn ich einen herrlichen Sonnenuntergang sehe oder einen schönen Abend mit Freunden und viel Lachen erlebe. Ich habe zunehmend gelernt, die Lebensqualität im Augenblick wahrzunehmen. Selbst wenn es manchmal nur eine Zehntelsekunde ist.

Genossenes Glück

Ich habe mir früher einmal bei einem Flugteil am Barren mit meinem eigenen Knie eine Orbitafraktur zugefügt, also die Verbindungswand zwischen Augen- und Nasenhöhle gebrochen. Nachdem man sich gegen eine Operation und für eine konservative Behandlung entschieden hatte, wurde mir von ärztlicher Seite für mindestens acht Wochen verboten, zu schnäuzen und vor allem zu niesen. Es bestand die Gefahr, dass ich mir mein Auge herausnieste. Weil ich Respekt davor hatte, verlängerte ich das Niesverbot freiwillig auf neun Wochen.

Ich erinnere mich noch genau an den Tag, an dem ich das erste Mal wieder geniest habe. Sicherheitshalber hielt ich meine Hand aufs Auge, damit es nicht erneut wie am Verletzungstag rausflutschte, und dann gab ich endlich wieder dem Niesreiz nach. Das war mit Abstand der schönste Nieser, den ich je gehabt hatte.

Aufgrund dieser qualvollen neun Wochen Zwangsniespause zelebrierte ich fortan das Niesen und freute mich jedes Mal darauf, wenn es wieder so weit war. Manchmal weiß man etwas erst wirklich zu schätzen, wenn man es lange entbehrt hat. Andersherum stimmt aber auch: Hätte ich das Niesen gar nicht als solchen Genuss entdeckt, würde es mir jetzt auch nicht so fehlen. Denn der dämliche Unfall hat mir diese ganze Niesfreude verdorben. Niesen ist jetzt gänzlich unbefriedigend geworden. Der Niesreiz existiert zwar nach wie vor, jedoch ist meine Atemhilfs- und Zwischenrippenmuskulatur (in der Schauspielschule immer als „Zwirimu" bezeichnet) gelähmt. Dadurch produziere ich statt eines herzhaften, befreienden Niesens nur einen sanften Lufthauch, der kaum spürbar meine Atemwege verlässt.

Trotzdem reicht die noch vorhandene Nacken- und Halsmuskulatur selbst bei mir dazu aus, den Kopf über den Schwerpunkt des Oberkörpers zu manövrieren, der wiederum nicht in der Lage ist, diese Schwerpunktverlagerung auszugleichen, und ich niese mich um. Das sorgt immer für Heiterkeit bei den Umstehenden: Ich niese also wie ein neugeborenes Mädchen und kippe anschließend langsam aus dem Rollstuhl, ohne etwas dagegen tun zu können.

Für ein befriedigendes Nieserlebnis brauche ich, ähnlich wie beim Husten und Schnäuzen, Hilfe. Ein oder zwei freundliche Helfer müssen meine Muskulatur ersetzen, indem sie mir den Brustkorb zusammenpressen. Da so ein Niesvorgang nur wenige Zehntelsekunden andauert, kann man sich vorstellen, wie schwer das richtige Timing zu bewerkstelligen ist. Zumal allein die Ankündigung eines aufsteigenden Reizes oft dazu führt, dass dieser sich wieder verflüchtigt.

Wenn es jedoch gelingt, dass jemand synchron zu meinem Niesreflex herbeieilt und mir den Brustkorb so zusammenpresst, dass das Niesen wieder seinen eigentlichen Zweck erfüllt, so ist das wie Weihnachten, Ostern und Geburtstag zusammen. Ein wahrer Glücksmoment.

Kopfüber ins Glück

Doch auch wenn ich solche Glücksmomente in möglichst schneller Amplitude aneinanderreihe, empfinde ich damit noch lange kein andauerndes Lebensglück oder seine kleine Schwester Zufriedenheit. Noch mal zurück zur Ausgangsfrage: Kann man nur dann glücklich sein, wenn die Umstände stimmen und alles so ist, wie man es sich vorgestellt hat?

Nein!

Wie ich mittlerweile des Öfteren erfahren durfte/musste. Zum Beispiel bei folgender Gelegenheit: Ich befand mich auf Heimaturlaub bei meinen Eltern im Dreiländereck. Der Nachteil meines Elternhauses ist, dass es relativ klein ist. Ich kann mich mit dem Rollstuhl nur im Erdgeschoss bewegen und das begrenzt sich auf die Wohnküche und das Wohnzimmer. Ich bekomme daher oft einen Lagerkoller und fliehe nach draußen in die Natur. Das Haus liegt herrlich abgelegen; es gibt nur einen einzigen Nachbarn und sonst im Umkreis von einem Kilometer nichts.

Eines Nachts verließ ich also das Haus, suchte das Gespräch mit dem Erfinder des Rückenmarks und erklärte ihm wieder mal, warum die Konstruktion desselbigen meiner Meinung nach nicht so optimal ist. Es war September, der Mais auf dem Feld vor unserem Haus stand schon hoch. Tiefes Durchatmen löste einen Muskelkrampf aus und ich kippte seitlich aus dem Rollstuhl. Da ich meine Beine hochgelagert hatte, hingen diese noch im Rollstuhl fest. Mein Oberkörper jedoch klemmte neben den Beinen. Diese Verrenkung war wohl nur möglich, da ich aus Turnzeiten sehr flexibel bin. Langsam rutschte mein Oberkörper zwischen der Armlehne und den Beinen durch nach unten. Je mehr sich die Muskeln entspannten, desto weiter sackte ich Richtung Boden.

Natürlich rief ich um Hilfe. Aber es war nachts um zwei, halb drei. Ich machte Schnalzlaute und Kreischgeräusche, in der Hoffnung, der Schall würde auf diese Weise weiter tragen, als wenn ich bloß rief. Ich kenne meine Familie: Wenn die schlafen, dann schlafen sie.

Es war ganz schön unschön und beengend. Mit jedem Atemzug rutschte ich weiter ab. Um das hinauszuzögern, versuchte ich meine Atmung möglichst flach zu halten, was nicht ganz leicht ist, wenn man währenddessen um Hilfe ruft.

Im Maisfeld war es erstaunlich laut. Tiere rannten hindurch, hechelten und knurrten, grunzten und raschelten. Das Feld liegt nahe am Wald. Was waren das für Viecher? Wildschweine? Rehe? Füchse oder Dachse? Es war schon ein bisschen unheimlich. Ich hörte, wie in der Ferne Besoffene grölend von irgendeinem Dorffest nach Hause taumelten. Laut rief ich, um auf mich aufmerksam zu machen. Leider ohne Erfolg. Stattdessen rutschte ich auf eine Schraube zu, die von der Stativstange der Beinkonstruktion absteht. Mein Auge näherte sich der Schraube. Kam näher und noch näher, bis ich mit meinem Jochbein auf der Schraube aufsetzte und das Gewicht meines Kopfes mich gegen die Schraube drückte. Das tat weh. Ich drehte den Kopf, doch mit jeder Ausweichbewegung schien sich die Schraube tiefer in meine Haut zu arbeiten.

Als es mir gelungen war, mich mithilfe von ruckartigen Atembewegungen an der Schraube vorbeizuschieben, hing ich beinahe mit dem Kopf auf dem Boden. Mir wurde allmählich kalt. Ich sagte zu Gott: *Na toll, was willst du mir jetzt wieder zeigen? Was soll das? Ich bin ganz allein, mitten im Maisfeld, und keiner hört mich. Ich bin total verbogen und kriege schlecht Luft. Soll ich Geduld lernen oder was?*

Und dann, ganz unverhofft und ohne wirklich zu wissen, warum, musste ich plötzlich grinsen, dann sogar lachen, schüttelte den herunterhängenden Kopf und begann, Kinderlieder zu singen. Die Tiergeräusche fand ich nicht mehr schlimm. Ich war sehr dankbar, dass es nicht regnete. Das altmodische Wort, das meinen Zustand in diesem Moment wohl am besten beschreibt, ist: selig. Kein Handy, kein Computer, keine Menschen waren um mich, und ich hatte nichts anderes zu tun, als einfach zu sein und die Freiheit meiner Gedanken zu genießen.

Die Nachbarn meiner Eltern besitzen zwei Hunde, die mitbekommen hatten, dass etwas nicht stimmte. Sie bellten so lange, bis ihre Herrchen nachts um vier mit der Taschenlampe loszogen. Die Hunde führten sie geradewegs hinaus zu mir ins Maisfeld und so wurde ich gerettet.

Es war eine schöne Nacht, mild und mit Sternenhimmel, die mir noch lange in Erinnerung bleiben wird.

Was ist Glück?

Einschlafen
Eine Nacht durchschlafen
Appetit verspüren und ihn stillen
Erfolgreich husten
Küssen
Lange duschen
Gute Musik hören
Ein gutes Gespräch
Gottesdienst feiern
Nach langem Warten richtig gekratzt werden
Effektiv niesen
Theater spielen
Mal einen Abend nicht telefonieren
Sonne im Gesicht, die mich wärmt
Frische Luft
Eine schöne Aussicht
Freunde treffen
Ein schmerzfreier Tag
Am Kopf gezogen werden
Nägel geschnitten bekommen und dabei etwas spüren
Anderen helfen können
Eine lustige Postkarte
Wie ein Unversehrter Rundfunkgebühr bezahlen
Eine Rolle vorwärts machen
Vor Anstrengung Schmerzen haben
In der Fantasie tanzen
Allein (unterwegs) sein
Eine SMS erfolgreich selbst schreiben
Ins Kino gehen

Nach dem Kollabieren wieder aufwachen
Pünktlich sein
Monk schauen
Eine bequeme und schöne Frisur
Einen komplexen Text durchdringen
Lieben Besuch bekommen
Anstrengendes Stehtraining
Blödsinn reden
Recht haben
Singen
Im Traum turnen
Ein gutes Theaterstück oder das Ende eines schlechten ...

hmtmh
HOCHSCHULE FÜR MUSIK
THEATER und Medien Hannover [Studienbereich
Schauspiel]

Absolventenvorspiel Samuel Koch
Do. 13. Februar 2014 – 19:30 Uhr

„Kantianisch formuliert sind Gott und die Unsterblichkeit keine Postulate der praktischen Vernunft, sondern transzendentale Bedingungen der Möglichkeit des menschlichen Lebens überhaupt. Wer diese überempirischen Voraussetzungen bestreitet, für den reduziere sich die Welt auf zahllose Molekülbewegungen, das Leben auf **Schmerz**, Furcht und **Langeweile** sowie der Mensch auf einen egoistischen, ja grausamen Abkömmling des **Affe**n."

Fjodor Michailowitsch Dostojewski
Schriftsteller

STUDIOTHEATER EXPOPLAZA
Infos: www.schauspiel.hmtm-hannover.de

Im Rollstuhl auf die Bühne

Auftakt

von Ulrich Matthes

Samuel ist ein Kollege von mir. Er ist Schauspieler.

Dass ich diesen Satz denken und hinschreiben kann, ist mittlerweile ganz normal. Mittlerweile.

Wie haben wir uns kennengelernt?

Ich habe an dem Abend seines Unfalls „Wetten, dass..?" gesehen und war entsetzt, sprachlos. Zufällig – sonst kein Freund dieser manchmal klebrigen Wie-geht-es-Ihnen-denn-jetzt-nach-alldem-Formate – schaute ich ein knappes Jahr später in einen RTL-Jahresrückblick hinein. Samuel zeigte im Gespräch mit Hape Kerkeling all die Eigenschaften, die ihn (und auch dieses Buch) auszeichnen: Er war bemerkenswert klug, unsentimental, klar, humorvoll, selbstbewusst.

Es war für mich einer dieser Augenblicke, in denen sich Mitleid in Respekt verwandelt.

Noch an dem Abend beschloss ich nach einigem gedanklichen Hin und Her (... findet er das übergriffig? Oder eitel? ...), ihm mein dickstes Hörbuch zu schicken, um ihm (hoffentlich) eine Freude zu machen – Haruki Murakamis „Mister Aufziehvogel".

Samuel schrieb mir dann zurück, wie sehr er sich gefreut habe – und seitdem haben wir einen ausgesprochen herzlichen Kontakt. Ich nahm Anteil an seinem wieder aufgenommenen Studium an der Schauspielschule in Hannover, er kam ein paarmal zu einer meiner Vorstellungen am Deutschen Theater Berlin.

Ich weiß noch gut, wie ich IHN dann das erste Mal on stage sah, er spielte beim jährlichen bundesweiten Treffen der deutschsprachigen Schauspielschulen mit seinen Kommilitonen Szenen von Tschechow.

Ich gebe zu, dass ich mir vorher unsicher war, ob ich nicht doch mit einer Art von Mitleids-Bonus zuschauen würde... Und dann war es wirklich toll: Natürlich blieb mir seine Behinderung (Samuel schreibt im Buch, dass ihm das Wort „unbeweglich" lieber ist) bewusst, aber dennoch waren sofort seine Präsenz, sein lakonischer Humor, auch sein Sprachgefühl auf beglückende Weise spürbar und machten seine Unbeweglichkeit fast vergessen.

Wir „Beweglichen" haben ja bei aller Empathie keine Ahnung, wie viel Disziplin, harte Arbeit, wie viele Rückschläge, verzweifelte Stunden einem solchen Abend vorausgingen. Ich konnte es nur ahnen, und umso beeindruckter war ich.

Wir haben dann bald darauf auch mal miteinander gearbeitet: Einen Nachmittag lang gab ich ihm und seinem Kommilitonen aus Hannover, Robert Lang, noch ein paar Tipps und Anregungen für ihren eh schon tollen Kafka-Abend „Bericht für eine Akademie" – eine wunderbare Performance von beiden, nah an Kafka und nah an den zwei Spielenden.

Und im Grunde ist dieser Abend ein kleiner, großer Kommentar zu all den manchmal verhärteten, manchmal sentimentalen Debatten über Inklusion, die geführt werden seit einiger Zeit. Er ist ein kleines Stück Kunst: die Härten nicht verleugnend, aber im Spiel auch wie beflügelt.

Samuel ist jetzt Schauspieler. Er hat nämlich eine Verpflichtung: sein Talent.

Ulrich Matthes, geboren 1959, Theater- und Filmschauspieler (u. a. Der Untergang, Der neunte Tag, Tatort: Im Schmerz geboren u.v.m.). Er wurde mehrmals zum „Schauspieler des Jahres" gekürt und u. a. mit dem Grimme-Preis, der Goldenen Kamera, dem Deutschen Theaterpreis und dem Deutschen Hörbuchpreis ausgezeichnet. Seit der Saison 2004/05 ist er festes Ensemblemitglied am Deutschen Theater in Berlin.

Foto: © privat

Schauspielstudium „ohne Körper"

Auf der Bühne darf der Schauspieler vergessen,
dass er Zuschauer hat, in der Welt nicht.
Johann Jakob Mohr

Als ich nach einem Jahr Reha aus dem Schweizer Paraplegiker-
zentrum entlassen wurde, kam natürlich vermehrt die Frage
auf, wie und wo und vor allem ob es nun mit mir weitergehen
sollte. Die Hochschule in Hannover hatte zu meiner Überraschung Gesprächsbereitschaft signalisiert, was eine Weiterfüh-
rung meines Studiums betraf, und langsam konkretisierten sich
die Pläne.

Noch weit vorher war es mein Mentor Prof. Jan Konieczny
gewesen, der mich nach monatelanger Bettruhe in den ersten schmerzhaften Tagen mit Halskrause im Rollstuhl abpasste
und mich auf der Aulabühne der Klinik auch durchaus lautstark
rügte, wenn ich Rhythmus und korrekte Betonung beim Rezitie-
ren von Dylan-Thomas-Texten nicht einhielt. Für ihn schien die
offensichtliche Reduktion, die ich durch meinen Unfall erlitten
hatte, zu keinem Zeitpunkt ein Problem für meinen weiteren Le-
bensweg auf der Bühne zu sein.

Für mich dagegen schon. Ich war sehr skeptisch und konnte
mir nicht so recht vorstellen, wie das gehen sollte: ein Studium,
für das der Gebrauch des eigenen Körpers so elementar wichtig ist, praktisch ohne Körper fortzusetzen? Irgendwie komisch.
Aber „völlig unmöglich" sagte niemand.

In dieser Situation wollte ich unbedingt unangenehmen Vor-
kommnissen oder Erwartungen entgegenwirken. Deshalb versuchte ich, einige meiner Gedanken und ungeklärten Fragen vorab

zu formulieren, in dem Wissen, dass es seitens der Lehrerschaft sicher ähnliche Bedenken gab. In einer Mail an den Studiengangsleiter Prof. Georgi im März 2012 schrieb ich:

„... Vor einem Jahr habe ich die Schauspielschule in Hannover voller Wünsche und Träume betreten. ‚Betreten‘ ... auch ein Wort, das in meinem Sprachgebrauch, je nach Gefühlslage, ein Lächeln oder aber Traurigkeit auslöst. Es sind jetzt fast ein Jahr und vier Monate seit meinem Unfall vergangen. Das Zurückkehren an die Schule, welches in den nächsten Wochen beginnen soll, kann wohl mit Worten wie unmöglich, waghalsig, naiv und verrückt umschrieben werden. (...) Was sollte ich denn von einem Schauspielstudium erwarten? ‚Die Ausbildung meines Geistes, Körpers und meiner Stimme. Die Bereicherung meiner spielerischen Fantasie, die gedankliche Durchdringung von Texten, das Erlernen von situativem Spiel, die Förderung und Entwicklung meiner ureigenen Persönlichkeit.‘ All das hätte ich vor gut anderthalb Jahren noch ohne Überlegen unterschrieben. Auch heute würde ich das noch. Aber in meinem Fall muss ich da mehr als nur eine Einschränkung vornehmen. Dass mich das belastet und mir oft mein Lachen nimmt, muss ich dir sicher nicht erklären.
Kann ich mit dieser körperlichen Einschränkung:
– ein Schauspielstudium bewältigen oder ist es eine Illusion?
– schauspielerische Fähigkeiten erlernen und ausbilden?
– mich an Grenzen wagen, die vielleicht anders aussehen und mich doch aufs Äußerste fordern? – Ich denke, ja.
(...) Ich weiß nicht, wie sich mein körperlicher Zustand in den nächsten Monaten entwickelt. Mein Leben muss sich neu sortieren und ich muss mich in diesem Sortieren neu wiederfinden. Ich bin nicht mehr Samuel, der seinen Kommilitonen vormachen kann, wie ein Elch läuft ☺.
Ich glaube, dass es gut für mich ist, aktiv zu sein und mich Herausforderungen zu stellen. Wenn ich mir etwas bewahren möchte, dann den Mut, etwas zu wagen.

Dass ihr mir diesen ersten Schritt in ein ‚normales‘ Leben ermöglicht, dafür möchte ich mich bedanken. Euch sagen, dass ich nichts weiß. Und daher viel Hoffnung habe. Denn wer nichts weiß, kann viel lernen. ☺"

Die Aussicht, wieder mit meinen Kommilitonen zusammen sein zu können, die für mich in sehr kurzer Zeit zu einer Art zweiten Familie geworden waren, war ein hoher Anreiz. Irgendwie drängte es mich auch nach Hannover zurück, wo ich mich erstmals angekommen gefühlt hatte in dieser Ausbildung und mit diesen Leuten.

Dass das nicht 1:1 so weitergehen würde, war mir natürlich klar. Dazu brauchte es nicht mal die ernüchternde Erfahrung, abends vor unserer früheren Stammkneipe zu stehen und festzustellen, dass es da eine Stufe gab, die mir bisher nie aufgefallen war. Jetzt sorgte sie dafür, dass zuerst mal mehrere Angestellte auf der Suche nach einer Überbrückungsmöglichkeit im Keller verschwanden, während ich draußen im Regen stand und unter den neugierigen Blicken anderer Gäste und Passanten wartete. Eine halbe Stunde später war ich dann mithilfe von zwei Bierbänken und einigen hilfsbereiten Menschen ins Lokal bugsiert worden. Mein Blick fiel auf den Tisch in der Ecke, an dem ich ein Jahr zuvor in fröhlicher Runde mit meinen Kommilitonen zusammengesessen hatte. Und obwohl Ort und Personen die gleichen waren, war jetzt alles ganz anders …

„Mein Körper ist futsch!"

Die Hochschule hatte sich also auf das Experiment eingelassen, mich weiter auszubilden. Doch es gab nicht nur positive Stimmen. Berechtigte Zweifel und Bedenken der Lehrenden deckten sich zum großen Teil mit meinen eigenen. Aus den Lehrerkonferenzen drangen Sätze in den Hochschulbuschfunk wie: „Wir arbeiten nur professionell, also nicht mit Behinderten."

Einerseits eine Unverschämtheit – andererseits griff dies aber eine meiner größten Befürchtungen auf, nämlich dass ich als eine Art „Charity-Projekt" durch das Studium geschleift wurde, obwohl ich die erforderliche Leistung vielleicht nicht bringen würde, und dass man mir nur aus Mitleid eine im Grunde schlechte Performance durchgehen lässt.

In der Konfrontation mit meinem Körper – oder besser gesagt, mit dem Körper, den der Unfall von mir übrig gelassen hatte – nötigte der Schauspielunterricht mir die schonungslose Auseinandersetzung mit der Wirklichkeit auf. Zuerst einmal führte mir mein Studium vor Augen, was ich eigentlich längst kognitiv wusste, aber letzten Endes nie ganz hatte wahrhaben wollen: Mein Körper ist futsch.

Mein Zwischenfazit aus diesen ersten Gedanken lautete also: Ich bin nichts anderes mehr als das Produkt einer brutalen Reduktion. Die Anerkennung dieser Tatsache brachte mich zu der Frage: Was ist das Schauspiel grundlegend? Die vereinfachte Antwort, die ich mir gab, lautete: eine Ausbildung von Körper, Stimme und Geist.

Mir blieben noch Stimme und Geist – im besten Fall ein widerstandsfähiger Geist, gerade weil er den Totalausfall eines Körpers kompensieren muss. Der Mensch reduziert auf sein Wesentliches. Die geistige Beweglichkeit muss die körperliche ersetzen, angetrieben nicht mehr durch muskuläre Impulse, sondern ausschließlich durch den Willen.

Nach Anerkennung des Verlusts und widerwilliger Anerkennung des Gewinns, der in der Reduktion liegen könnte, musste ich noch mit meinen Erfahrungen, Ängsten und Sorgen fertigwerden. In ganz besonderem Maße galt dies für zwei Dinge: Erstens das Studium an sich – wie würde das laufen, was konnte ich überhaupt noch tun? Und zweitens: Was werden die Theaterbesucher denken und sagen, wenn unerwartet ein Krüppel im Rollstuhl antanzt?

Das Experiment beginnt

„Teilhabe am Lernen" in der Schauspielschule bedeutete in meinem speziellen Zustand für mich zunächst vor allem:

- Kein Fechten.
- Kein Reiten.
- Kein Tanzen.
- Keine Akrobatik.

Doch genau diese im Lehrplan verankerten Fächer waren ursprünglich ausschlaggebend für mich gewesen, dieses Studium überhaupt aufzunehmen. Dennoch war ich gewillt, die neuen Grenzen auszuloten.

Gemeinsam mit der Hochschulleitung erarbeiteten wir einen alternativen Lehrplan, bei dem ich ersatzweise zum Teil Seminare des angegliederten Instituts für Journalistik und Kommunikationsforschung besuchen würde. Wie das Ganze dann letztlich zusammengeführt werden und in einer ernst zu nehmenden Prüfung enden sollte, wusste aber noch niemand so genau.

Weil ich so viel verpasst hatte, setzte ich mich bei den jüngeren Jahrgängen in den Unterricht. Dramaturgie oder Theatergeschichte waren das Unkomplizierteste, da ging es um die Theorie und ich lernte genau wie alle anderen. Zusätzlich habe ich mit Professor Jan Konieczny gearbeitet, wir kauten zu zweit eine Menge Literatur durch.

Der Akrobatikunterricht war schon schwieriger. Im großen Studio 1 mit dem Parkettschwingboden hatte ich vor meinem Unfall die schönsten Momente des Studiums erlebt. Durch relativ genau überschlagene 37.230 Turntrainingseinheiten beherrschte ich meinen Körper ganz gut. Doch hier, in Studio 1, hatte ich darüber hinaus gelernt, mich losgelöst von strikten biomechanischen Abläufen vollkommen frei zu bewegen und abzutanzen und der eigenen Fantasie zu folgen. Eine wunderbare Ergänzung zu dem präzisen Bewegungskonzept, das ich als Kunstturner verinnerlicht gehabt hatte und bei dem jeder Muskel austrainiert sein musste, um so die größtmögliche Effektivität zu erzeugen. Jetzt in diesen Raum zurückzukehren, im Rollstuhl und zur Bewegungslosigkeit verdammt, war schwer für mich.

Ich kam in den Genuss von Einzelbewegungsunterricht, der von einer Tänzerin durchgeführt wurde. Der wiederum war so innovativ, dass er meinem Empfinden nach mehr brachte als alle krankengymnastischen Therapien zusammengenommen, die ich nach dem Unfall gehabt hatte. Allerdings fiel er bald, wie so manches Gute an einer Hochschule, einer Verwaltungsvorschrift zum Opfer: Er musste, glaube ich, aus versicherungstechnischen Gründen eingestampft werden.

Ein weiteres Fach, das nicht so lief wie früher, war die Körperstimmbildung. Sie legt, wie der Name schon sagt, zugrunde, dass Körper und Stimme als eine Einheit miteinander funktionieren. Meine Stimme allerdings war extrem schwach und kurzatmig. Daher erwies sich die Sprecherziehung, die ich durch die Arbeit an einer Atem-, Stimm- und Sprechschule ergänzte, als immens wichtiges Feld. Erst mit der Zeit wurde es besser. Zwar redete ich privat immer noch mit kurzen Atembögen, aber wenn ich mich intensiv vorbereitete, konnte ich in eine Bühnenstimme hineinfinden, mit der ich auch in größeren Sälen gut zu hören war.

Neben der Stimmbildung setzte ich mich intensiv mit Texten und Schriften beinahe aller Gattungen und Epochen von der Antike über die deutsche Klassik bis hin zur Moderne auseinander, durchdrang Charaktere in Szenenstudien und Rollenarbeiten.

Tanzen im Kopf

Darüber hinaus habe ich einen ganz neuen Zugang zur Fantasie gefunden. In meiner Fantasie kann ich meinen Rollstuhl verlassen, wieder laufen, ja sogar tanzen und bin, um an dieser Stelle ein gut gehütetes Geheimnis zu lüften, der beste Tänzer der Hochschule, was sage ich, der beste Tänzer überhaupt!

Manchmal, wenn ich im Theater sehe, wie sich die Leute auf der Bühne bewegen, erwische ich mich dabei, wie ich hochmütig denke: *Oh Mann! Das würde ich jetzt auch gern machen, nur in schön und „mit Talent".*

Bei einer meiner Aufnahmeprüfungen, in der Rolle des Franz Pinsel aus dem Stück „Terrorprogramm" von Marc Becker, hatte ich einen Mann gespielt, der sich selbst entführt und erpresst. Er ist schizophren. Ich habe ihn damals über die Bühne gejagt, fliegen und sich überschlagen und an die Wand klatschen lassen, bin über und mit einem Stuhl auf den Boden gestürzt und habe mich zwischen diesem und mir selbst beinahe zerquetscht. Die Rolle hat es mir ermöglicht, viel von meinem Kunstturnerpotenzial zu zeigen. Die Professoren wollten diese Szene ständig wieder sehen, von Runde zu Runde. Meine Körperbeherrschung war damals in gewisser Weise mein Trumpf. Ich hätte noch so viel anrichten können mit meinem Körper.

Unmittelbar vor meinem Unfall hatte ich angefangen, meine erste Eigenarbeit vorzubereiten – eine Szene zum Thema „Mein Theater", die jeder Student nach Belieben ausarbeiten konnte. Bei dieser Arbeit, bei der erstmals auch Publikum zugelassen sein würde, wollte ich natürlich zeigen, was ich konnte. Mein Kapital ausspielen. Aber auch viel mit dem Körper schweigen, um nicht nur der Erwartung der Zuschauer zu entsprechen, die sicher dachten: *Klar, dass der Turner sich hier jetzt überschlägt.* Leider kam es nie dazu.

Dieser Eigenarbeit trauere ich natürlich nach. Jetzt müsste ich es bei den körperschweigenden Momenten belassen.

In den letzten vier Monaten vor dem Studienabschluss leitete ich vom Rollstuhl aus den Bewegungsunterricht für eine Hochschulproduktion. In dem Stück „Bambiland" von Elfriede Jelinek ging es um Krieg, und da ich bei der Bundeswehr gewesen war, sollte ich meinen Kommilitonen beibringen, wie man stilecht marschiert, ein Gewehr hält und den ganzen anderen Kladderadatsch.

Beim Sommerfest des Bundespräsidenten lernte ich einen sehr netten und sehr hochrangigen Offizier der Bundeswehr kennen, den ich fragte, ob meine Kommilitonen einmal auf einer Kämpferbahn trainieren dürften. Das geschah dann tatsächlich. Ein absurdes Bild: Die klapprigen Schauspielstudenten mit Reit-, Fahrrad- und Eishockeyhelmen, die unter dem strengen Blick von Oberfeldwebel, Offizier und mir durch den Dreck robben, Hindernisse überwinden und auf dem Appellplatz strammstehen mussten. Die sonst eher pazifistisch gesonnenen angehenden Künstler wurden probeweise mit originalen Waffen und Soldatenausrüstung versehen und entwickelten dabei erschreckend viel Spaß.

„Keine Angst… der will bloß spielen!"

Spätestens, als das erste Ensembleprojekt anstand und ich mitwirken sollte, stellte sich mir – und vermutlich auch den anderen – die Frage: Was mache ich hier eigentlich? Gelähmt auf der Bühne – ist das nicht letztlich Zurschaustellerei statt Schauspielerei?

Ich fühle mich oft bereits unwohl und eklig, wenn ich zu Hause gelähmt in meinem Rollstuhl sitze. Noch größeres Unwohlsein verspüre ich, wenn ich dann rausgehe auf die Straße, umgeben von Bordsteinen, Treppen und anderen Barrieren, konfrontiert mit den für mich oft undefinierbaren Blicken von Fremden. Was ja auch eine Form der Zurschaustellung ist. Ich will nicht angestarrt werden wie im Zirkus oder Zoo!

Schon immer hat das Abnorme, das Andersartige die Menschen fasziniert. Auf den Jahrmärkten des 18. Jahrhunderts gab es Wolfsmenschen, „Däumlinge" oder Melodienfurzer zu bestaunen, heute haben wir Dieter Bohlen oder Conchita Wurst.

Mittlerweile befinde ich mich selbst in einem Zustand beziehungsweise bin von einem Umstand, dem Rollstuhl, umgeben, der auf den ersten Blick etwas monströs anzuschauen ist. Im Ganzen bin ich also ein Objekt, das das Gefühl hat, manchmal zur Schau gestellt zu werden.

Dieser Gefahr, passiv zur Schau gestellt zu werden, entziehe ich mich, indem ich mich, wie alle anderen Schauspieler, mit all meinen physischen wie psychischen Defiziten und „Profiziten" aktiv selbst zur Schau stelle. Denn das bietet mir eine besondere Chance: Macbeth, König Lear, Franz Moor, Mephisto und ihre Theater-verwandten sind zwar im Grunde auch Freaks, halten aber noch eine andere Dimension bereit. Genauso wie ihre Verwandten in der Literatur – Quasimodo, der Glöckner von Notre Dame, Mary Shelleys Frankenstein oder die unzähligen anderen, die die Romane der Gegenwart bereichern – bleiben sie eben nicht beim primären Effekt des Gruselns und Staunens stehen.

Die Zurschaustellung präsentiert: „Hier sehen Sie ein Monster!" Sie hat keinerlei Interesse daran, den Effekt durch kritische Fragen in Gefahr bringen zu lassen. Das Theater löst sich davon, es erkennt das Monster oft sogar als den Spiegel des Normalen: Denn was ist überhaupt abnorm? Ist Quasimodo wirklich ein Monster? Oder ist er nicht vielmehr ein ganz normaler Mensch mit Träumen, Trieben, Bedürfnissen und Wünschen – also doch einer von uns?

Gesunder Geist im gesunden Körper?

Es gibt einen Hersteller von Laufschuhen, der sich den Namen „Asics" gegeben hat. Dies steht als Abkürzung für den lateinischen Satz „Anima sana in corpore sano" – eine gesunde Seele, die in einem gesunden Körper wohnt. Über diesen Satz werden sich wahrscheinlich die wenigsten Menschen groß Gedanken machen. Auch ich habe das erst getan, als ich nach meinem Unfall brutal feststellen musste, wie wenig von meinem einst hochgezüchteten Körper noch gesund geblieben war. Und ein wenig unwohl wurde mir beim Umkehrschluss dieses Sprichwortes auch: Beherbergt ein kranker Körper eine kranke Seele?

Doch es gibt auch genug Gegenbeispiele. So etwa Stephen Hawking, der, obwohl schwer gezeichnet durch Muskelschwund im Rollstuhl sitzt, doch einer der brillantesten Köpfe der Naturwissenschaft unserer Zeit ist. Ein Beweis für die Gegenthese also, dass der Geist umso gesunder werden muss, je kränker unser Körper ist? In einem Artikel über Hawking heißt es: „Dieses Bündel Mensch ist nichts als Intelligenz; von ihm geht eine unendliche Verdichtung der geistigen Tätigkeit aus, die sich alles Entbehrlichen entledigen musste."[1]

Wie sieht das aus, sich alles Entbehrlichen zu entledigen?

Wenn diese leere Seite ein Schmunzeln ausgelöst hat, ist sie ein gutes Beispiel für die Schönheit der Reduktion.

Körperlich bin ich auf dem Stand der *Tabula rasa*, des Neuanfangs, des weißen Blattes, des Nichts. Heinrich von Kleist sagt: „Die reinste Bewegung ist die Geführte."[2] Dieser Gedanke trifft mich als Mensch und Schauspieler ins Mark. Was wäre, wenn ich loslassen könnte? Meine selbst gesteuerte Bewegung einfach verabschieden? Und mich durch den ebenso revolutionären wie tröstlichen Satz freisprechen von meinem schauspielerischen „Makel" beziehungsweise der Abnormität der Bewegungsunfähigkeit meines Körpers?

Reduktion als künstlerisches Prinzip ist ein Weg für mich, mein Auftreten nicht als Monstrosität aufzufassen. Michelangelo Buonarotti, der Schöpfer der genialen Monumentalstatue des „David", sagte auf die Frage, wie er es geschafft habe, aus einem riesigen Marmorblock eine solche vollkommene Schönheit herauszumeißeln: „Ich habe einfach nur das weggehauen, was unnötig war!"

Tschechow: Der Rollstuhl als Schlüssel

Die Reduktion als künstlerisches Prinzip – wie sollte das praktisch aussehen? Unser Jahrgang sollte unter der Regie von Prof. Konieczny ein Stück nach Tschechows „Drei Schwestern" als Ensembleprojekt auf die Bühne bringen. Noch immer experimentierfreudig, stimmte ich zu mitzuwirken, nachdem deutlich wurde, dass dies für meinen Mentor und meine Kommilitonen offensichtlich überhaupt kein Problem darstellte.

Es folgten fast fünf Wochen lang die Lese- bzw. Tischproben: Textzuteilung, Texterfassung, Textrhythmus und Zensursetzung. Dabei unterschied ich mich in keiner Weise von den anderen Ensemblemitgliedern.

Doch dann wurde es ernst: Das Erlernte sollte auf die Bühne transponiert werden. Nach wie vor entsprach es nicht meinen konservativ-ästhetischen Theater-vorstellungen, mit meinem Rollstuhl auf die Bühne zu fahren. Und ich konnte mir beim besten Willen nicht vorstellen, wie ich mich dabei auch nur ansatzweise so wohlfühlen sollte, dass ich eine akzeptable schauspielerische Leistung zustande bringen würde. Dazu kam, dass wir ohne Mikrofone arbeiten würden und ich also mit meinem immer noch vergleichsweise dünnen Stimmchen einen ganzen Theatersaal füllen musste.

Was dann geschah, überraschte mich jedoch selbst: Der Rollstuhl wurde nicht nur kein Hindernis, sondern etablierte sich als nützliches Requisit.

Gemeinsam zertrümmerten mein Rollstuhl und ich lautstark die Ausstattung vor und hinter der Bühne, pirschten uns wiederum lautlos an, um dann arglose Mitspieler aufzuscheuchen und über die Bühne zu hetzen. Sie hatten berechtigterweise Angst, von dem ungestümen Ungetüm überrollt zu werden. Schnell bekam ich Spaß daran, gerade weil ich sonst kein Mensch bin, der auf den Putz haut, alles kaputt fährt und die Leute anschreit.

Im Verlauf des Probenprozesses benutzte ich den Rollstuhl also dazu, einen Zugang zu der Figur des Iwan Romanowitsch Tschebutykin zu finden, der als alkoholisierter, gleichgültiger, bramarbasierender Militärarztveteran auf der Bühne sein Wesen bzw. Unwesen treibt und anprangert, dass die Leute nur reden und nicht handeln. Sich zu betrinken und dergestalt benommen sein Dasein im Rollstuhl zu fristen, ist leider eine nicht zu verachtende Alternative. Zum Glück kann ich nicht mal selbsttätig eine Flasche zum Mund heben.

Nicht nur Regisseur Jan Konieczny, der von Anfang an überzeugt davon gewesen war, sondern auch alle möglichen anderen Beteiligten und Unbeteiligten, die ich mit meinen selbstkritischen Fragen nervte, fanden bereits die ersten Ansätze vielversprechend.

So dauerte es nur wenige Tage, und ich fing an, mich als Tschebutykin, zu dem der Rollstuhl nun mal dazugehört, auf der Bühne wohler zu fühlen als im alltäglichen Leben. Ein kleiner und hoffentlich nicht ungesunder Fluchtversuch. Ich hatte mir einen Vollbart wachsen lassen und wurde zusätzlich alt geschminkt. So bewegte ich mich im Schutz der Figur und lieh ihr meinen Körper, genau wie alle anderen Schauspieler auch. Hier spielte ich eine Rolle, bei der mein eigener Zustand keine Rolle spielte.

Mein persönliches Ziel für diese Aufführung war relativ bescheiden: Ich wollte bloß nicht unangenehm als behindert auffallen. Vielleicht noch schlimmer wäre es für mich gewesen, wenn die Zuschauer denken würden: *Nicht schlecht für einen Behinderten!* Jeder Schauspieler will die Zuschauer zum Lachen, Weinen oder Nachdenken anregen. Dazu muss eine Beziehung aufgebaut werden zwischen dem Zuschauer und dem Schauspieler. Es muss etwas transportiert werden zwischen beiden, das echt ist, nicht auf Sensation, sondern auf Sensualität beruht. Dass ich dies nach wie vor konnte, war eine der Entdeckungen des Stücks.

Unser Ensemble spielte als wirkliche Einheit. Das Stück „Nach Moskau …?!", inszeniert von Prof. Jan Konieczny nach der Vorlage von Anton Tschechows „Drei Schwestern", wurde erfolgreich ein Dutzend Mal in Hannover aufgeführt und gewann beim Theatertreffen deutschsprachiger Schauspielstudierender in Berlin den Publikumspreis.

In Nachgesprächen bezeichneten es Zuschauer, die mich nicht kannten, als einen genialen Inszenierungsansatz, die Figur des Tschebutykin in einen Rollstuhl zu setzen. Einige realisierten erst beim Schlussapplaus, dass vermutlich nicht nur Tschebutykin, sondern auch der Schauspieler einen Rollstuhl brauchte, da dieser sich nicht von seinem Requisit trennte. In unserer Inszenierung braucht und benutzt die *Figur* den Rollstuhl, nicht der Schauspieler.

Reduktion als Entdeckung – und Strategie

Eine Geschichte zu erzählen und den Zuschauer damit aus seinem Alltag herauszuholen, ist ein gutes Gefühl. Ich möchte ihn in eine Welt entführen, die ihn berührt und verändert. Wenn man auf der Bühne steht, kann man spüren, ob die Anwesenden in die Geschichte eingetaucht sind. Man merkt es an einer bestimmten Art von Stille, einem Knistern in der Luft, das eine positive Spannung erzeugt.

Durch das Wegfallen jeder körperlichen Taktierung, Gestik und Bewegung konzentriert sich für mich beinahe alles auf Haltungen und Emotionen, die sich in meiner Mimik und der Stimme widerspiegeln. Dadurch erhalten diese beiden Elemente zwangsläufig eine ganz eigene Klarheit und Direktheit.

Ohne Körper braucht man eine höhere Konzentration als jemand, der durch körperliche Impulse und Bewegungen solche Konzentration provozieren, manipulieren oder vorgaukeln kann. Die Körperlichkeit ist beim Schauspielen ohnehin nur ein Puzzleteil von vielen, die genutzt werden, um Wahrhaftigkeit zu transportieren. Es heißt zwar: eine Person „verkörpern", aber eigentlich „verkopft" man sie. Vielleicht ist ein passenderer Begriff „verinnerlichen"?

Dachte ich also damals nach meinem Unfall, es wäre das Unsinnigste, Naivste oder Vermessenste überhaupt, als Querschnittgelähmter in ein Schauspielstudium zurückzukehren, glaube ich heute, dass es im wahrsten Sinne des Wortes notwendig war, denn von der Not wendete ich mich ab, indem ich im Rahmen des Schauspielstudiums an Rollen und vor allem an mir selbst arbeitete. Mich mit meinem Vermögen und natürlich auch meinem Unvermögen auseinandersetzte. Und lernte, mich darauf zu konzentrieren: „Was kann ich?", statt ständig damit konfrontiert zu werden: „Was kann ich nicht?"

Also irgendwie doch eine der besten Entscheidungen, die ich treffen konnte.

Kafka und die „geführte Bewegung"

Wer auf die Bühne kommt, muss Neuerfundenes
bringen und auf neue Art.

Titus Maccius Plautus

Die tägliche Konfrontation mit Tanz- und Akrobatikunterricht
und die zwangsläufige Auseinandersetzung mit der Bewegungslosigkeit meines Körpers ließen mich nicht ruhen. Sowohl mein
Hunger als auch mein Durst nach Bewegung führten schließlich
zu einer wichtigen Entdeckung.

Während ich reglos vor mich hin studierte, wurde mein Schau-
spielkollege Robert Lang („ein guter und ehrenhafter Mann", wie
Chris über ihn sagt) neugierig und wollte im Selbstversuch erfahren, wie es ist, ohne den Einsatz seines Körpers zu spielen. Zu
diesem Zweck hatte er vor, sich mittels Panzerband an die Wand
kleben zu lassen, um ausschließlich seinen Kopf als Projektionsfläche zu nutzen. Noch bevor es dazu kam, verselbstständigte sich
die Idee zu ihrem eigenen Umkehrschluss: Statt den funktionierenden Körper mittels Klebeband zur Unbeweglichkeit zu zwingen, könnte man den unbeweglichen mittels Klebeband mit dem
beweglichen fusionieren.

Mich wundert es, dass nicht vorher schon mal jemand auf
diese naheliegende Idee gekommen ist. Zumindest habe ich vorher noch nie davon gehört.

Robert und ich ließen uns an Rumpf, Armen und Beinen mit
Gaffer-Tape (Panzerband) aneinanderkleben. Keiner wusste so
richtig, ob das halten würde und ob Robert das zusätzliche Gewicht tragen und ausbalancieren konnte. Mit der Hilfe zweier
weiterer Personen richteten wir uns auf.

Bereits beim ersten Schritt fiel Robert über meine Füße und wir klatschten gegen die Wand. Nach ein paar Anpassungen gelangen jedoch die ersten Tanzschritte, und das Gefühl, das dies in mir auslöste, war und ist einfach großartig. Jedes Mal, wenn Robert mit mir aufsteht, fühle ich mich lebendiger, Endorphine werden ausgeschüttet und ein breites Grinsen ist nicht mehr aus meinem Gesicht zu vertreiben. Ich habe wieder eine normale Perspektive, mein Kopf befindet sich in der früher gekannten Höhe und ich kann an mir runtergucken – im Stehen.

Bald schon hatte unser klebriger Zwei-Personen-Act seine Premiere auf einer Party, auf der wir gemeinsam zwar recht brummbärig, aber dafür gleich fast drei Stunden lang abtanzten. Zwei Rollen Tape genügen, und ein vom Hals abwärts gelähmter Mann rockt mit seinem Freund die Tanzfläche.

Natürlich fühlt sich das seltsam an, denn kein Tanzstil gleicht dem anderen. Robert zum Beispiel tanzt eher rustikal – er ist Fußballer und so bewegt er sich auch. Aber ich liebe ihn trotzdem.

Besser als jede Therapie

Einer meiner Ärzte, dem wir ein Video von dieser „Übung" zeigten, war hellauf begeistert und fand, dass man es eigentlich als die denkbar beste Therapieform verschreiben müsste, weil kein Gerät dazu in der Lage ist, einen Körper derartig dreidimensional durchzubewegen. Statt eines monotonen Bewegungsablaufs bekommen mein Organismus, mein Gleichgewichtssinn und meine Gelenke ständig neue Reize und alle Systeme werden angeregt und belebt. Es kostet denjenigen, der mich trägt, enorm viel Kraft, aber für mich ist es mal wieder eine kleine Flucht vor dem Rollstuhl.

Das Ganze hat auch „technische" Vorteile für mich: Durch das aufrechte Stehen streckt sich meine Hüftbeugemuskulatur und übt Zug auf das Zwerchfell aus, wodurch der Trachealzug zum

Gaumensegel verstärkt wird, und das unterstützt die Stimme. Da es mir an Atemhilfsmuskulatur und Zwischenrippenmuskulatur fehlt, benutze ich zum Atmen und Sprechen nur mein Zwerchfell. Robert, der Riesenresonanzkörper aus Fleisch und Knochen hinter mir, beschwingt und stützt meine Stimme zusätzlich. Dazu kommt die Kompression durch die Weste und die Klebebänder, die uns aneinanderhalten und ein Stück weit meine fehlende Bauchmuskulatur ersetzen.

Praktisch ist auch, dass Robert eine kontinuierliche XXL-Wärmflasche für mich darstellt, sodass mir zumindest bei diesem Stück nicht kalt wird. Des einen Freud, des anderen Leid.

Mit meinem Bruder Jonathan habe ich inzwischen noch ein paar weitere Möglichkeiten des „kleberunterstützten Bewegens" ausgelotet, wie gemeinsames Klavier- oder Gitarrespiel oder eine Fahrt durch den Drive-in-Schalter eines amerikanischen Schnellrestaurants, wo ich zum ersten Mal seit Jahren wieder meine eigene Bestellung vom Fahrersitz aus und mit lässig ins Fenster gestütztem Ellenbogen aufgeben konnte – die erstaunten Blicke der Mitarbeiter am Schalter erhöhten den Spaßfaktor.

Robert Lang über Samuel

Wir waren zu Beginn des Studiums nur zehn Leute, fünf Frauen und fünf Männer, da lernt man sich intensiv kennen. Samuel war der Älteste von uns. Man merkte gleich, dass er nicht frisch aus der Schule kam. Allerdings fragte ich mich damals, ob er das Schauspielstudium wirklich ernst nahm. Er erschien mir wie ein Lebemann, der zwar genau weiß, wer er ist, sich aber ungern auf eine Tätigkeit festlegt. Als würde er sagen: „Ich probiere das jetzt mal mit der Schauspielerei."
Das fand ich ungewöhnlich. Wenn jemand diesen Beruf wählt, dann aus Passion. Die braucht man auch, um überhaupt einen Studienplatz und später eine Stelle zu ergattern. Die meisten Leute arbeiten mit großer Leidenschaft daran, in dieses Feld überhaupt hineinzukommen. Sammy war der Erste, den ich getroffen habe, bei dem das nicht so war. Für mich

umgibt ihn immer noch eine unglaubliche Leichtigkeit. Es geht für ihn nie um etwas Endgültiges, sondern alles ist veränderbar und wird ausprobiert. Außerdem ist er ein ausgesprochener Konfliktvermeider und Diplomat. Wie das alles noch mit seinem Ehrgeiz zusammengeht, ist mir ein Rätsel.

Vor dem Unfall hatte er einen Körper, den er bewegen konnte wie kein anderer. Ich erinnere mich an eine Unterrichtsstunde, in der wir uns paarweise zusammenfinden mussten, einer der beiden schloss die Augen und ließ sich vom anderen führen. Sammy und ich haben den größten Unsinn veranstaltet. Wir sind auf eine Wand zugerannt und haben erst kurz davor angehalten. Mit ihm konnte man experimentieren, er hatte eine absolute Körperbeherrschung, die sich auf mich übertrug. Wir hatten sozusagen blindes Vertrauen zueinander. Er erschien mir unzerstörbar, ich hatte um ihn mit seinem durchtrainierten Körper keinerlei Angst. Seine größte Stärke, dieser fähige Körper, steht ihm jetzt nicht mehr zur Verfügung. Auch als Schauspieler musste er sich neu erfinden. Es fasziniert mich, dass er, wie früher als Turner, immer noch an seine körperlichen Grenzen geht. Er lässt sich auch heute noch überraschen von dem, was möglich ist. Außerdem hat er diesen ehrlichen Ton auf der Bühne. Das ist sehr viel wert. Man weiß, dass er Krasses erlebt hat.

Menschlich, würde ich sagen, hat er Tiefe bekommen. Er ist in vielerlei Hinsicht älter geworden und hat dabei viel Wärme entwickelt. Da sind nicht mehr nur das Lächeln, die weiße Sonnenbrille und sein Cabriolet von früher. Was er jetzt ausstrahlt, ist eine tief empfundene Zugewandtheit. Zu spät kommt er aber immer noch, nach wie vor ...

Es ist gut, wieder mit Samuel auf der Bühne zu stehen. Über Sammys Schulter hinweg sehe ich, wie die Menschen auf uns reagieren, wenn er mit Tape befestigt vor mir auf seinen eigenen Beinen steht. Nachdem wir uns das erste Mal verbunden hatten, holte unser beider Freund Benjamin unseren Dozenten, um ihm das Ergebnis zu zeigen. Jan Konieczny habe ich selten sprachlos erlebt. Aber in dieser Mittagspause kam er herein, sah uns stehen – und setzte sich erst einmal. Es verzaubert die Menschen, Sammy und mich so zu sehen.

Noch nie bin ich einem Menschen so nah gewesen. Jede Bewegung machen wir gemeinsam, vom kleinen Finger bis zum Fuß. Ich spüre

Samuel atmen und seine Stimme vibriert in meinem Brustkorb. Über seine Schultern bekomme ich Signale von ihm. Zum Beispiel steuert er mich, wenn ich ihm die Flasche im Stück „Ein Bericht für eine Akademie" zum Mund führe, ich verstärke die Bewegung nur. Das geht sehr gut. Natürlich sprechen wir uns viel ab, aber Ziel ist, dass wir mehr zusammenwachsen und uns immer besser „verstehen".

So primitiv und einfach diese Idee klingt, umso genialer, fast revolutionär scheint sie sich zu entwickeln. Und sie bietet, je länger wir uns herantasten, immer mehr ungeahnte Perspektiven.

Robert probierte das Aneinanderkleben auch mit seiner Freundin, die ebenfalls Schauspielerin ist. Das ging gnadenlos schief. Keiner der beiden Körper war in der Lage, sich dem anderen vollkommen hinzugeben, so wie meiner es ist. Obwohl sie ein Paar sind, schafften sie es nicht, dem Partner die Kontrolle zu überlassen. Sie stolperten und fielen ständig übereinander und fanden nicht zu einer Einheit.

Ich kann Roberts Körper und seinem Gleichgewicht zwar eigentlich fast nichts entgegensetzen – aber ich kann mich viel „weicher" auf ihn einlassen, weil mein eigener Körper nicht mehr so viel „will". Gleichzeitig bin ich aber auch nicht so willenlos wie eine Puppe. Wenn Robert mir seinen Körper leiht, dann folgt er auch meinen Impulsen. Weil er dafür sensibilisiert ist, kann ich ihn mittlerweile mit meinen Schulterbewegungen führen. Es ist ein geniales Freiheitsgefühl, mich dann an ihn zu hängen und ihn zu „lenken". Also gilt das erwähnte Kleist'sche Prinzip der „geführten Bewegung" hierbei sogar beiderseitig … wenn beide bereit sind loszulassen, sich aufeinander einzulassen und hinzuhören. Es ist eine Symbiose, die entsteht, wenn wir uns auf einen gemeinsamen Atemrhythmus eingestellt haben.

Was von außen betrachtet zunächst an Puppentheater denken lässt, ist im Grunde eher eine Art Tanz: Einer führt, der andere lässt sich führen.

Die Rückmeldungen von Zuschauern und meine eigene Wahrnehmung lassen an eine Stelle aus Kleists „Marionettentheater" denken: „Der Kreis ihrer Bewegungen ist zwar beschränkt; doch diejenigen, die ihnen zu Gebote stehen, vollziehen sich mit einer Ruhe, Leichtigkeit und Anmut, die jedes denkende Gemüt in Erstaunen setzen."[3]

Das Ganze ist weit mehr als nur ein Liebesdienst des Kommilitonen und Freundes, der einem anderen das zur Verfügung stellt, was dieser am meisten vermisst: seinen Körper. Da ist auch die medizinische und therapeutische Ebene, die eine solche ungewohnte Mobilisierung mit sich bringt. Und drittens drängt sich einem Schauspieler natürlich eine künstlerische Nutzung dieser künstlich erzeugten neuartigen Bewegungsform auf.

Bereits nach den ersten geglückten Versuchen und spätestens nach den großen, staunenden, leuchtenden Augen weiterer Forschungsprojektteilnehmer kam die Frage auf, wie man dieses Experiment in welcher Form auch immer auf die Bühne bringen und für den weiteren Studienalltag produktiv tauglich machen könnte.

Kafka und der Affenmensch

So suchten wir nach den ersten Versuchen und Experimenten nach möglichen Stücken, die uns eine spannende künstlerische Umsetzung erlaubten. Psychopatische oder schizophren gespaltene Persönlichkeitsrollen, die zum Beispiel den Engel links und den Teufel rechts forderten, wurden von uns rasch als zu plakativ verworfen. Nicht zuletzt deshalb, weil das Reizvolle einer schizophrenen Rolle aus schauspielerischer Sicht gerade darin liegt, dass sich zwei Geister in einem Körper und damit in einem Kopf befinden und nicht in einem Körper und zwei Köpfen.

Wie erwähnt, fand ich in Heinrich von Kleists „Marionettentheater" verblüffende Parallelen und Identifikationspunkte, doch die dramatische Umsetzung machte mir Mühe. Lange dokterte ich herum, bis ich durch einen Hinweis von Prof. Stephan Hintze auf Franz Kafkas „Bericht für eine Akademie"[4] stieß. In dieser Erzählung geht es, grob gesagt, darum, dass ein ehemaliger Affe namens Rotpeter einer Akademie den Vorgang seiner Menschwerdung schildert, in deren Verlauf der Menschenaffe mit seiner Anpassung kämpft bzw. der Mensch mit seinem inneren Affen. Als Wesen mit einem Körper und zwei Köpfen offenbarten sich ungeahnte Möglichkeiten für eine Inszenierung: So kann Rotpeter seine Gedanken mit geschlossenen Lippen aussprechen und, während er trinkt und isst, die Akademie moralisieren.

Zunächst strichen wir den Text auf die Teile mit dem aus unserer Sicht größten Gehalt zusammen. Wir haben für uns herausgearbeitet, welche Probleme der Text anspricht: Streben nach Freiheit, Anpassung, Grenzen, Suchtverhalten und so weiter. Welche Aktionen passen zum gesprochenen Wort und welche eher nicht, weil sie zu plakativ wären?

Und dann haben wir einfach losgespielt. Es war eine Art Forschungsarbeit, wir haben ausprobiert, improvisiert; mal haben wir gemeinsam gesprochen, mal einzeln, mal den Text nur gedacht und dazu gehandelt. Vieles haben wir wieder verworfen, anderes für gut befunden und mit konträren Mitteln verstärkt. So entstand das Stück aus der Praxis, nicht aus einer theoretischen Entscheidung.

Wir holten uns Unterstützung von unserem Bewegungsdozenten Stephan Hintze. Aber auch Kollege Ulrich Matthes vom Deutschen Theater Berlin nahm sich viel Zeit, um unsere Haltungen und Handlungen noch weiter zu präzisieren.

Unser Ziel war es, für den Zuschauer so stabil wie möglich, so „unsichtbar" wie möglich, so beweglich wie möglich und doch ständig provisorisch auszusehen – sich also jederzeit vor seinen Blicken auflösen zu können. Im Optimalfall sind die Bewegungen so ausgeführt, dass man nicht genau weiß, aus welchem Körper der Impuls kommt.

Wir spielten das 12-minütige vorläufige Ergebnis bei meiner Diplomprüfung. Das lief gut, ebenso wie die Vorstellung im

Off-Programm des Theatertreffens deutschsprachiger Schauspielstudierender in München. Dort wurden wir gesehen und zu weiteren Auftritten eingeladen. Auch der Leitung des Darmstädter Theaters stellten wir das Stück vor und erweiterten nach deren positivem Feedback die 10-Minuten-Version auf 30 Minuten. Zusammen mit einer weiteren Inszenierung von „In der Strafkolonie" wurde daraus ein ganzer Kafka-Abend.

Robert trägt im ersten Teil des Stücks eine schwarze Maske, sodass man nur mein Gesicht sieht. Wann ist ein guter Moment für die Demaskierung? Wer der Affe und wer der Mensch ist, haben wir nie festgelegt. Sind beide mal Mensch, mal Affe, oder sind beide Menschen, die den Affen in sich tragen? Wer macht wen zum Affen? Der Zuschauer sollte selbst entscheiden können, was er sieht und was er daraus mitnimmt. Dieses Anliegen scheint aufgegangen zu sein, denn in den Kritiken finden sich ganz unterschiedliche Ansätze und Wahrnehmungen:

„Dass Koch nicht laufen kann, mag (...) zu der Konzeption geführt haben. Es spielt aber keine Rolle und ist eher ein frappierender Beleg dafür, wie die Beschäftigung eines körperlich eingeschränkten Darstellers die Möglichkeiten des Theaters enorm erweitert. (...) Von wem der Wille zur nächsten Bewegung ausgeht, weiß man nicht genau. (...) Die beiden tanzen bisweilen ein wenig. (...) Lang und Koch sprechen abwechselnd, manchmal zusammen. Lang übernimmt dabei eher den Affen, Koch den Menschen. Sie können aber nicht ohneeinander, so dass das nicht wichtig ist."
Judith von Sternburg, Frankfurter Rundschau online, 3. April 2015

„Der querschnittgelähmte Samuel Koch (...) steht auf der Bühne. Er stapft breitbeinig umher, trommelt sich auf die Brust, wirft mit Autoreifen um sich. Und auf den ersten Blick sieht es so aus, als würde er noch einen Kollegen huckepack mitschleppen. Aber es ist natürlich andersherum: Robert Lang, Freund aus Studententagen, trägt und führt Samuel Koch vor sich am Leib. (...) Um als gefangener Primat zu überleben, musste Rotpeter ein Ereignis werden. (...) Auch Samuel Koch musste, um nicht seelisch zu verkümmern, seine Einschränkung überwinden. (...) Anfangs trägt Robert Lang eine schwarze Haube über dem Kopf, dann sieht es aus, als wäre er ein Spieler im Schwarzlichttheater und Samuel Koch seine lebende Puppe. Auf halber Strecke nimmt er die Haube ab, und das Solo entwickelt sich zum Zwiegespräch für siamesische Zwillinge, zum Doppelkopfspiel von Über-Ich und Es, Affe und Mensch, Kafka und Koch. Überwinde deine Natur, wenn du überleben willst (...). Derart existenziell sind Kunst und Leben sonst nicht aneinander gebunden."

Stefan Benz, Darmstädter Echo online, 3. April 2015

Vorspiel

Das Theater ist die tätige Reflexion
des Menschen über sich selbst.
Novalis

Zur staatlichen Prüfung für Diplomschauspieler gehört ein Absolventenvorspiel am Ende des Studiums. Dabei schauen unter
anderem Prüfer der ZAV-Künstlervermittlung zu, um zu entscheiden, ob sie die frischgebackenen Schauspieler in ihre Kartei
aufnehmen und unterstützen oder nicht. Die ZAV-Künstlervermittlung ist eine Serviceeinrichtung der Bundesagentur für Arbeit unter dem Dach der Zentralen Auslands- und Fachvermitt-
lung. Künstler, die in diese aufgenommen wurden, werden im
späteren Berufsleben zwischen den einzelnen Engagements, die
ja selten nahtlos ineinander übergehen, mit Arbeitslosengeld vom
Staat unterstützt. Das ist für die meisten Schauspieler in Deutschland überlebensnotwendig, denn nur wenige bekommen ein Festengagement. Wenn an einem Theater oder in einem Filmprojekt
noch Schauspieler gesucht werden, wenden sich die Intendanten
und Produzenten mitunter an die ZAV-Künstlervermittlung, und
die empfiehlt dann jemanden.

Normalerweise absolviert der ganze Jahrgang gemeinsam das
Diplomvorspiel. Dazu wird groß eingeladen und alle Studenten
zeigen einzelne Monologe und eine Szene. Das Ganze dauert bis
zu fünf Stunden, es kommen Familienangehörige, Freunde und
natürlich auch Profis aus der Branche, um sich den schauspielerischen Nachwuchs anzusehen.

Ich hätte die Prüfung gern mit meinem Jahrgang abgelegt und
nicht schon wieder eine Extrawurst gehabt, doch die Hochschule

entschied, dass ich dabei noch nicht mitmachen sollte. Man befürchtete, dass unsere Leistungen womöglich schlecht vergleichbar wären. Zudem wusste niemand, ob ich dieses Vorspiel überhaupt im geforderten Rahmen leisten konnte und wie meine sonstigen Abschlussprüfungen aussehen sollten. Woher auch, denn noch nie zuvor hatte ein Rollstuhlfahrer ein staatliches Schauspielstudium durchlaufen.

Mein Jahrgang absolvierte das Diplomvorspiel im Oktober und für mich wurde ein Extratermin Ende November festgelegt. Nach mehrmaligem Verschieben seitens der Hochschule und der Künstlervermittlung sollte mein Absolventenvorspiel am 13. Februar 2014 stattfinden. Unglücklicherweise hatte ich für den Februar schon zwölf mittlerweile ausverkaufte Konzertlesungen zugesagt, im festen Glauben, die dort angesetzten Semesterferien freizuhaben.

Zusätzlich stellte sich heraus, dass in diesem Monat Proben für das Diplomprojekt meines Jahrgangs, Elfriede Jelineks „Bambiland", stattfinden würden, das im März Premiere haben sollte. Die Konzertlesungen würden mich quer durch die Schweiz, Österreich und Deutschland führen, zu den Proben für „Bambiland" hatte ich in Hannover zu sein und vor allem war das Diplomvorspiel vorzubereiten, im Grunde das Wichtigste des ganzen Studiums; das Ereignis, in dessen Vorfeld alle, die können, vor Aufregung die Wände hochgehen und ein hoher Druck herrscht.

Die Generalprobe lief furchtbar. Ich hatte eine Konzertlesung in Hannover gehabt, war nachts noch zur Berlinale gefahren und erst am nächsten Morgen zurückgekommen. Entsprechend müde war ich beim Einleuchten, beim technischen Durchlauf und bei den Proben in den einzelnen Rollen.

Großartig reflektieren konnte ich das alles nicht. Am nächsten Tag ging es nach Bonn und Rosbach zu Konzertlesungen. Da mir durch meine defekte Thermoregulierung immer kalt ist, ließ ich die Heizung im Auto voll hochdrehen. Alle anderen schwitzten bei Temperaturen um 30 Grad. Auf der Fahrt ging ich die Texte für das Absolventenvorspiel noch mal durch. Ich war nun doch ziemlich nervös. Meine Stimme machte mir wie immer Sorgen. Sie ist seit dem Unfall ein sensibles Organ geworden. Ich habe jetzt eine private Stimme und eine Bühnenstimme. Die private ist brüchig, kurzatmig, leise. Die Bühnenstimme kann ich erst nach einiger Vorbereitung entfalten. Das heißt, bewusst und richtig atmen und sprechen und, in meinem Fall, mit der Stimme haushalten. Das ist keine schlechte Übung. Man sollte sowieso nur reden, wenn's der Rede wert ist.

Letzte Vorbereitungen

Am Abend vor dem Absolventenvorspiel war ich also in Rosbach auf der Bühne. Die Konzertlesung war gegen 21:00 Uhr zu Ende, und danach stand ich wie immer für Gespräche zur Verfügung, bei denen ich wie so oft heftige Geschichten zu hören bekam.

Gegen Mitternacht brachen wir auf und waren um 4:00 Uhr morgens in Hannover. Um 19:30 Uhr sollte der Vorhang für mein Absolventenvorspiel aufgehen. Mein Assistent zog mir bereits die Sachen an, die ich für die Bühne brauchen würde. Da ich an diesem Abend Höchstleistungen von meiner Stimme abrufen wollte, inhalierte ich Kochsalzlösungsdämpfe und aktivierte meinen Stimm- und Atmungsapparat mithilfe meiner Atemgeräte. Sie bieten zum Beispiel einen vibrierenden Widerstand, der den Schleim in den Lungen löst und das Zwerchfell stimuliert.

Um 15:00 Uhr war ich in der Uni, um noch einmal alles durchzugehen und zu überprüfen, ob alle Requisiten und Kostüme an Ort und Stelle waren.

Sorgen machten mir die Umziehpausen. Mir etwas an- oder auszuziehen, ist ziemlich zeitaufwändig. Ich wollte nicht, dass die Veranstaltung durch den Behinderten behindert wird, indem ungefüllte Pausen entstanden. Aus diesem Grund trug ich Zwiebellook, sodass ich von einer Szene zur nächsten immer nur etwas ablegen musste. Außerdem hatte ich für diesen Abend zwei

Assistenten dabei, und zusätzlich standen mir zwei Kostümbildnerinnen zur Seite, die meine Kostüme mitgestaltet hatten und auch die Maske übernahmen. Jeder Handgriff war vorbereitet.

Während der Umziehpausen sollten die Zuschauer jeweils Einspieler zu sehen bekommen: Ausschnitte aus einem Spielfilm, der als Ensembleprojekt mit meinem Jahrgang gedreht worden war, und verschiedene Videoszenen.

Als all die technischen und logistischen Details eingerichtet und kontrolliert waren, begab ich mich mit Robert und Brigitte zum Aufwärmen auf die Bühne. Brigitte studierte zwei Jahrgänge unter mir und würde die erste Szene gemeinsam mit mir spielen. Onno Grohmann, der in den letzten zwei Jahren mehr als nur ein Sprecherzieher für mich gewesen war, leitete das Einsprechen und ließ uns durch die Gegend summen, zischen und brunftartige Tiergeräusche von uns geben. Nachdem wir uns mit dem Raum vertraut gemacht und auf die Partner eingestimmt hatten, verließen wir die Bühne wieder.

Dann erklang die Ansage: „Alle auf Position? Wir beginnen mit dem Einlass." Ich hörte backstage, wie sich der Saal füllte. Zwei Tage zuvor hatte die Hochschule einen Einladungsstopp verhängt, alle Plätze waren vergeben. Viele Freunde und Bekannte hatten sich angemeldet, aber auch Journalisten, Dramaturgen und Intendanten.

Die Begrüßung des Publikums durch die Präsidentin der Hochschule vernahm ich zwar, sie ging aber an mir vorbei. Mit meinen Gedanken war ich ganz bei Erwin.

Erwin und Hertha

Für die erste Rolle, in die ich an diesem Abend schlüpfen würde, hatte man mir die Augenbrauen weggeschminkt und die Wimpern übersprüht, zudem war ich glatt rasiert, weil ich einen krebskranken Jungen darstellte, der nur noch wenige Tage zu leben hat. Meine Haare versteckten wir unter einer Mütze. Ich war Erwin aus Wolfdietrich Schnurres Kurzgeschichte „Der Ausflug". Vor dieser Szene hatte ich den größten Respekt.

Für die Rolle hatte ich einen nostalgischen Rollstuhl besorgt, er besaß einen beigen Bezug und roch nach altem Leder. „Mensch, und du meinst Tatsache, dass uns hier keiner sieht?", fragt Erwin unsicher. Hertha, seine Mitpatientin, winkt ab und schiebt Erwin in der Abenddämmerung einen Feldweg entlang. Um Erwins Hals hängt ein Lebkuchenherz mit der Aufschrift „Gute Besserung", an seinem Rollstuhl schwebt ein mit Helium gefüllter Luftballon. Er ist das erste Mal in seinem Leben so weit draußen in der Natur und erschrickt deshalb vor dem Kreischen der Krähen oder einem dampfenden Komposthaufen.

Nachdem sie sich durch einen Acker gekämpft haben, erreichen sie endlich eine versteckte Hütte. Dort machen sie es sich gemütlich und lassen ihren abenteuerlichen Ausbruch aus der Klinik sowie den aufregenden Abend auf dem Jahrmarkt Revue passieren. Die Stimmung ist ausgelassen, beide lachen viel und kommen sich näher. Hertha berührt sanft Erwins Hand und hin und wieder verlieren sich ihre Blicke ineinander. Mit der Zeit fällt Erwin das Atmen immer schwerer, die beiden beginnen über den Tod zu sprechen.

„Das Leben ist gläsern", flüstert Erwin. „Erst müsst' man's zerbrechen, dann könnt' man sich so bewegen, dass einem gar nichts mehr wehtut. Man muss nur loslassen können …"

Hertha, die mittlerweile am knisternden Feuer sitzt und ihn nur schwer versteht, fragt: „Was is'n, Erwin, was sprichst'n so leise?"

Doch Erwin antwortet nicht.

Als dann das Licht ausging, ließ der Applaus lange auf sich warten. Einigen Zuschauern standen die Tränen in den Augen.

Leonce und Lena

Für mich gab es hinter der Bühne keine Zeit für Gefühlsausbrüche. Zack, zack, ich wurde umgezogen und umgeschminkt, wie ein Objekt auf dem Fließband, das von mehreren Leuten gleichzeitig bearbeitet wird. Alles war so akribisch vorbereitet, dass ich den Prozess gar nicht mehr hätte aufhalten können. Aber ich war erleichtert: Die erste Szene war gut über die Bühne gegangen. Während der Umziehpause lief für das Publikum der Kurzfilm „Minusfreunde". Er war bei einem Kamera- und Dramaturgieworkshop entstanden, die Texte hatten wir selbst geschrieben. Es ist ganz anders, vor der Kamera zu spielen als auf der Theaterbühne. Wenn ich die Zuschauer in der 20. Reihe erreichen will, muss ich „groß" spielen; im Film sollte man als Schauspieler eher schlicht, pur und einfach sein. Da die ZAV auch für filmische Engagements zuständig ist, wollte ich auch aus diesem Bereich Material zeigen.

Hinter der Bühne wurde ich zu Leonce aus Georg Büchners „Leonce und Lena". Ein Burberry-Schal umgelegt, die Haare glatt zum Scheitel gekämmt und Lackschuhe an den Füßen. Es sollte möglichst spießig aussehen.

In der Rolle als Leonce würde ich im Rollstuhl herumheizen. Beim Bremsen passiert es mir im Alltag manchmal, dass ich nach vorn kippe und hilflos dahänge oder ganz auf der Nase lande. Das wollte ich auf der Bühne gern vermeiden. Deshalb hatten wir meinen Pulli seitlich eingeschnitten und unsichtbar einen Gurt befestigt, der mich bei scharfen Bremsungen festhalten würde.

Titus Georgi, der Studiengangsleiter und Direktor, war die ganze Zeit mit hinter der Bühne. Er fragte, ob ich bereit wäre; ich nickte, nahm mir einen Moment, um von Erwin auf Prinz Leonce umzuschalten, atmete tief durch und raste dann mit Vollgas und voller Aggression auf die Bühne. Die Zuschauer würdigte ich keines Blickes, fuhr quer über die Bühne und verließ sie wieder.

Zwar zeigte ich mich ungern mit dem Elektrorollstuhlpanzerkoloss, jedoch ist dieser in der Schweiz getunt worden und damit wesentlich schneller und agiler als die anderen, schlichteren Bühnenrollstühle, in denen ich mehr Mensch als Maschine darstelle.

Erneut raste ich auf die Bühne, legte eine Vollbremsung hin und schrie laut und provozierend: „Meine Herren, was wollen Sie von mir? Mich auf meinen Beruf vorbereiten? Ich habe alle Hände voll zu tun! Ich weiß mir vor Arbeit nicht zu helfen!" Zack, und wieder weg.

Als ich das nächste Mal auf die Bühne kam, fuhr ich gediegen und langsam und schaute in der Gegend herum: „Sehen Sie? Erst habe ich auf diesen Stein hier dreihundertfünfundsechzig Mal hintereinander zu spucken. (…) Dann habe ich nachzudenken, wie es wohl angehen mag, dass ich mir einmal auf den Kopf sehe. Oh, wer sich einmal auf den Kopf sehen könnte! Das ist eines von meinen Idealen. (…) Es ist traurig, was die Leute nicht alles aus Langeweile treiben. Sie studieren aus Langeweile, sie beten aus Langeweile, sie verlieben, verheiraten, vermehren sich aus Langeweile und sterben endlich aus Langeweile. Und, und das ist der Humor davon, alles mit den wichtigsten Gesichtern. Ohne zu merken, warum."

Prinz Leonce hat etwas von einem Eskapisten, einem Müßiggänger. Eine Rolle, zu der ich am Anfang nur schwer einen Zugang fand, denn schon seit meiner Kindheit habe ich mir gewünscht, mich einmal zu langweilen. Doch bis heute ist das nur ein Traum geblieben. Deshalb war mein Leonce aggressiv und radikal. Natürlich suchte ich auch nach autobiografischen Zusammenhängen. Man baut sich im Schauspiel oft Substitute, ruft eine persönliche Erinnerung ab und bringt sie mit dem Gespielten in Verbindung.

Schon der Einstieg – „Meine Herren, was wollen Sie von mir?" – passte gut, weil ich mich tatsächlich oft frage, was die Leute eigentlich von mir wollen. Auch hatte ich nicht die geringsten Probleme damit, genug authentische Emotionen in den Satz zu legen: „Ich habe alle Hände voll zu tun! Ich weiß mir vor Arbeit nicht zu helfen!" *Das* Gefühl kenne ich nur zu gut! Und vielleicht fand auch deshalb die ZAV den Leonce am stärksten.

Jetzt singt er auch noch

Hinter der Bühne zog ich einen anderen Schal an, damit es einen optischen Wechsel gab, und ließ mir die Haare sympathischer frisieren. Dann ging mein Stimmbildungslehrer, Nils Ole Peters, mit mir auf die Bühne, setzte sich mit seiner Gitarre auf einen Hocker und begleitete mich, während ich nach kurzem Intro losträllerte: „Ja, ich bin heut schon ewig gelaufen, meine Füße, die tun mir schon so weh. Für gewöhnlich bin ich wirklich ein ganz träger Haufen …"

Jeder Schauspielstudent muss bei der Diplomprüfung ein Lied singen. Ich hatte dieses philosophische Liebeslied von Gisbert zu Knyphausen ausgewählt, da ich mich mit dessen Inhalt ganz gut identifizieren konnte. Bereits als Kind habe ich mich gern als Lucky Luke verkleidet und fand es, ähnlich wie Gisbert, „… verdammt cool, ein Cowboy zu sein".

Als Kontrast flammte als Nächstes ein Video auf, das mich als Diktator zeigte. Düster geschminkt und mit angeklatschtem Haupthaar rezitierte ich Kreon aus der Tragödie „Antigone" des antiken griechischen Dichters Sophokles. Von meiner Spielpartnerin und mir waren lediglich die Köpfe zu sehen, auch um durch diese Reduzierung die Aufmerksamkeit auf die Dramatik des Textes zu konzentrieren.

Es heißt, dass Adolf Hitler mit einem Schauspielcoach genau an dieser Rolle des Königs von Theben gearbeitet hat. Teilweise erkennt man das Versmaß des „Alexandriners" in Hitlers Reden wieder, das bereits Sophokles verwendete. Ein Text, der 2.500 Jahre alt ist und solche fürchterlichen Zerrbilder im 20. Jahrhundert erzeugt hat.

Hamlet ist tot

Während des Films wurde ich hinter der Bühne auf einen Tisch gelegt und beinahe nackt ausgezogen. Man hängte mir einen Namenszettel an den Zeh, verhüllte Körper und Gesicht mit einem Laken und trug mich auf die dunkle Bühne. Um eine gute Leiche abzugeben, hielt ich den Atem an.

Benny aus meinem Jahrgang trat zu mir, der – das können die anderen bestätigen – der Liebevollste und Omnisympathischste von allen ist. Nach mir natürlich. Er entfernte zum Kondolieren das Leichentuch von meinem Gesicht, drapierte es um meine Schulter und streichelte mir zärtlich übers Haar. Während Benny bei seinem Abgang von der Bühne meinen Brustkorb verdeckte, holte ich schnell noch einmal tief Luft. Dann wurde mein von oben gefilmtes Gesicht an die Wand hinter mir projiziert.

Ich hielt so lange die Luft an, wie ich konnte. Endlich erwachte das untote Wesen und behauptete: „Ich war Hamlet. Ich stand an der Küste und redete mit der Brandung. Im Rücken die Ruinen von Europa."

Die Sprache von Heiner Müllers „Hamletmaschine" ist nicht ganz alltäglich: „Die ausgestopften Pestleichen im Zuschauerraum bewegen keine Hand", stellte Hamlet fest, während er provozierend seinen Blick über das Publikum schweifen ließ.

Ich kann durch bestimmte Bewegungen Kontraktionen in meinen gelähmten Muskeln auslösen. Damit habe ich hier gespielt. „Ich gehe nach Hause und schlage die Zeit tot, einig mit meinem ungeteilten Selbst." Dabei riss ich mithilfe der Schultermuskulatur die Arme hoch, und mit einem tiefen Einatmen löste ich einen Reflex in meinen Beinen aus, sodass es den Anschein erweckte, als würde ich gleich aufstehen.

Es blieb dem Zuschauer überlassen zu entscheiden, ob es Samuel oder Hamlet war, der den Monolog mit den Worten abschloss: „Meine Gedanken sind Wunden in meinem Gehirn. Mein Gehirn ist eine Narbe. Ich will eine Maschine sein. Arme zu greifen, Beine zu gehen, kein Schmerz, kein Gedanke."

Hamlet als Leiche zu spielen war für mich ein heimlicher Triumph. Als ich den Text das erste Mal las, sah ich Hamlet dabei sofort als Toten auf einem Leichentisch liegen. Gearbeitet habe ich die Szene dann zusammen mit Daniel Nerlich, einem Schauspieler vom Staatstheater Hannover. Nach den ersten Textproben bat ich Daniel: „Wart mal kurz draußen, ich mach dir ein Angebot." Dann ließ ich mich schnell auf einen Tisch legen und mit einem Laken bedecken. Zunächst fand er die Idee genial, aber im Laufe des Probenprozesses haben wir sie doch wieder verworfen und im Sitzen weitergespielt. Er sagte, die Rolle besitze so mehr Klarheit.

Auch meine Dozenten waren dieser Meinung, als ich ihnen im November die „Hamletmaschine" sitzend vorspielte, sie jedoch mit der Idee konfrontierte, dass ich es eigentlich gern im Liegen probieren würde. Sie widersprachen: Nein, auf keinen Fall, das würde nicht funktionieren und sei für den Zuschauer eine unangenehme Perspektive, die ganze Zeit habe er dann das Bedürfnis, den Kopf zur Seite zu legen. Sie wollten diesen Monolog sogar ganz streichen.

Eine Woche vor dem Absolventenvorspiel entschloss ich mich, dem Hamlet noch mal eine Chance zu erkämpfen. Ich hängte mich voll rein, als ich die Rolle Jan Konieczny, Titus Georgi und Daniel Nerlich zeigte. Tatsächlich: Sie waren begeistert und rieten mir, Hamlet doch mit ins Programm aufzunehmen. Mein Gesicht von oben zu filmen war dabei ein guter Kompromiss für die Zuschauerbequemlichkeit und brachte sogar etwas mehr Dynamik in die Szene.

Nach dem Absolventenvorspiel berichteten mir viele der Zuschauer, dass Hamlet sie am meisten beeindruckt hatte. Und wenige Monate später, beim Vorsprechen am Staatstheater Darmstadt, behauptete der Generalintendant, der wirklich schon viel gesehen hat und Heiner Müller in- und auswendig kennt, dass er den Text noch nie so klar durchdrungen und verstanden hat wie in dieser Version.

Zwar hatte ich dem Techniker noch in der Nacht vor dem Auftritt eine SMS geschrieben: *Kein Schmerz. Kein Gedanke. Dann bitte Licht aus.* Aber irgendwie war diese Angabe wohl zu kryptisch, und so starrte ich eine gefühlte Ewigkeit in die Kamera, bis endlich das Licht ausging und der Applaus ertönte.

Als der Hamlet geschafft war, atmete ich auf. Jetzt, so wusste ich, würde etwas kommen, bei dem der Spaß die Nervosität ausschaltete.

Während ein Ausschnitt aus dem Film „Hilft nur küssen" über die Leinwand flimmerte, wurde ich hinter der Bühne an meinen Kommilitonen Robert geklebt.

Es wird ernst

Alles lag nun also bereit für die letzte Rolle des Abends. Das Haargel, das Klebeband, die 20 zugeschnittenen schmalen Klebestreifen für die Finger, der Gurt zum Festschnallen, der Stuhl, die Schnapsflasche, die Banane sowie drei Ersatzbananen. Wir wussten, dass wir für das Tapen lange brauchen würden. Zwar hatten wir einmal eine Optimalstoppzeit von 12 Minuten 50 Sekunden geschafft, aber der Kurzfilm „Hilft nur küssen" inklusive Ansprachen dauerte nur 15 Minuten, da blieb nicht viel Luft. Eilig zog man mir die hautengen Pullis an, die Leggins hatte ich schon drunter. Um Zeit zu sparen, wurde ich einfach auf dem Tisch liegen gelassen, und Robert schob sich unter mich. Beide hatten wir giftgrüne Socken an, die uns Robert zu Weihnachten geschenkt hatte. Darüber trug ich knöchelhohe Schuhe, um die Sprunggelenke zu stützen.

Nun wurde uns die Weste angelegt, eine Sonderkommando-Waffenweste, die zufällig im Fundus herumgelegen hatte und von den Kostümbildstudentinnen für uns erweitert worden war. Sie umschloss uns beide und gab Stabilität.

Tape um den Brustkorb, um den Bauch, fast bis zum Gesäß, dann die Oberschenkel fixieren, Kniegelenk freilassen, Unterschenkel fixieren, Fußgelenk freilassen, Zehenspitzen fixieren. Die Armfixierung ließen wir weg, aber wir klebten die

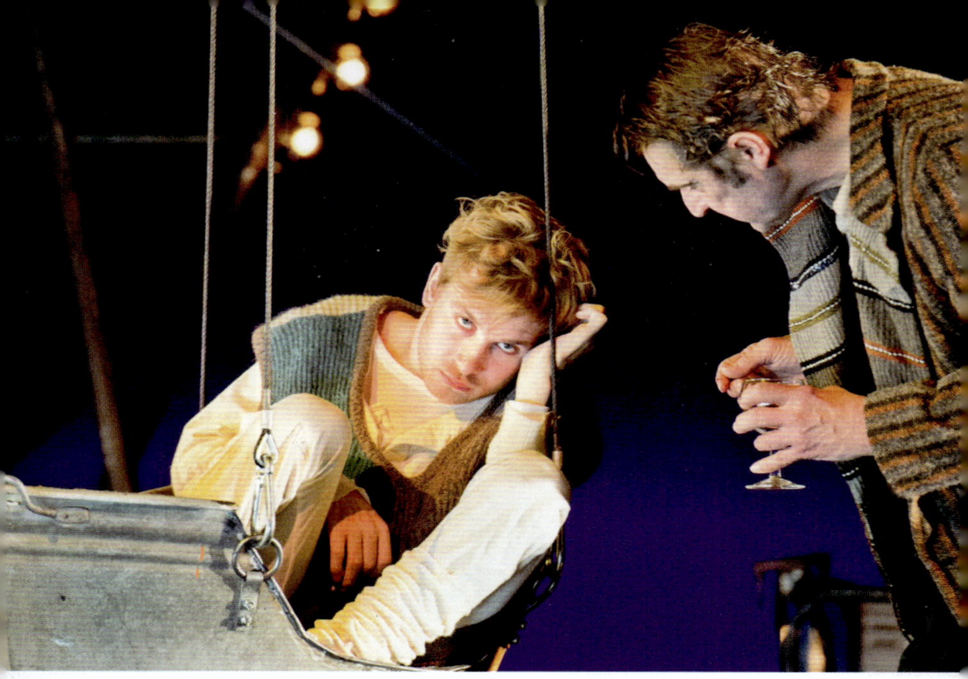

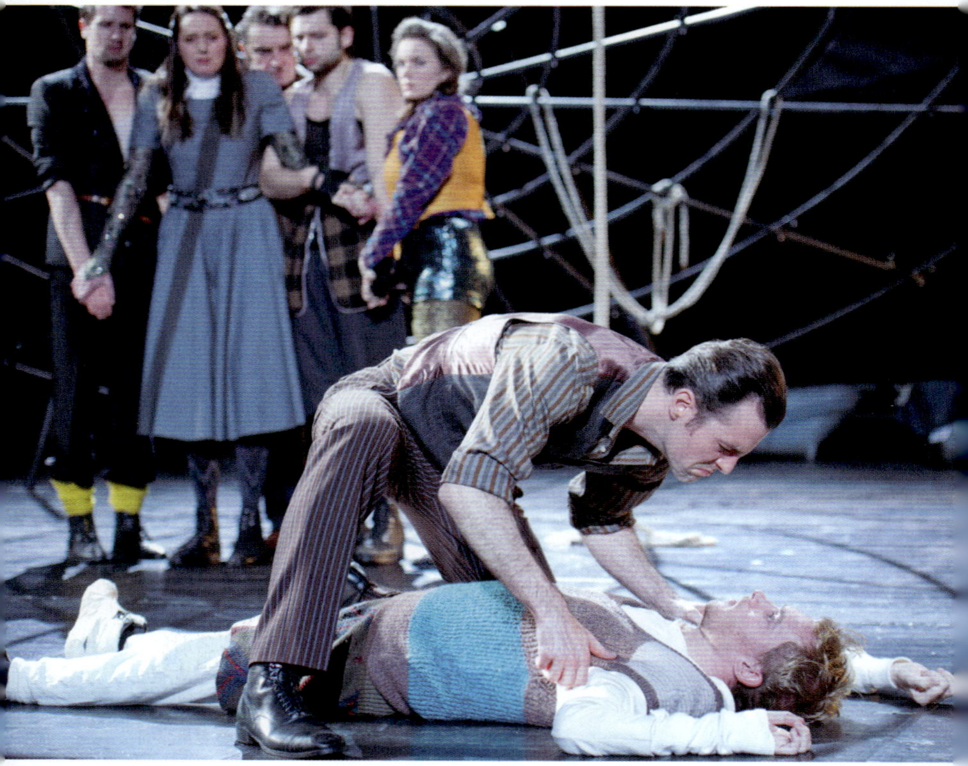

Samuel
als Menuchim
alias Alexej Kossak in
Joseph Roths „Hiob",
inszeniert von
Sandra Strunz

„Bambiland"

„Nach Moskau" und „Der Ausflug"

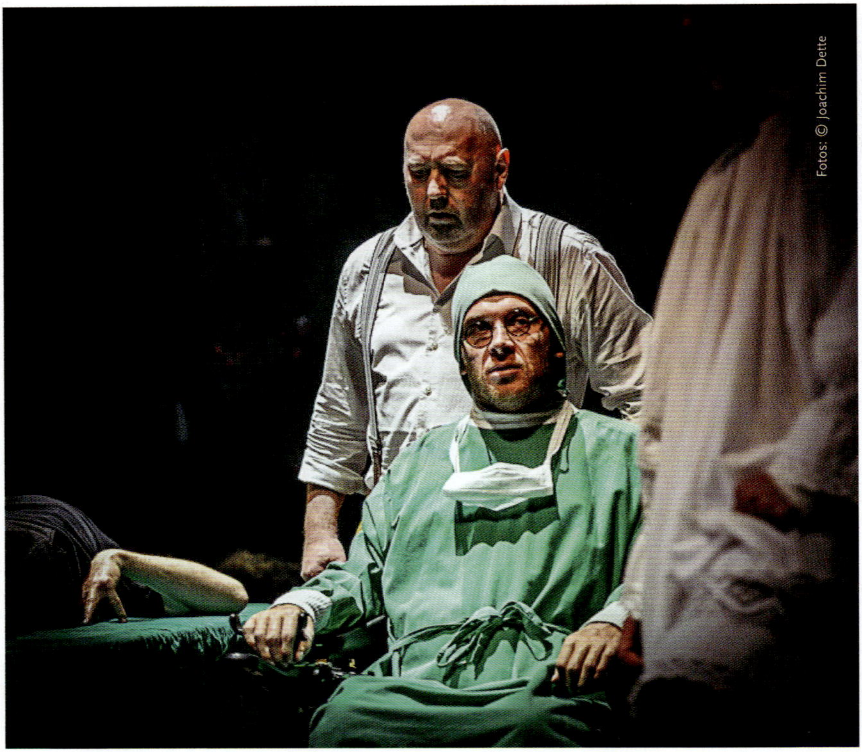

In drei von seinen sechs verschiedenen Rollen in „Madame Bovary"

Prinz von Homburg

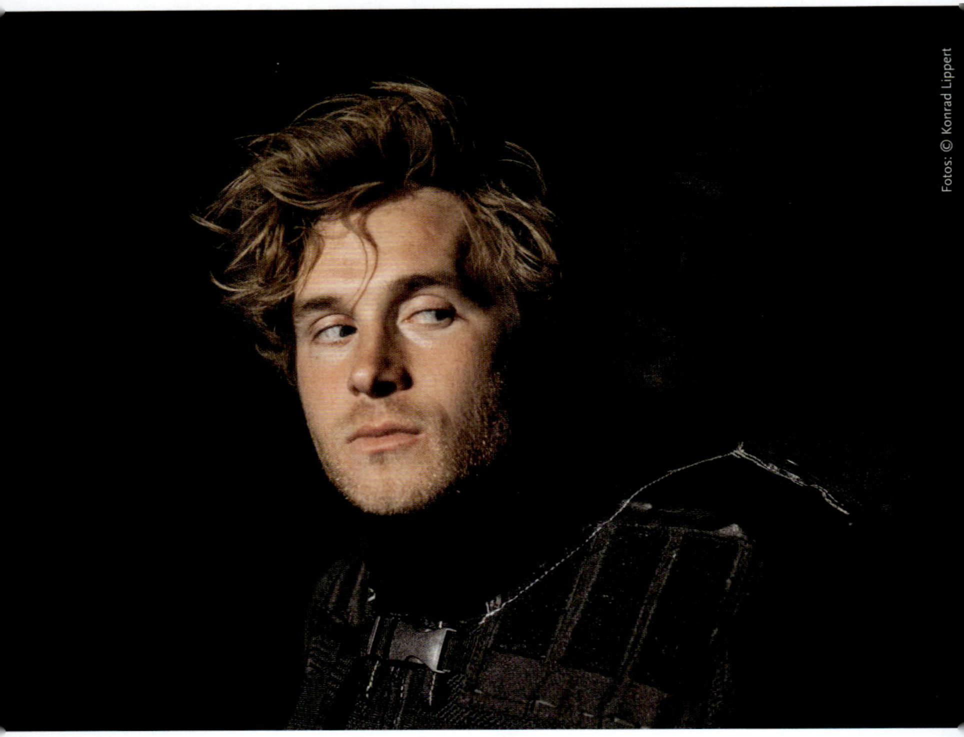

Fotos: © Konrad Lippert

„Bericht für eine Akademie“ mit Robert Lang

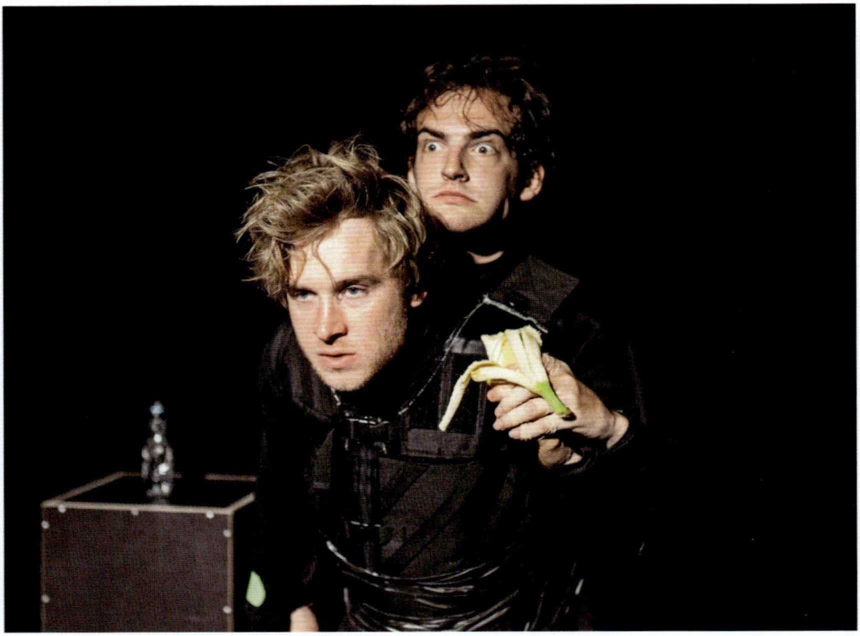

Handgelenke und jeden einzelnen Finger doppelt aneinander. Dann überprüften wir alle möglichen filigranen Handbewegungen. Nach 20 Jahren intensiver, fast täglicher Auseinandersetzung mit meinem Körper beim Kunstturnen wurde mir durch diese gemeinsame Arbeit zum ersten Mal wirklich bewusst, wie faszinierend und schön die menschliche Bewegung ist.

Der Moment war da, und wie immer schossen bei mir die Endorphine hoch, als Robert mit mir aufstand. Wir boxten in die Luft, sprangen herum und gingen in die Hocke, damit ich satt an ihm dransaß und unseren Därmen jetzt (und nicht auf der Bühne) die letzten Restgase entwichen. Beide waren wir ganz schön heiß darauf zu spielen. Robert zog die schwarze Strumpfmaske über seinen Kopf und torkelte los.

Unterdessen war Professor Jan Konieczny auf die Bühne gegangen und erzählte Anekdoten, um für das Publikum die Wartezeit zu überbrücken. Als Robert und ich fertig waren, standen wir hinter dem Vorhang und hörten ihm zu. Er redete und redete, während sich schon jetzt zwischen Robert und mir ein salzkristalliner Transpirationsfilm bildete.

Professor Konieczny berichtete von meinen ersten Tagen in Hannover und davon, wie er anfangs daran gezweifelt hatte, ob aus so einem durchtrainierten, festen Muskelblock noch ein formbarer Schauspieler werden konnte. Und tatsächlich hatte ich es schwer mit meinem Körper gehabt. Man spricht in der Schauspielerei von „Durchlässigkeit", das bedeutet unter anderem, dass sich Emotionen im Körper widerspiegeln, der Körper also wie eine Projektionsfläche eine innere Haltung aufnimmt und darstellt. Als Kunstturner steckte ich aber bereits in einer Art gefestigten Form. Seit meinem sechsten Lebensjahr hatte ich täglich stundenlang trainiert, Bauch rein, Brust raus, Arschbacken, Knie, Fersen und Zehen zusammen – siebzehn Jahre lang, fast jeden Tag.

Beim Turnen wurde uns oft als anschauliches Beispiel demonstriert, was passiert, wenn man einen Stock mit aller Wucht auf den Boden wirft. Er springt dann hoch und überschlägt sich.

Wenn der Stock irgendwo eine weiche Stelle hat, überschlägt er sich nicht, dann verpufft die Energie. So sollten wir beim Turnen hart wie ein Stock sein, der ganze Körper, jeder Muskel musste möglichst immer angespannt sein.

Im Schauspielstudium hatten wir einmal die Aufgabe bekommen, den Gang der anderen zu imitieren und dabei den Charakter der jeweiligen Gangart verstärkt auszustellen. Als die anderen an der Reihe waren, mich nachzuahmen, war ich geschockt über die vielen steif stolzierenden Störche.

Deshalb hatten die Dozenten berechtigterweise Sorge, diese Härte nicht wieder aufbrechen zu können. Im Unterricht mit Jan Konieczny musste ich auf dem Boden liegen und einzelne Gliedmaßen locker anheben und fallen lassen. Das habe ich nicht wirklich hinbekommen. Ich war verzweifelt. „Locker lassen!", schrie er. „Locker lassen! Such die Schwachheit!"

Schwach sein, leicht sein – das konnte ich nicht.

Allein beim Tanzen habe ich Freude daran entdeckt, aus den vorgefertigten Bewegungsstrukturen auszubrechen, die ich mir seit meiner Kindheit antrainiert hatte. Beim Jazztanz, Hip-Hop, Tai-Chi, Capoeira oder Kontaktimprovisationstanz (und eher weniger beim Ballett) lernte ich, mich so zu bewegen, wie ich mich sonst nie bewegt hätte.

Bald merkte Professor Konieczny, dass ich doch noch formbar war. Und dass es mir ernst war mit dem Schauspielstudium. Spätestens, als ich in der Vorbereitung für eine Szene, die im Krieg spielte, drei Tage lang nichts aß, damit mir das Brot anschließend angemessen kostbar war.

Weiter und weiter erzählte Konieczny von einer anderen Aufgabe: Wir sollten zwei Gegenstände mitbringen und jeweils eine Geschichte dazu erzählen; die eine wahr, die andere gelogen. Die Zuhörer sollten nicht erkennen können, welche der beiden erfunden war. Konieczny erzählte, bei meinen beiden Geschichten hätten Zuhörer geweint.

Während Konieczny das alles in Kurzform auf der Bühne wiedergab, fanden Robert und ich, mit Hufen scharrend, hinter dem

Vorhang einen gemeinsamen Atemrhythmus. Das war wichtig, damit unsere Körper fusionierten. Alle Nervosität war verflogen und ich war voller Vorfreude auf diese letzte Rolle des Abends.

Und er bewegt sich doch

Professor Konieczny kam zum Ende, ging ab und noch im Dunkeln hob sich der Vorhang. Dann wurde langsam das Licht auf 10 % Stärke hochgefahren. Im Halbdunkel konnte man diffus einen Körper erkennen, der auf einem Stuhl saß, lediglich durch den Atem bewegt. Langsam begann er sich zu rühren, führte bedächtig die Hand zum Gesicht, strich sich übers Kinn und kratzte anschließend langsam den Hinterkopf. Dann beugte er sich nach vorn, stützte sich mit dem Ellenbogen auf dem Knie ab. Es entstand eine Art Poesie, eine Hommage an den Körper, allein durch die Bewegung. Wie schön er doch ist und wie unfassbar komplex jede Bewegung! Gemeinsam feierten wir ihn; ich, der dem Körper durch meine Mimik Leben einhauchte, und hinter mir Robert, der mir den Liebesdienst erwies, meinen gelähmten Körper wieder zu bewegen.

Robert sprach die ersten Worte durch seine Maske und mich hindurch. Da nur mein Gesicht sichtbar war, wirkte es, als seien es meine Gedanken, die aus mir heraus sprachen.

Wir standen auf. Ein Raunen ging durch das Publikum. Die Scheinwerfer wurden heller, wir traten hinter das Rednerpult und sprachen im Chor: „Hohe Herren von der Akademie! Sie erweisen mir die Ehre, mich aufzufordern, der Akademie einen Bericht über mein äffisches Vorleben einzureichen." Und so weiter.

Wenig später fuhr ich allein fort: „Diese Leistung wäre unmöglich gewesen, wenn ich eigensinnig hätte an meinem Ursprung, an den Erinnerungen der Jugend festhalten wollen. Gerade Verzicht auf jeden Eigensinn war das oberste Gebot, das ich mir auferlegt hatte. Ich war zum ersten Mal im Leben ohne Ausweg."

Mit Kafkas Worten erzählte ich zugleich meine eigene Geschichte. Wir hatten eine behutsame und minimalistische Choreografie des gemeinsamen Bewegens und Sprechens entwickelt, redeten mal gemeinsam, mal versetzt oder als Echo, und bedienten uns der Möglichkeiten, die dieses neu erschaffene Doppelwesen bot.

Nachdem wir gen Schluss das gesamte Bühnenbild zerstört hatten und schnaufend im Dunkel verschwanden, brandete der Applaus auf, der uns im Stehen entgegengebracht wurde. Ich genoss ihn sehr, denn auch ich konnte ihn im Stehen und mit einer anständigen Verbeugung empfangen, statt mir wie sonst unbeholfen aus dem Rollstuhl heraus eine verkümmerte Verneigung abzuringen. „Free Hugs Backstage" lautete die Aufschrift eines Schildes, das wir zum Schluss hochhielten, woraufhin sich viele Freunde und Bekannte auf der Seitenbühne zum Kuscheln versammelten. Für die meisten von ihnen war es ungewohnt, mich stehend umarmen zu können; für mich an diesem besonderen Abend war es ein Fest.

Meine oft kritisierte Rückkehr als erster rollstuhlfahrender Schauspielstudent an eine staatliche Hochschule war mit Ablauf dieses Abends legitimiert. Während des Studiums war ich auf immer neue Widerstände und Barrieren vor allem in den Köpfen der Menschen gestoßen. Doch nun war auf einmal die Rede von „positiver Entschleunigung" und „ganz neuen Erfahrungshorizonten", die durch meine Anwesenheit aufgetan worden seien. Dozenten und Studenten, die mir sonst kopfschüttelnd den Rücken zugekehrt hatten, standen nun erfreulicherweise strahlend neben mir für Erinnerungsfotos.

Mir als Rollstuhlfahrer ein Schauspieldiplom zu geben war ziemlich gewagt für Hannover. Doch auch manche externen Gäste benutzten so schillernde Worte wie „bahnbrechend" und „revolutionär". Die ZAV-Künstlervermittlung war begeistert. Schon wenige Monate später empfahl sie mich dem Staatstheater Darmstadt. Man lud mich zum Vorsprechen ein und kurz darauf bekam ich eine Festanstellung angeboten. Das ist eine große Ehre, auch für Schauspieler, die im Vollbesitz ihrer körperlichen Möglichkeiten sind.

Als Professor Jan Konieczny davon hörte, schrieb er in einer SMS: *Samuel, das freut mich sehr. Jeder Zweifler hat kein Argument mehr.*

Ich bin so reich

Ich bin so reich
an Geschichte
an Zukunft
an Träumen
an Gefühlen
an Liebe
an Erfahrung
an Begegnungen
an Gedanken

Ich bin so dankbar
Ich sollte dankbar sein
Ich muss dankbar sein
Ich bin es satt, dankbar zu sein
Ich hasse es, dankbar zu sein
Ich habe kaum eine andere Wahl, als dankbar zu sein
Ich will auch dankbar sein

Vielleicht kommt sonst ein Loch
Ich habe Angst vor einem Loch
Kommt überhaupt ein Loch?
Habe ich es schon überwunden?
Gibt es überhaupt eins?
Brauche ich eins?
Braucht jeder eins?

Nutzlos oder wertvoll?

Das Geld hat die ganze Welt, die Menschheit wie die Natur,
ihres eigentümlichen Wertes beraubt. Das Geld ist das dem
Menschen entfremdete Wesen seiner Arbeit und seines Daseins,
und dieses fremde Wesen beherrscht ihn, und er betet es an.
Karl Marx

Gibt man bei Duden online „Nützlichkeit" ein, erscheint absurderweise als einziges Synonym der Begriff „Wert". Ich glaube (leider), dass dieser Vergleich in unserer Gesellschaft stark verankert ist – man ist nur etwas wert, wenn man nützlich ist. Bei meiner letzten Kopfgrütze, die in einem Buch abgedruckt wurde, gab ich einem Kapitel den Zwischentitel „Die Schönheit der Nützlichkeit". Heute, drei Jahre später, stelle ich fest, dass ich zumindest in diesem Punkt noch meiner Meinung bin: Es tut gut, nützlich zu sein.

Ich beschäftige vier Festangestellte, zwei Teilzeitkräfte, zwei Aushilfen, Rollstuhltechniker, Physiotherapeuten, Logopäden und noch einige mehr und stelle damit einen nicht unerheblichen Wirtschaftsfaktor dar. In dieser Hinsicht wäre mein Ableben ein Verlust für das Bruttosozialprodukt. Weiter gedacht, scheint mein Zustand also einen Mehrwert zu generieren. Meine Behinderung macht mich nützlicher. Nur mir selbst nützt sie nichts.

Gerade deshalb frage ich mich oft: Wozu bin ich – abgesehen von kapitalistischen Faktoren – überhaupt noch nütze?

Früher wäre ich in der Lage gewesen, behaupte ich, mit einer Machete bewaffnet in den Dschungel zu gehen und damit nicht nur zu überleben, sondern mir sogar, wie es einst Luther in seiner Bibelübersetzung formulierte, *die Erde untertan zu machen,*

71

über die Fische im Meer, die Vögel unter dem Himmel und über das Vieh und alles Getier, das auf Erden kriecht, zu herrschen. Wenn ich dann noch einem Weibchen begegnet wäre, hätten wir fruchtbar sein, uns zahlreich vermehren und neue Kulturen bilden können. Würde man mich jetzt über einem Dschungel abwerfen, würde ich höchstens den Nährboden für Schimmelpilzkulturen bilden.

Tatsächlich: Wenn man mich mir selbst überlassen würde, wäre ich spätestens in zwei Tagen futsch. Abgesehen davon hätte ich den Unfall gar nicht überlebt, wäre er vor 20 Jahren passiert. Mein Organismus wurde künstlich am Leben erhalten, mithilfe von Operationen, Chemie, Strom, Technik und noch mehr Chemie. Also bin ich irgendwie gar kein richtiger, „natürlicher" Mensch mehr. Die meisten Leute ärgert es, wenn ich das so überspitzt formuliere. Aber so, wie ich jetzt bin, ist ein Mensch im ursprünglichen Sinn nun mal nicht gedacht.

An die ersten „Fortschritte" in der Klinik kann ich mich gut erinnern. Anfänglich kollabierte ich jedes Mal, wenn nur das Kopfteil meines Betts aufgerichtet wurde. Die ersten Versuche, mich in den Rollstuhl zu setzen, scheiterten kläglich. Meine Leistungsfähigkeit wurde langsam gesteigert. Erst nach drei Monaten konnte ich mithilfe von Medikamenten ein paar Minuten im Rollstuhl sitzen. Dann für eine halbe Stunde. Irgendwann war es eine Stunde. Dazu brauchte ich Schmerzmittel, ein Aufputschmittel für den Kreislauf und Kompressionsbandagen, die das Blut Richtung Herz drückten.

Als ich schließlich ohne Medikamente im Rollstuhl saß, wurde das vonseiten des Klinikpersonals gefeiert. Ich fand die Freude absurd. Wir feierten, dass ich nackt im Duschrollstuhl sitzen konnte! Toll!

Irgendwann fuhr man mich zum ersten Mal vor den Spiegel. Bei dem Anblick, der sich mir bot, musste ich beinahe kotzen. Das war einfach nicht ich. Nur aufeinandergestapelte Knochen umgeben von leblosem Fleisch. Kaum zu ertragen. Die Tatsache, dass ich diesen Körper dort im Spiegel zwar sah, aber nicht spürte, verstärkte noch das surreale Gefühl, dass er nicht zu mir gehörte.

An diesem Tag zerbrach so einiges von meinem Selbstbewusstsein. Ich musste zwangsläufig hinterfragen, worauf sich dieses Selbstbewusstsein gründete und inwiefern es sich von meinem Selbstwertgefühl unterschied. In diesem Zustand waren Leistungsfähigkeit, athletisches Aussehen oder physisches Können keine Faktoren mehr.

Das Privileg zu arbeiten

Vielleicht kommt irgendwann noch das tiefe Loch der andauernden Verzweiflung und großen Traurigkeit. Doch trotz der Androhungen verschiedener Psychologen und Ärzte hat es sich bisher nicht blicken lassen. Ich staune selbst darüber, wie ausgeglichen, manchmal vielleicht zu entspannt und innerlich friedlich ich sein kann. Wenngleich die Traurigkeit über die Verluste, die ich erlitten habe, durchaus immer wie ein Grundrauschen mitschwingt, mal mehr, mal weniger wahrnehmbar.

Nur manchmal erwischt sie mich kalt. Neulich war ich in einer Theateraufführung von Freunden. Mitten im Stück öffneten sich plötzlich Klappen in der Bühne und drei Riesentrampoline kamen zum Vorschein, auf denen die Schauspieler dann herumsprangen. Trampolinspringen war für mich immer der Inbegriff von Spaß und Schwerelosigkeit. Kein Tag konnte so mies gelaufen sein, dass eine halbe Stunde auf dem Trampolin nicht alles wiedergutgemacht hätte. Als ich nach dem Unfall in der Klinik wieder zu mir kam und die Prognose noch nicht so schlecht aussah, wie es dann tatsächlich kommen sollte, hatte ein Arzt meiner Mutter unter anderem gesagt, dass ich wohl nicht mehr Trampolinspringen könne. Damals dachte ich geschockt: *Was?! Aber ohne Trampolin ist das Leben doch gar nicht mehr lebenswert!*

In der Zwischenzeit bin ich schon oft in Turnhallen gewesen und habe meinem Bruder und anderen beim Trampolinspringen zugeschaut. Immer mit einem lachenden und weinenden Auge, aber ich hatte mich innerlich dafür wappnen können. Doch jetzt im Theater war das anders: Die unerwartete Konfrontation mit den Trampolinen auf der Bühne traf mich wie ein Messerstich ins Herz. Mir wurde richtiggehend übel und ich musste den Raum verlassen. So unmittelbar spüre ich den Schmerz über meinen Verlust zum Glück nur selten.

Ich glaube, einiges steht und fällt mit der Beschäftigung. Wenn ich keine Aufgabe mehr hätte, wäre das mit Sicherheit ungut.

Dabei ist es genau das, was der Gesetzgeber und die Versicherungen eigentlich für Leute in meinem Zustand anbieten: Querschnitt, Rollstuhl, Invalidenrente. Fertig. Aber es wäre furchtbar für mich, wenn ich nichts zu tun hätte.

Es gibt viele ähnlich Versehrte in meinem Alter, die keine Arbeitsmöglichkeit finden. Im ersten Moment ist es auch nicht von der Hand zu weisen, dass wir vor allem in physischen Berufen etwas oder, wie in meinem Fall, sehr limitiert sind.

Aber ich kenne beispielsweise jemanden, der technischer Zeichner ist und am Computer arbeitet. Er ist Tetraplegiker wie ich, nur nicht ganz so hoch gelähmt. Ihm stehen zwei Muskeln in den Armen (der Trizeps und der extensor carpi radialis) mehr zur Verfügung, mit denen er zum einen den Arm und zum anderen das Handgelenk strecken kann. Dadurch ist er in der Lage, sich selbst hochzustützen und in den Rollstuhl zu hieven. Und das wiederum bedeutet in seinem Fall, dass er eigenständig leben kann. Zwei Muskeln entfernt von der Unabhängigkeit …

Ein Nachbar von mir, der Ingenieur der Elektrotechnik ist und damit einen Beruf hat, den man problemlos im Rollstuhl ausüben kann, wird zwar zu Vorstellungsgesprächen eingeladen, weil die Arbeitgeber dazu verpflichtet sind; genommen wird er jedoch nie, mit den verschiedensten mehr oder weniger fadenscheinigen Begründungen.

Selbst Paraplegiker, also Menschen, die im Rollstuhl sitzen, aber beide Arme und Hände voll einsetzen können, haben oft große Schwierigkeiten, einen Job zu finden. In vielen Firmen wird das Vorurteil gepflegt, dass jemand im Rollstuhl nicht so leistungsfähig sei, und deshalb werden sie nicht eingestellt. Oder man scheut sich vor den nötigen Umbaumaßnahmen.

Dabei gewährt der Gesetzgeber Arbeitgebern recht großzügige Unterstützung bei der Einrichtung von rollstuhlgerechten Arbeitsplätzen etc., was allerdings nicht jedem bekannt ist. Dafür kann man einem Behinderten dann aber praktisch nicht mehr kündigen, was vielleicht auch eine gewisse Abschreckung darstellt.

„Arbeit muss sich lohnen." Das scheint für Menschen mit Behinderung und hohem Hilfebedarf nicht zu gelten. Denn wenn man in der glücklichen Lage ist, als Behinderter einen gut bezahlten Job zu haben, ist das auch nicht nur von Vorteil. Wenn die Kosten für die notwendige Hilfe nicht voll von der Pflegeversicherung getragen werden, sondern man Unterstützung durch die sogenannten Eingliederungshilfen bezieht, muss man sich an den Kosten für seine Hilfe beteiligen. Im Grunde ist das auch vollkommen in Ordnung – nur dass die Forderungen nach aktuellem Stand der Gesetzgebung so hoch sind, dass sie einen an die Armutsgrenze treiben können.

Menschen mit Behinderungen, die Hilfen über die Eingliederungshilfen beziehen, fallen unter ähnliche Regelungen wie andere Sozialhilfeempfänger. Meines Wissens dürfen sie beispielsweise nie mehr als 2.600 Euro auf dem Konto haben. Alles darüber wird abkassiert, ebenso wie bis zu 40 % dessen, was über 789 Euro Monatsverdienst hinausgeht. Auf ein behindertengerechtes Auto oder einen Urlaub sparen? Fehlanzeige. Rücklagen für Notfälle bilden? Unmöglich. Eine Erbschaft annehmen? Wozu? Die große Liebe heiraten? Bloß nicht. Denn auch der würde alles Vermögen abgezogen und Einkommen reduziert.

Das führt natürlich dazu, dass man sich, vielleicht ähnlich wie manche Hartz-IV-Empfänger, die Frage stellt: Lohnt es sich überhaupt, ein Ehrenmann zu sein und sich um eine Arbeit zu bemühen, oder nutze ich den Sozialstaat und genieße den Rest meines beschwerlichen Lebens, so gut es geht?

„Das Bedrückende ist nicht die Arbeitslosigkeit an sich, sondern das Sinnlosigkeitsgefühl. Der Mensch lebt nicht von der Arbeitslosenunterstützung allein" (Viktor Frankl). Ich habe mich früh entschieden, dringend wieder Steuerzahler zu sein. Im Hinblick auf oben Erläutertes ist es sehr gut, dass ich als Schauspielanfänger ohnehin ein extrem niedriges Einstiegsgehalt beziehe.

Dass ich die Schauspielausbildung abschließen konnte und in diesem Beruf arbeiten darf, ist ein echtes Privileg. Für jemanden, der nicht viel mehr kann als denken und reden, sind die möglichen Berufsfelder begrenzt, ein anhörliches Beispiel jedoch ist Hörfunk. So durfte ich schon für verschiedene Radiofeatures als Sprecher arbeiten oder moderierte zum Beispiel eine Radio-Livesendung über Paul Hindemith unter Mitwirkung der NDR-Radiophilharmonie. Dabei interpretierten das Orchester und andere internationale Musiker Werke von Hindemith, dazwischen las ich Briefe vor, die er an seine Frau geschrieben hatte, und führte durch den Abend. Das Schöne daran: Ich unterschied mich für die Hörer nicht von anderen Radiomoderatoren – sie hörten nur meine Stimme. Ob ich gehen kann oder nicht, war dabei bedeutungslos.

Leistung vs. Wertschätzung

Die Arbeit bietet mir, auch wenn das Wort eher negativ konnotiert ist, eine gesunde Art der Ablenkung. Doch so schön und erfüllend es ist, einen Beruf und vielleicht sogar eine Berufung gefunden zu haben, es ist trotzdem nicht das, was mich definieren und ausmachen sollte. Denn was wäre, wenn das eines Tages – aus welchen Gründen auch immer – wegfällt?

Menschen haben in unserer Gesellschaft einen Marktwert. Vor einem Jahr war ich zu einer Jubiläumsveranstaltung der Zeitschrift „Gala" eingeladen, dort trat die Sängerin Adele auf, und ich erfuhr, dass sie im Ranking der Künstler ganz weit oben steht und 750.000 Dollar für einen Konzertabend bekommt. Bei Models entscheiden „Gesicht, Gesäß und Gebein" buchstäblich über ihr „Ansehen". Ein angesehener Mensch ist einer, der auffällt, den man wahrnimmt.

Auch Kleider machen tatsächlich Leute, das habe ich des Öfteren selbst ausprobiert. Einige Zeit vor dem Unfall betrat ich zum Beispiel, um mich auf eine Theaterrolle vorzubereiten, in Leipzig im feinen Anzug ein Vier-Sterne-Hotel. Selbstbewusst ging ich an die Rezeption und erkundigte mich nach dem Wellnessbereich. Man erteilte mir freundlich Auskunft und ich genoss einen ausgiebigen Whirlpool- und Saunaaufenthalt. Danach fragte ich, natürlich bewusst hochnäsig, ob es noch Frühstück gebe, und schritt nach opulentem Büfett gestärkt zum Vorsprechen. Mit dem richtigen Auftreten, der richtigen Körperhaltung und der richtigen Kleidung bekommt man alles. Niemand im Hotel ahnte, dass ich in den Tagen zuvor versifft im Auto geschlafen hatte, weil ich mir nichts anderes leisten konnte.

Jeder möchte gern wahrgenommen und geschätzt werden. Wenn ich überlege, welchen Blödsinn wir schon in der Grundschule angestellt haben, nur damit die Mädels uns beachten! Damals bekam ich noch viel Anerkennung durch gute Noten, später zum Beispiel durch die Erfolge bei Turnwettkämpfen.

Ich habe durch den Unfall an Ansehen verloren. Zumindest sehe ich mich selbst nicht mehr gern an. Aber im Ernst: Die Art von Aufmerksamkeit, die ich durch meinen öffentlichen Unfall und durch den Rollstuhl auf mich ziehe, ist nicht die, die ich anstrebe. In dieser Hinsicht wäre ich froh, weniger Aufsehen zu erregen. Am liebsten ist es mir, nicht aufzufallen, in der Masse unterzugehen. Wenn ich irgendwo im Ausland durch eine Fußgängerzone fahre und niemand mich erkennt oder anspricht, genieße ich das sehr.

Trotzdem will ich natürlich wahrgenommen werden. Aber eben nicht um jeden Preis, sondern im besten Fall durch gute Leistungen – das ist ein Grund, warum ich mich sozusagen aktiv auf der Bühne „zur Schau stelle".

All das bildet allerdings nicht die Grundfesten meiner Persönlichkeit. Wenn ich morgen meinen Beruf aus welchen Gründen auch immer nicht mehr ausüben könnte, wäre das zwar schade, ich würde aber nicht daran verzweifeln oder mich wertlos fühlen. Weil ich zum Glück schon in meiner Kindheit vermittelt bekam, dass mein Wert nicht von meiner Nützlichkeit, „VerWERTbarkeit" oder Leistung abhängt.

Dafür sorgte vor allem mein Vater, dem es sehr wichtig war, dass meine Geschwister und ich ein gesundes, gutes Selbstwertgefühl und Selbstbewusstsein entwickeln. Immer wieder sagte er uns, auch einfach so aus dem Nichts heraus: „Eins plus!" Selbst mitten in Streitgesprächen. Als ich einmal vollkommen geschockt, da nur Einsen und Zweien gewohnt, mit meiner ersten schlechten Note nach Hause kam – ich glaube, einer Fünf in Englisch –, schenkte er mir eins der teuersten und modernsten Jo-Jos, die gerade auf dem Markt waren. Damit unterstrich er wieder mal, dass ich für ihn „Eins plus" bin, und zwar als sein Sohn Samuel. Unabhängig von meinen Leistungen in der Englischarbeit.

Mein Vater ist natürlich menschlich und hat auch irgendwo Fehler. Aber dieser Zug an ihm, bemüht, mich als sein Kind wirklich bedingungslos zu lieben, der ist im Grunde „übermenschlich", also göttlich. So stelle ich mir Gott vor: Er liebt mich, weil ich bin – mehr muss ich dazu nicht leisten oder tun.

Die allermeisten Leute scheinen nach dem Prinzip zu leben:

Tun – Haben – Sein

Das heißt, sie *tun* etwas:
arbeiten, studieren, errichten, erschaffen, erreichen, verdienen und so weiter.

Daraufhin *haben* sie etwas:
Geld, einen Abschluss, einen Doktortitel, Einfluss, Erfolg, wohlgeratene Kinder, größere Brüste, ein Haus und so weiter.

Dann erst *sind* sie etwas:

Sie sind wer, weil sie etwas getan und erreicht haben. An ihren Errungenschaften messen sie ihren Wert. Ein Prinzip, mit dem man gut und gerne 102 Jahre lang leben und auch glücklich werden kann.

Was aber, wenn das Haus abbrennt, ein anderer den Job bekommt oder der Zahn der Zeit an der schönen Optik nagt?

Ich habe die Erfahrung gemacht, dass ich glücklicher bin, wenn ich das umdrehe:

Sein – Haben – Tun

Wir sind schon wertvoll, einfach weil wir sind. Dadurch haben wir etwas (einen Wert) und aus dem heraus können wir etwas tun. Wenn das Tun wegfällt, sind wir am Schluss immer noch wer. Vielleicht heißt es deshalb im Englischen auch „human being" und nicht „human doing".

Philippe Pozzo
und das Querschnitts-Business

Humor ist die Weisheitsform
des heiter resignierten Überwinders.
Jacob Christoph Burckhardt

2012 kam ein Film in die Kinos, den allein in Deutschland und Frankreich rund 30 Millionen Menschen sahen. Damit ist er einer der erfolgreichsten Filme, die jemals erschienen sind. Der Mann, dessen Geschichte in dem Film „Ziemlich beste Freunde" erzählt wird, Philippe Pozzo di Borgo, ist wie ich vom Hals abwärts gelähmt.

Als ich in der ARD-Abendtalkshow „Günther Jauch" zu Gast war, übermittelte mir Pozzo di Borgo einen Videogruß und ein mit dem Mund signiertes Exemplar seines Buches, welches sich damals mit meinem auf der „Spiegel"-Bestsellerliste hin- und herschob.

Ein Redakteur des „Spiegel", der diese Sendung gesehen hatte, lud mich nach München ein: Philippe Pozzo di Borgo und ich sollten uns treffen, miteinander quatschen und der „Spiegel" wollte darüber berichten.

Als Philippe und ich uns zum ersten Mal in München im Hotel entgegenrollten, fiel die Begrüßung erwartungsgemäß etwas notdürftig aus – zwei Männer im Rollstuhl, die nur mit den Schultern zuckten.

Umso herzhafter überraschte mich Philippes kleine Tochter, indem sie sofort ganz selbstverständlich an meinem Rollstuhl hochkletterte und mir einen Kuss auf die Wange drückte. Schon kurz darauf wollte sie versuchen, wie sich denn das Gefährt des neuen Bekannten im Vergleich zu Papas steuern ließ. Sie ist mit dem Rollstuhl aufgewachsen, er gehört für sie einfach dazu. Ganz im Gegensatz zu vielen anderen Kindern, die meinen Rollstuhl oft mit großen Augen eher als etwas Furchteinflößendes betrachten. Wenn ich an diese Begegnung mit der kleinen Wijdane denke, relativiert das ein Stück weit meine Bedenken hinsichtlich einer eventuellen eigenen Familie.

Philippe und ich verstanden uns auf Anhieb, obwohl er 37 Jahre älter ist als ich. Wir haben in vielen Bereichen mit ähnlichen Problemen zu kämpfen. Er weiß, was es heißt, nächtelang wach zu liegen, weil einen Phantomschmerzen quälen. Oder wie mühsam es ist, erst wieder atmen und sprechen lernen zu müssen. Auch Philippe bekommt jeden Tag unzählige Mails und Briefe, in denen Menschen ihm von ihren schlimmen Schicksalen erzählen. Mit dem Unterschied, dass er sie als Rentner wohl wirklich alle selbst beantwortet, jeden Tag, stundenlang, was ich nicht mal ansatzweise schaffen würde. Auch er fühlt sich von diesem geballten Leid oft überfordert und weiß nicht, was er dazu sagen soll. Erst recht nicht, wenn ihm Leute schreiben, die nach einem teilweise erfolglosen Selbstmordversuch Tetraplegiker sind und klagen: „Nicht mal das habe ich hingekriegt!"

Philippe sagte augenzwinkernd über unsere Gespräche: „Wir tauschen Neuigkeiten aus, Tricks für unser Geschäft, das Querschnitts-Business. Wissen Sie, wir haben einen herausfordernden Job, der sehr spezielles Training erfordert. Da ist es hilfreich, sich über die Kniffe auszutauschen."

Da wir beide schon am Vorabend angereist waren, schauten wir uns gemeinsam das Fußballspiel Deutschland gegen Italien an. Danach fuhren wir zum Fahrstuhl, um in die Zimmer zurückzukehren. Weil der Fahrstuhl aber nur Platz für einen hatte, wollte ich Philippe den Vorrang lassen. Er bot seinerseits mir den Fahrstuhl an. „Nach dir." – „Nein, nach dir!" Das ging eine ganze Weile so. Philippe ist sehr höflich; er entstammt einem alten französischen Adelsgeschlecht und ist in Schlössern aufgewachsen.

Irgendwann fuhr ich hinter ihn und schob ihn einfach mit meinem elektrischen Rollstuhl in den Fahrstuhl, wie beim Autoscooter. Er lachte. Leider musste er dann oben sehr lange auf mich warten, weil ich, während er hinauffuhr, ohnmächtig wurde – das passiert mir manchmal, weil ich nur noch eine funktionierende Halsschlagader besitze, und manchmal schafft sie es nicht, genügend Blut da hinzutransportieren, wo es gebraucht wird.

Vom Manager zum Rollstuhlfahrer

Als Philippe 42 war – er war damals Manager der familieneigenen Champagnermarke –, stürzte er beim Paragliding ab und brach sich das Genick. Dann starb auch noch seine Frau Béatrice an Krebs. Er versank in Depressionen. Seine Rettung war ein politisch absolut unkorrekter Pfleger namens Abdel, der „Driss" im Film (Philippe nennt ihn „seinen Schutzteufel"). Inzwischen lebt Philippe mit seiner zweiten Frau Khadija und den beiden Töchtern in Essaouira an der marokkanischen Atlantikküste.

Der Hauptgrund dafür, dass Philippe in Marokko lebt, ist das angenehme Klima – es ist meist trocken und warm. Er hatte mich schon in der Jauch-Sendung in sein Haus in Marokko eingeladen, doch leider habe ich es bis heute nicht geschafft, dieser Einladung zu folgen, obwohl ich es wirklich gern täte.

Obwohl Philippe Geld hat wie Heu und ein Millionengrundstück bewohnt, wo alles ebenerdig ist: Vor den typischen Tetraplegiker-Problemen ist auch er nicht gefeit. Erst neulich schrieb er mir, dass er wochenlang wegen eines Dekubitus im Krankenhaus war. Eine solche Wunde kann ganz leicht entstehen, weil wir ja nichts spüren, im Gegensatz zu anderen Menschen, die sich ganz unbewusst zurechtrutschen, wenn ihre Sitzhaltung unbequem ist oder die Kleidung eine Falte bildet (abgesehen davon, dass normale Menschen natürlich nicht so lange am Stück nur sitzen wie wir). Eine kleine offene Stelle führt schnell zu einer Entzündung und die kann auf den Knochen übergreifen, eine

Blutvergiftung oder sonstige unschöne Dinge nach sich ziehen und ist nur sehr schwer wieder in den Griff zu kriegen. Ich hatte so etwas gerade an der Ferse, und der Arzt erklärte mir, dass man wegen so einer blöden Druckstelle schlimmstenfalls sogar den Fuß abnehmen muss.

Das sind unsere drei Schwachstellen und auch die häufigsten Todesursachen bei Tetraplegikern: Dekubitus, Lungenentzündung und Blasen- oder Nierenversagen. Lungenentzündungen, die Nr. 1 auf der Todesursachenliste, bekommen wir leicht, weil wir nicht ordentlich abhusten können. Der dritte Brandherd, die Blase und die Nieren, ist deshalb gefährlich, weil es unbemerkt einen Rückstau geben kann, der das Risiko eines tödlichen Nierenversagens erhöht.

Das Interview

Ich mochte den Film „Ziemlich beste Freunde", was vielleicht auch daran liegt, dass ich indirekt irgendwie etwas mit dem Thema zu tun habe. Es ist schön, dass ein Tabuthema verfilmt wurde, und dann noch so charmant. Allerdings schildert der Film den Alltag eines Tetraplegikers freundlicher, als er in der Realität aussieht. Das Umziehen, das Waschen, die Physiotherapie – all das dauert viel länger und ist komplizierter als im Film, wo Philippe zack, zack gestriegelt und gebügelt dasitzt. Aber das ist in Ordnung, man soll den Film ja gern anschauen. Der Umgang des Pflegers mit Philippe gefällt mir. „Keine Arme, keine Schokolade", diesen Spruch höre ich von meinen Freunden und meiner Familie auch öfter.

Es ging in dem Interview zum Beispiel darum, ob es „besser" ist, wie Philippe im etwas reiferen Alter im Rollstuhl zu landen. Philippe meinte, dass er sicher einen Vorteil hat, weil er vorher schon ein ganzes Leben gelebt hatte. Mit dem für ihn typischen feinen Humor sagte er: „Ins Behinderten-Business steigt man besser in einem reiferen Alter ein. Andererseits hat Samuel nun eine höhere Lebenserwartung als ich. Denn je jünger man ist, wenn es einen erwischt, desto besser stellt sich der Körper darauf ein. Ich habe keine Angst um ihn." Mir fiel dabei Clemens ein, ein mittlerweile 16-jähriger Junge, der seit 4 Jahren Tetraplegiker ist. Im Gegensatz zu ihm habe ich zumindest eine unbeschwerte, sportliche Jugendzeit erlebt und war bereits ausgewachsen, sodass mein Körper nicht wie seiner in den Rollstuhl hineinwächst. Leute, die seit Geburt im Rollstuhl sitzen, sagen mir andererseits oft, dass sie glauben, es leichter zu haben als ich, weil sie es ja nicht anders kennen.

Philippe und ich waren uns in überraschend vielen Dingen einig. Zum Beispiel, dass wir durch unsere Bekanntheit eine gewisse Verantwortung haben, aber auch die Chance, etwas für andere Betroffene zu bewegen. Dass wir mit Mitleid wenig anfangen können und dass Humor über vieles hinweghilft. Und dass andere Menschen uns einen Sinn und Halt geben. Philippes Rezept gegen Depressionen lautet: Nicht allein sein. Das kann ich voll unterschreiben.

Interessanterweise waren wir uns auch in geistlicher Hinsicht näher, als ich vorher gedacht hatte. Ob er durch den Unfall religiös geworden sei, wollte der Redakteur von Philippe wissen. Dazu sagte er: „Vor meinem Unfall hatte ich ein Gravitationszentrum, das sich zwischen meinem Kopf und unterhalb der Gürtellinie bewegte. Seit dem Unfall hat sich dieses Zentrum nach oben verlagert, es befindet sich nun zwischen Herz und Himmel. Die Spiritualität ist für mich als Behinderter essenziell geworden. Was das Christentum von vielen anderen Religionen unterscheidet, ist, dass es nicht unbedingt eine göttliche Hand ist, die alles entscheidet, sondern dass Gott uns als freie Menschen will, die ihre Verantwortung annehmen. Es wäre gut, wenn sich das Zentrum der Gedanken unserer Gesellschaft ein wenig nach oben bewegt – vor allem über die Gürtellinie."

Mir gefiel es, dass Philippe so intelligent von hinten durch die Brust und doch präzise ins Auge antwortete.

Auf die Frage, ob wir einen Sinn in dem sehen, was vorgefallen ist, sagte ich: „Mir erschließt sich der Sinn meines Unfalls leider noch nicht so recht. Aber ich hoffe, dass ich ihm mit der Zeit ein Stück seines Unsinns nehmen kann."

Man muss kein Tyrann sein

Das Wichtigste, das die Begegnung mit Philippe mir gebracht hat, war eine Erkenntnis: Bereits auf der Intensivstation hatte man mir erklärt, die drei häufigsten Arten, mit einer Situation wie meiner umzugehen, seien folgende:

1. Frustriert zu Hause verbunkern.
2. Verbittert die Leute tyrannisieren.
3. Positiv bleiben und aktiv sein.

Natürlich wollte ich mich für die dritte Variante entscheiden. Doch ich stellte schnell fest, dass das gar nicht so einfach ist, wie es sich anhört. Es ist für alle Beteiligten eine Herausforderung, wenn eine so intensive Betreuung nötig ist wie bei mir. In der Reha versuchte man mir einzuschärfen, nicht immer so höflich zu sein. Ich sollte lernen, auch mal auf den Tisch zu hauen und die Leute herumzuscheuchen. Das widerspricht aber meinem Naturell. Ständig hatte ich das beängstigende Bild vor Augen, ich könnte ein selbstsüchtiger Tyrann im Rollstuhl werden.

Philippe sagte, es sei ihm gelungen, in 20 Jahren im Rollstuhl nie jemanden anzuschreien. Er versuche immer, seine Anliegen auf höfliche Art zu kommunizieren – nicht nur, weil er auf die Leute angewiesen ist, sondern auch, weil es das Zusammenleben allgemein besser macht. Natürlich ist es wichtig, mich auch mal durchzusetzen und auf gewisse Weise egoistisch zu sein, damit ich überlebe. Aber zu sehen, wie freundlich Philippe mit den Menschen in seiner Umgebung umgeht, hat mir gezeigt, dass es eben doch möglich ist. Das war eine große Erleichterung für mich, nicht der Einzige zu sein, der das so sieht.

Schön fand ich auch Philippes Anmerkung: „Ich finde, dass nicht nur wir Behinderte freundlich sein sollten. In Wahrheit sind alle Menschen voneinander abhängig, wir brauchen uns alle gegenseitig. Wenn die Nichtbehinderten ebenfalls freundlicher wären, zu uns, aber auch untereinander, dann wäre die Welt angenehmer. Freundlichkeit tut allen gut."

Und ganz zum Schluss brachte Philippe noch einen spannenden Gedanken ein, der sich mir auch immer mehr aufdrängt, nämlich dass die Anforderungen unseres Systems der menschlichen Natur widersprechen. „Es sind nicht nur die körperlich Behinderten, die bei diesem Tempo auf der Strecke bleiben, dem Druck halten auch andere immer seltener stand. Nun frage ich Sie: Wo bitte steckt die Logik hinter einem System, das zu solch einem Ausschluss führt? Das hat doch eine selbstmörderische Seite. Wir sollten die Menschen wieder ins System zurückbringen. Wenn es den Behinderten gelänge, den Gesunden ein wenig diese Vernunft zurückzugeben, dann wäre ich sehr glücklich."

Es muss immer weiter, höher, schneller sein – das ist für Deutschland, Europa oder, wie es so schön heißt, „die westliche Welt" ein Problem. Wir sind eine Leistungsgesellschaft, von der ich mich auch gar nicht ausschließen mag. Die ganzen Technologien, die wir benutzen, zielen nur darauf ab, dass man schneller kommuniziert, schneller spricht, schneller Dinge erledigt. Und damit Lebenszeit beherrschen, Lebenszeit gewinnen will. Dabei bemerkt man manchmal gar nicht, dass man sich selbst verliert, somit selbst schadet und wiederum das verliert, was man eigentlich gewinnen wollte.

Afrika mit und ohne Barrieren

Wo kämen wir hin, wenn alle sagten, wo kämen wir hin,
und niemand ginge, um einmal zu schauen, wohin man käme,
wenn man ginge!

Kurt Marti

Eines Tages erhielt ich eine Mail von Heike van Staden vom Reiseanbieter „Elangeni". Sie erzählte mir von ihrer Idee, verstärkt Afrika-Reisen für behinderte und eingeschränkte Personen anzubieten. Mit mir als „Härtefall" wollte sie gern die Möglichkeiten und Grenzen einer Reise durch das Okavango-Delta in Botswana ausloten. Ich sagte sofort zu.

Da ein so Hochgelähmter wie ich noch nicht auf einer solchen Safari gewesen war, wurde diese Reise für alle Beteiligten zu einem Experiment. Mit dabei waren außer Heike van Staden noch Pfleger Daniel und mein Bruder Jonathan. In Afrika gelandet, schlossen sich unserer Truppe Sonya und Anna, die ebenfalls im Rollstuhl unterwegs waren, mit ihren Begleitern an. Und vor Ort in Maun trafen wir auf unseren Guide Mike.

Wir machten alles, was zu einer „normalen" Safari dazugehört: Bootsfahrten auf dem Delta, Übernachten in Zelten, Duschen unter Eimern, Erkundungstouren bei Tag und bei Nacht, Flussdurchquerungen mit dem Jeep, Tiere gucken, Musik am Lagerfeuer und so weiter.

Insgesamt legten wir viele Hundert Kilometer mit dem Jeep zurück, und da es keine befestigten Straßen gab, wurden wir ganz schön herumgeschüttelt. Daniel und Jonathan hatten große Mühe, mich in meinem Sitz und dem zu allen Seiten hin offenen Jeep zu halten.

Zwar musste mein Körper die oft turbulenten Boots- und Jeep-fahrten mit vielen Schmerzen bezahlen, jedoch lieferte sein Unvermögen auch viel Grund zum Lachen. Zum Beispiel, als wir mit Vollgas auf eine Sandbank aufliefen und ich durch das ganze Boot geschleudert wurde. Die beinamputierte Sonya toppte optisch meine Showeinlage, da sie wie ein kompaktes Geschoss von ihrem Sitz flog und anschließend in beinahe unveränderter Sitzposition elegant auf dem Boden im Bug landete.

Mittags stellten wir unsere Betten nach draußen, und während wir in den dunkelblauen afrikanischen Himmel schauten, lockten die Paviane in den Bäumen Weibchen an und die Elefanten trotteten mit Vögeln auf ihren Rücken ruhig und gelassen zwischen den Zelten an uns vorüber, und ich musste an die Bibelstelle in Jesaja 11,6-7 denken, wo es über den Himmel heißt: „Dann werden Wolf und Lamm friedlich beieinander wohnen, der Leopard wird beim Ziegenböckchen liegen. Kälber, Rinder und junge Löwen weiden zusammen, ein kleiner Junge kann sie hüten. Kuh und Bärin teilen die gleiche Weide, und ihre Jungen liegen beieinander. Der Löwe frisst Heu wie ein Rind."

Nachdem wir unser Nachtlager ausgewählt und aufgeschlagen hatten, begaben wir uns noch einmal auf dem Seeweg auf die Suche nach einem typisch afrikanischen Sonnenuntergangs-motiv. An einem solchen angekommen wurden die Motoren des Bootes ausgeschaltet, Gin Tonic und andere Getränke aus dem Kühlschrank geholt und die Angelruten ausgepackt. Mit dem guten alten Gaffer-Tape verklebten wir eine davon mit meiner Hand und meinem Unterarm. Auf diese Art angelte ich mit etwas Unterstützung beim Kurbeln drei schmackhafte Fische aus dem Delta.

Geangelt wurde auch auf andere Weise bei einer der täglichen Erkundungstouren der Wasserwege. Lediglich der Köder wurde ausgewechselt: So befestigten Daniel und Jonathan einen Strick an meinem Bein, banden ihn am Boot fest und legten mich auf dem Rücken ins Wasser. Wenn ich dabei genug Luft in meine Lunge fülle, gehe ich nicht unter.

Natürlich fand diese Prozedur nicht bei voller Fahrt statt, sondern im Rahmen einer Mittagsrast auf einer Sandbank. Wir stellten Tisch und Stühle ins knietiefe Wasser, aßen, tranken und planschten. Weil das Wasser sehr klar war, hätte man etwaige sich nähernde Krokodile oder Nilpferde rechtzeitig erkennen können.

Von außen betrachtet wirkte ich in dieser Szenerie vielleicht wie ein dicker ausgelieferter Köder; für mich hingegen war es herrlich, in dem warmen Wasser zu treiben und in die Sonne zu blinzeln. Den Strick ums Bein spürte ich nicht und fühlte mich frei.

Barrieren im Kopf

Alle anderen Reiseteilnehmer waren zu mehr Körpereinsatz fähig als ich. Das kannte ich bereits aus der Klinik: Wenn ich im Gruppenraum bei der Physiotherapie aufgesetzt wurde und in die Runde schaute, gab es kaum einen, der weniger konnte als ich. Was aber auch daran lag, dass diejenigen, die noch weniger konnten, gar nicht fit genug gewesen wären, um im Physiotherapieraum behandelt zu werden. Sie lagen fast rund um die Uhr auf der Station im Bett.

Eineinhalb Jahre später ging auf dieser Reise trotzdem überraschend viel. Das lag natürlich zum einen daran, dass man bei einer Safari ohnehin meist im Boot oder Jeep sitzt und die Tiere und die Natur beobachtet – das kann ich mindestens genauso gut wie jeder andere.

Es war Frühling, das bedeutete trockene Hitze von um die 30 Grad. Wir beobachteten mindestens tausend verschiedene Tiere beim Spielen, Wandern und Jagen. Zum Beispiel ein Rudel Wildhunde, die anders als bei den Löwen zuerst ihre Kleinsten von der Antilope knabbern lassen, während die großen eigentlichen Jäger Schmiere stehen. Oder ein Leopard, der einen Pavian erlegt hatte und den Kadaver in einen Baum direkt über unseren Köpfen schleppte, um ihn für später aufzubewahren. Abgesehen vom Spitz- bzw. Breitmaulnashorn durften wir alle „Big Five" bewundern.

Nur ein Tierchen sucht man in Afrika vergeblich: den frei lebenden Tetraplegiker. Bei Unfällen ist die Erstversorgung gar nicht gut genug, als dass jemand mit einem Genickbruch überleben würde, und auch an der Nachbehandlung mangelt es. Jedoch kann man als Gelähmter oder Versehrter überraschend gut durch Afrika reisen, denn die Menschen sind umwerfend freundlich und unbefangen und schleppen einen einfach überallhin.

Sonya, die Engländerin aus unserer Reisegruppe, die keine Beine mehr hat, fährt fast ausschließlich nach Afrika, weil sie in Europa solche barrierefreien Reisemöglichkeiten nicht findet. Wo sie auch hinkommt, ob in Deutschland, Spanien, Italien oder Frankreich, stößt sie auf Hindernisse, Unannehmlichkeiten und mangelnde Hilfsbereitschaft.

Im durchstrukturierten, verklausulierten Deutschland scheitert vieles an Auflagen und Vorschriften. Es ist schon vorgekommen, dass wir ein Hotel reserviert und explizit gefragt haben, ob es barrierefrei ist, und das Erste, was wir bei der Ankunft sahen, waren drei Stufen vor dem Hoteleingang. Der Grund: Die Rampe wurde demontiert, weil sie nicht der vorgeschriebenen Norm entsprochen hatte. Da es nicht mal einen ebenerdigen Hintereingang gab, mussten wir um 3:00 Uhr nachts Holzbretter organisieren, damit ich ins Hotel fahren konnte.

Im afrikanischen Busch gibt es keine Normen für die Auffahrtswinkel behindertengerechter Rampen. Ich finde, dadurch gewinnt er – nicht nur als Urlaubsort.

Heike van Staden über Samuel

Mein Mann und ich sind in Afrika geboren und aufgewachsen, wir sind Reiseveranstalter geworden, weil wir unsere Berufung darin sehen, Menschen das Land zu zeigen.

Samuels Unfall habe ich nicht gesehen, nur einige Interviews danach. Er war mir gleich sympathisch, ich dachte: Das ist ein Abenteurer. Ich schrieb Samuel an und schlug vor, ihn in die afrikanische Wildnis zu bringen. Eine knappe E-Mail kam zurück: „Bin dabei. Wann geht's los?" Als ich sie las, musste ich lachen. Genau diese Antwort hatte ich mir erhofft. Bevor ich Samuel traf, war ich mir über das Ausmaß seiner Behinderung nicht wirklich im Klaren gewesen. Doch beim Vorbereitungstreffen wurde mir bewusst, dass es Barrieren geben würde. Und zwar überall. Als wir dann aber wirklich 300 Kilometer vom nächsten Ort entfernt in der Natur saßen und das Lagerfeuer prasselte, als die Elefanten im Hintergrund vorbeiliefen und wir die Nilpferde grunzen und die Abendvögel singen hörten, war das alle Mühen wert.

Samuel sagte, Afrika sei barrierefreier als Europa. In Afrika ist man es gewohnt, mit jeder Art von körperlicher Benachteiligung zu leben. Jeder ist umgeben von Leuten, die irgendwelche Gebrechen haben, weil die medizinische Versorgung größtenteils fehlt. Der eine ist auf einem Auge blind, der andere hat nur einen Arm, der Dritte hatte Kinderlähmung und kann nur humpeln oder kriechen. Rollstuhlfahrer gibt es kaum, weil sich die Menschen schlicht keine Rollstühle leisten können. Behinderungen gehören dazu und man geht sehr selbstverständlich damit um.

In Afrika wird ein Gebrechen auch nicht begafft, die Leute denken nicht: Oh, der Arme! Denn jeder hat sein eigenes Päckchen zu tragen. Oft haben Eltern acht Kinder oder mehr, wovon drei schon als Babys gestorben sind. Leid und Trauer gehören zum Leben dazu. Ein Schicksal wie das von Samuel wird in Afrika selbstverständlicher genommen als in Europa.

Samuel ist ein überaus abenteuerlustiger Mensch. Ansonsten hätte er die Reise gar nicht angetreten mit den starken Einschränkungen, die er hat. Er würde wohl niemals sagen: „Das probiere ich nicht aus." Ich konnte aber sehen, wie es in ihm arbeitete, wenn wir anderen das Boot ins Wasser schoben oder Feuer machten. Bei all diesen Sachen, die zum Abenteuer dazugehören, war er nur Beobachter.

Nicht ein einziges Mal hat er gesagt, dass ihm etwas zu viel würde. Im Gegenteil, er hatte immer die Sorge, andere aufzuhalten. Es war für ihn sicherlich strapaziös. Einerseits hat er Abenteuer erlebt, andererseits wieder vor Augen geführt bekommen, wie limitiert er in seinen Freiheiten ist. Aber ich habe mit ihm auch Momente geteilt, wo ich das Gefühl hatte, er ist richtig begeistert. Das hat mich ebenfalls gefreut. Ich würde gleich morgen wieder mit Samuel nach Afrika fliegen.

Wichtig ist mir, dass Menschen im Rollstuhl nicht denken, eine Afrika-Reise muss ein Traum bleiben.

Vom echten in den Vorschriftendschungel

Das Kontrastprogramm zum echten, unkomplizierten Afrika erlebte ich wenig später ironischerweise bei einem Besuch des nach Deutschland importierten Afrika in Form des Musicals „König der Löwen".

Zu Weihnachten hatte ich einer Freundin Karten geschenkt; einen Rollstuhlplatz (für mich) und einen Nichtrollstuhlplatz (für sie). Die dritte Person, meine Assistentin Marie, brauchte keine Karte, weil ich einen Ausweis habe, auf dem vom Landratsamt ein „B" vermerkt ist, was besagt, dass ich aus medizinischen Gründen eine Begleitung brauche.

Wir kamen im Stage Theater an, eine Frau nahm die Karten entgegen und fragte wie so oft: „Können Sie laufen?"

Ich verneinte.

„Ein paar Meter?"

Ich verneinte.

„Können Sie aufstehen?"

Ich verneinte erneut.

„Oh", sagte sie, „dann haben wir ein Problem." Sie holte eine zweite Mitarbeiterin.

Die fragte: „Können Sie aufstehen?"

Ich sagte: „Nein." *Und dachte: Ich würde sonst wohl kaum in einem Elektrorollstuhl sitzen und mich überhaupt nicht bewegen.* Die Dame holte den nächsten Mitarbeiter. Auch dieser musterte abwechselnd mein Ticket und mich und fragte dann: „Können Sie wirklich gar nicht aufstehen?"

Das war genug. Ich stand auf, lief auf den Mann zu und verpasste ihm eine blutige Nase. In meiner Fantasie.

Er sagte uns, sie hätten keine Rollstuhlreservierung vorliegen. Offenbar hatte das Buchungsbüro in Hannover einen Fehler gemacht. Für solche Fälle gibt es normalerweise Ausweichplätze; leider waren die angeblich alle mit anderen Rollstuhlfahrern belegt. Neuverhandlungen mit der Abendkasse ergaben, dass Lena, der ich den Musicalbesuch geschenkt hatte, vorne rechts auf einem der Plätze sitzen durfte, die wir reserviert hatten, und ich hinten links ganz oben auf einer Empore sichteingeschränkt hinter den offiziellen Sitzreihen. Mit meinem Rollstuhl im Gang neben Lena Platz zu nehmen, wurde mir untersagt. Zähneknirschend stimmte ich erst mal zu, damit Lena nicht noch mehr von dem bereits angelaufenen Musical verpasste, auf das sie sich so gefreut hatte.

Allerdings hieß es jetzt auch noch, dass meine Assistentin nicht mit hineindürfe. Ich protestierte erneut, denn diese steht mir erstens laut Ausweis zu und wäre zweitens im Ernstfall überlebenswichtig für mich. Wenn ich mich beispielsweise verschlucken würde, könnte ich ersticken, weil ich nur mit tatkräftiger Unterstützung husten kann. Ein zusätzlicher Grund für die 21,3-Stunden-Betreuung, die mir die Krankenkasse täglich genehmigt, ist, dass die Muskelpumpe nicht mehr funktioniert, die normalerweise den Blutkreislauf in Gang hält, und ich zudem noch eine verschlossene Halsschlagader habe. Daher kann es immer mal passieren, dass mein Kreislauf mich im Stich lässt und ich ohnmächtig werde.

Wenn Menschen, die wegen einer Einschränkung auf Hilfe angewiesen sind, ihr Leben lang doppelt zahlen müssten, wäre das diskriminierend. Jedoch wurde dieses Argument weder verstanden noch akzeptiert. Marie sollte nicht nur draußen vor der Tür warten, sondern unten im Foyer. Auf meine mehrfache Erklärung hin, dass ich sie brauche, wurde mir eine Personalkraft zur Verfügung gestellt, die die ganze Zeit direkt hinter mir stand und im Notfall Marie oder den Theaterarzt holen sollte. Wozu man beim Ersticken oder Kollabieren gewiss noch genug Zeit hat.

Unsinnige Vorschriften

Nach den Diskussionen kamen wir viel zu spät in den Saal, obwohl wir zu meiner eigenen Überraschung recht pünktlich im Musicaltheater gewesen waren. Meine Assistentin war draußen und Lena saß vorn im Saal und schrieb mir eine SMS: *Hier ist noch viel Platz und es gibt einen Klappstuhl.* Ich schrieb zurück: *Hier ist auch noch Platz, man könnte noch gut zehn Stühle dazustellen.* Jemand vom Personal kam zu mir, entschuldigte sich und erklärte, er habe seinen Chef gefragt, ob nicht ausnahmsweise ein Stuhl dazugestellt werden könne, aber der Chef habe es verboten.

In diesem Moment bekam ich die Nachricht, dass mein Bruder bei einem Motorradunfall einen Trümmerbruch am Fuß erlitten hatte. Das verdarb mir die Stimmung vollends. Weil ich mich sowieso nicht mehr auf das Musical konzentrieren konnte, fuhr ich nach draußen und ließ dafür Marie weiter zusehen, während ich meinen Bruder anrief.

In der Pause würde sich alles klären, dachte ich. Tatsächlich schraubte das Personal einen Sitz ab und wir durften uns relativ weit vorn hinsetzen, nebeneinander. Dann aber kamen die Zuschauer zurück in den Saal und jemand sagte: „Das sind unsere Plätze." Lena wechselte den Sitz, doch auch von dort wurde sie vertrieben. Es stellte sich heraus, dass ein Platz fehlte. Die Zuschauer guckten uns empört an. Noch dazu hatte mich jemand erkannt und fing an, Fotos zu machen, während wir planlos von Sitz zu Sitz gescheucht wurden. Das Personal wurde gerufen und schickte uns wieder hinaus.

Während der zweite Teil der Show begann, wurden wir durch einen Bühneneingang nach draußen gebracht und mussten um das ganze Gebäude herum zum Haupteingang zurückkehren. Es regnete in Strömen. Recht nass kamen wir wieder im Gebäude an. „Wir würden gern zusammensitzen", sagten wir den Angestellten des Theaters, „schließlich ist so ein Musicalbesuch auch ein Gemeinschaftsereignis." Ich bot sogar an, Lena könne auf meinem Schoß sitzen.

Auch das wurde nicht genehmigt. Man sagte uns: „Sie können sich ja das Musical hier auf diesem Bildschirm im Foyer anschauen." Ziemlich erbärmlich hockten wir vor dem Monitor, der nicht nur klein, sondern auch noch ohne Ton war. Waren wir wirklich 150 Kilometer angereist, um uns das Musical als Mini-Stummfilmversion anzuschauen? Nein! Nach einer Weile beschlossen wir, nach Hause zu fahren. Die Frustrationen des Abends und die Schocknachricht vom Unfall meines Bruders hatten somit zu einer der wenigen Begebenheiten in meinem Leben geführt, bei denen ich tatsächlich aufgegeben habe.

Es hätte tausend Möglichkeiten gegeben, um die Sache zu lösen. Doch wie so oft wurde streng nach Vorschrift verfahren – auch wenn dabei der Mensch hinten runterfällt.

Vorschriftsmäßig unmenschlich

Die „König der Löwen"-Pleite war und ist leider kein Einzelfall. Ein Ort, an dem ich immer wieder vorschriftenbedingte Diskriminierung erlebe, sind Wellnessbereiche.

Für mich ist Saunieren ein tolles Therapiemittel und nach anstrengenden, schmerzhaften Tagen oft meine letzte Rettung. Gerade neulich besuchte ich wieder einen relativ großen Saunabereich, der an ein Schwimmbad angegliedert war. Wie so oft hing am Eingang das Schild: „Textilfreie Zone!" Meine Begleiter und ich blieben trotzdem bedeckt, da es zeitlich und logistisch extrem aufwändig ist, mich auszuziehen. Außerdem muss ich hin- und hergetragen werden, was schon im angezogenen Zustand demütigend für mich ist. Die Begründung für das Textilverbot ist, dass es unhygienisch sei, wenn man in keimfreundlicher (Bade)Kleidung auf den Bänken sitzt. Da ich nicht schwitzen kann, trifft dies auf mich ohnehin nicht zu.

Das größte Problem ist aber, dass ich schlecht verlangen kann, dass meine Begleiter(innen) sich vor fremden Leuten nackt ausziehen, weil ich in die Sauna will. Als wir schon nach wenigen Minuten von anderen Wellnessgästen recht forsch daran erinnert wurden, dass wir uns ausziehen müssen, versuchten wir die oben beschriebenen Argumente zu erklären. Doch ohne Erfolg. Die anderen Gäste bestanden auf absoluter Nacktheit, obwohl sie damit nicht nur mich, sondern auch meine Assistenten diskriminierten. Schließlich holten sie den Bademeister, der in voller Bekleidung erschien. Er verstand zwar unsere Argumente, aber da wir ohnehin keine Lust mehr auf die scheinbar notgeilen, aber brav nackten, schrumpeligen Menschen hatten, räumten wir das Feld.

Andere Vorhaben scheitern an eher praktischen Problemen. Eines Tages wollte ich von einem Kindergottesdiensttreffen im Ruhrgebiet zu einem Rollstuhlmarathon in der Schweiz fliegen. Vorschriftsmäßig hatte ich mich bei der Fluggesellschaft vorher angekündigt. Allerdings war das speziell geschulte Fachpersonal nicht rechtzeitig informiert worden. Und „normales" Personal darf mich nicht einmal berühren, obwohl das „geschulte" Fachpersonal genauso in der Lage ist, mir die Schultern auszukugeln. Wir waren gezwungen zu warten, bis der Flieger weg war, sodass ich den anderthalb Jahre im Voraus geplanten Rollstuhlmarathon einschließlich Treffen mit alten Freunden verpasste.

Ich habe mittlerweile schon ein halbes Dutzend Mal erlebt, dass Personal in Flughäfen oder Bahnhöfen sich schlicht weigert, mich zu berühren, weil das „gegen die Vorschrift" ist. Auch wenn es nur drei Sekunden und ein Handgriff wären, mich zum Beispiel von einem Rollstuhl in den anderen zu heben.

Einmal musste ich am Flughafen in ein anderes Flugzeug umsteigen. Zwischen den Gates stand ein breitschultriger Mann in Dienstbekleidung. Ich musste vom Flugzeugrollstuhl in meinen Transportrollstuhl hinüber. Mein Bruder griff mir von hinten unter die Arme und ich bat den Mann: „Könnten Sie bitte kurz meine Kniekehlen nehmen und mich mit hinüberheben?"

Er sagte: „Nein."

„Bitte, es ist nur ein Handgriff."

„Nicht mein Zuständigkeitsbereich", sagte er. „Dafür bin ich nicht verantwortlich, und wenn etwas passiert, sind wir nicht versichert."

Wir hatten es eilig, es bestand die Gefahr, dass wir den Anschlussflug verpassen. Die angekündigten Helfer von den Maltesern oder vom Roten Kreuz, die mich offiziell und amtlich beglaubigt anheben dürfen, waren nicht in Sicht, und so hievte mein Bruder mich mal wieder allein hinüber. Wir baten den Mann, mich im Rollstuhl wenigstens ein Stück zu schieben, nur bis zum Gate, damit mein Bruder nicht zwei Rollstühle und das Gepäck bewegen musste. Der Breitschultrige schüttelte den Kopf. Er durfte mich auch nicht schieben.

Man müsste direkt mal ausprobieren, was die Leute vor lauter Vorschriftsmäßigkeit sagen würden, wenn ich ohnmächtig aus dem Rollstuhl fallen würde: „Tut mir leid, ich darf nicht helfen, bin nicht versichert!"? Ist es nicht ohnehin schon unterlassene Hilfeleistung, wenn sie nicht mit anpacken? Am besten frage ich in Zukunft erst, ob der Betreffende eine Privathaftpflichtversicherung hat, und erst bei positiver Antwort rücke ich dann mit meiner Bitte um Hilfe heraus.

In Afrika wäre das nie passiert. Die Leute dort haben einfach geholfen, ohne dass sie von 101 Regeln und Vorschriften dabei behindert wurden. Insofern war das Unterwegssein in Afrika überraschender- und erschreckenderweise angenehmer und barrierefreier als im ach so hoch entwickelten Europa.

Ich finde es schade, dass Deutschland unter so vielen Regeln erstickt. Gegenseitige Hilfe und Menschlichkeit rücken in den Hintergrund, die Gesetze bestimmen uns. Freundlichkeit gegenüber anderen Menschen empfinden wir immer weniger als unseren „Aufgabenbereich", dafür sind Berufshelfer zuständig oder der Staat.

Grundsätzlich ist es natürlich gut und richtig, dass es allgemeingültige Gesetze und Vorschriften gibt, die das menschliche Zusammenleben regeln – in Deutschland nimmt das allerdings teilweise wirklich absurde Formen an und macht einiges komplizierter, statt Klarheit zu schaffen.

Es ist ein bisschen wie mit Ampeln. Die sind sinnvoll und sogar lebensrettend – allerdings kann es manchmal sinnvoller und lebensrettender sein, eine rote Ampel zu überfahren, zum Beispiel wenn ein Krankenwagen einen Verletzten möglichst schnell in die Notaufnahme schaffen muss.

Es gibt aber natürlich auch positive Beispiele. Lustig war, als ich einmal in Hannover nach vorn aus dem Rollstuhl kippte und nach einigen „Hallohallohallo"-Rufen plötzlich der Gummifuß eines Krückstocks in meinem Blickfeld auftauchte. Daran hing eine sehr alte Dame, der es nach großer Anstrengung tatsächlich gelang, mich wieder aufzurichten. Ich bedankte mich mehrfach, und sie erzählte, dass sie gerade auf dem Weg zur Gesangsstunde sei und ob ich nicht mitkommen wolle. Ich lehnte bedauernd ab und fuhr lächelnd weiter.

Staus und Behinderungen

Manches funktioniert auch einfach technisch nicht. Einmal hatte ich in München vormittags noch Dreharbeiten und abends stand eine Lesung zusammen mit dem damaligen Ratsvorsitzenden der Evangelischen Kirche, Nikolaus Schneider, in Norddeutschland an. Der Titel des Abends war: „Vertrauen leben." Ein Konglomerat aus dem Titel seines und meines letzten Buches.

Eigentlich wäre auch seine Frau Anne mit dabei gewesen, aber sie hatte überraschend eine Krebsdiagnose erhalten. Nikolaus Schneider hatte daraufhin seinen Rücktritt von allen Ämtern erklärt. Unseren Lesungstermin wollte er aber dennoch wahrnehmen, auch weil seine Frau ihn darum gebeten hatte.

Mein Bruder besuchte gerade eine Freundin in München, und glücklicherweise war er es, der mich in der S-Bahn zum Bahnhof begleitete. Im Münchner Hauptbahnhof öffneten sich die Türen auf beiden Seiten, wir stiegen wie alle anderen rechts aus und wollten vom unterirdischen S-Bahn-Bereich zu den Fernzügen hinauffahren. Wir schipperten den Bahnsteig entlang, fanden aber nirgendwo einen Lift. Es stellte sich heraus, dass wir für den Lift hätten links aussteigen müssen. Wir warteten also, bis die nächste S-Bahn kam, um in diese ein- und auf der anderen Seite wieder auszusteigen. Leider bietet nur jede dritte oder vierte S-Bahn in München ebenerdige Einstiege. Die meisten haben eine Stufe von etwa 30 Zentimetern – für Fußgänger kein Problem, für mich und meinen 180-Kilo-Rollstuhl eine unüberwindbare Hürde, wäre nicht meine Brudermaschine gewesen.

Als wir endlich bei den Fernzügen angekommen waren, hatte unserer schon den Bahnhof verlassen. Mit dem nächsten Zug hätte ich in Nürnberg umsteigen müssen, aber dafür war ich nicht, wie vorgeschrieben, 24 Stunden vorher angemeldet. Wenn in Nürnberg niemand mit einer Rampe am Zug wartete, würde ich nicht umsteigen können. Und mit dem übernächsten Zug wäre ich anderthalb Stunden zu spät zur Veranstaltung gekommen.

Kurzerhand beschloss ich zu fliegen. Ich rief eine befreundete Familie an, die ein rollstuhlgerechtes Auto haben, und sie holten uns am Bahnhof ab und fuhren uns zum Flughafen. Die Lufthansa leistete tolle Arbeit und machte ziemlich schnell alles möglich. Gegen ein fürstliches Entgelt, versteht sich. Mein Bruder bekam die Genehmigung, mit an Bord zu gehen und das Flugzeug anschließend wieder zu verlassen. Er hob mich aus dem Rollstuhl und trug mich ins Flugzeug. Alle um uns herum sagten:

„Nein, das geht nicht, wir müssen warten, bis die Zuständigen vom Roten Kreuz kommen und bis der Flugzeugrollstuhl da ist!" Er ignorierte sie und setzte mich nach afrikanischer Manier im Flugzeug auf meinen Platz. Die Flugbegleiterinnen waren sehr nett, eine setzte sich neben mich und versorgte mich mit Getränken und Essen. Es war nach dem Unfall der erste Flug, den ich allein absolvierte.

Bei der Landung wechselte die Flugbegleiterin wie immer auf ihren Platz vorn im Flugzeug und schnallte sich an. Wir landeten, ich kippte nach vorn und stieß mit der Stirn gegen die Rückenlehne vor mir. Mein iPad rutschte vom Schoß und schlitterte sechs Sitzreihen weiter nach vorn. Als das Flugzeug bremste, sackte mir außerdem der Oberkörper zwischen die Beine. Da saß ich also, wartete und guckte mal wieder den Boden an.

Jemand rief: „Wem gehört denn das iPad?"

„Mir hier unten", antwortete ich.

Nachdem das Flugzeug zum Stehen gekommen war, brachte mir ein netter Herr von ein paar Sitzreihen weiter vorn das iPad und half mir, mich aufzurichten. Alle Passagiere stiegen aus, und dann kamen die Leute vom Roten Kreuz, um mich hinauszubringen. Bevor sie mich anfassten, zogen sie mit demonstrativer Inbrunst Gummihandschuhe an. Ich kam mir vor, als sei ich eine kontaminierte Keimschleuder. Diese Leute leisten eine gute Arbeit, solche Details allerdings würde ich mir anders wünschen.

Tim, einer meiner Assistenten, holte mich am Flughafen ab. Wir kamen dann doch noch eine Stunde zu spät zur Veranstaltung, weil wir auf der Fahrt vom Flughafen Hannover nach Stade im Stau feststeckten. Tim nutzte die Gelegenheit, um mich in schicke Klamotten zu stecken. Nikolaus Schneider ließ den einleitenden Musikteil verlängern und begann dann schon mal ohne mich mit der Veranstaltung.

Nichts ist so beständig wie die Lageänderung.

Ungeahnte Hürden

Noch während der Reha versuchte ich mich allein in Luzern durchzuschlagen und scheiterte bereits an der ersten verlassenen Ampelkreuzung. Am Pfosten der Ampel war ein Knopf, den man drücken sollte, wenn man die Straße überqueren wollte. Aber wie sollte ich das anstellen, so ohne Hände? Weit und breit war niemand zu sehen. Ich telefonierte gerade mit einer Freundin, und wir berieten, ob ich versuchen sollte, den Knopf mit der Nase oder der Stirn zu betätigen. Ich entschied mich dagegen. Wenn ich einmal nach vorn gefallen bin, kann ich meinen Oberkörper nicht mehr aufrichten. Ich hätte dann also bestenfalls mit dem Kopf am Pfosten, schlechtestenfalls zwischen den Beinen dagesessen. Mir blieb daher nichts anderes übrig, als zu warten, bis jemand vorbeikam und für mich den Knopf drückte.

Es ist nicht schön, umzukippen wie ein Turm und nichts dagegen tun zu können. Immer noch unterlaufen mir dadurch Pannen mit dem Rollstuhl. Erst neulich legte jemand beim Bergabfahren aus einem Beschützerinstinkt heraus eine Hand auf meinen Arm. Da dieser Arm auf dem hochsensiblen Joystick des Rollstuhls lag, provozierte das eine Vollbremsung, aufgrund derer mein Oberkörper nach vorn kippte. Dabei drückte meine Schulter den Gashebel durch. Der Rollstuhl schoss los und ich prallte wieder mal mit dem Kopf voraus gegen ein Auto, das im Weg stand. Diesmal mit weniger Publikum. Das Ergebnis war auch nicht ganz so unerquicklich.

Da ich in den Beinen keinen Schmerz spüre, mussten meine Begleiter hinterher aufwändig prüfen, ob sie etwas abbekommen hatten. Ich würde es nicht mal merken, wenn beide Beine gebrochen wären. Die Beulen im Auto und an meinem Kopf hingegen waren unschwer zu erkennen. Mein Vater, der hinzugeeilt war, fragte mich: „Wie fühlst du dich?" Ich konnte es mir nicht verkneifen zu sagen: „Als wäre ich am ganzen Körper gelähmt!" Worauf mein Papa betroffen guckte und „Mist!" sagte.

Zu viel Hilfe ist auch nix. Das eine Mal fehlt es an Zivilcourage und dann wieder ist sie übertrieben. Bei einer Konzertlesung in

Hannover – ein Heimspiel für mich, viele Freunde waren da – wollten eine Menge Leute helfen, mich von der Bühne zu bugsieren, eigentlich zu viele. Ein ganzer Pulk von Leuten war um mich herum, zwei sicherten die Schienen, zwei standen links, zwei rechts, zwei hinten, andere haben die Spurweite korrigiert. Prompt rutschte die Rampe von der Bühne ab, als ich herabfuhr, und ich fiel nach rechts hinunter, der ganze Rollstuhl stürzte ab. Zuerst hing ich über Kopf, dann polterte alles mit mir zu Boden und ich lag zwischen Rollstuhl und Rampe, eine demütigende Position.

Zu viele Helfer, die ihren Senf dazugeben, erzeugen manchmal ein ungutes Chaos. Wenn ich mit mehr Leuten unterwegs bin, die mir helfen, lassen wir auch öfter etwas liegen, als wenn nur ein oder zwei Freunde dabei sind, die wissen, dass sie zuständig sind.

Grenzen

Der Bürgersteig
Treppen
Schmale Türen

Feuerschutzbestimmungen
Kinosessel
Öffentliche Verkehrsmittel

Versicherungsvorschriften
Knöpfe zum Drücken
Sauna-Feuermelder

Blicke
Nicht zusammenwachsende Nervenenden
Mein Stolz

Schein und Sein

Kleinigkeiten machen immer die größte Mühe.
Oscar Wilde

Am Morgen nach der folgenden Veranstaltung wurde mir die Kluft zwischen Schein und Sein besonders bewusst: Prof. Dr. Madjid Samii ist ein berühmter Neurochirurg. Er hat die Internationale Stiftung Neurobionik gegründet und weltbekannt gemacht, die Forschungsvorhaben und Projekte zu biologisch-technischen Verfahren unterstützt, die zur Behandlung oder Wiederherstellung gestörter Funktionen des Nervensystems beitragen. Zum 25-jährigen Jubiläum der Stiftung wurden ehemalige Patienten, wohlhabende Gönner aus aller Welt, Scheichs und Prinzen, Ärzte und hochrangige Politiker sowie mein Kommilitone Robert und ich eingeladen. Der Scorpions-Sänger Klaus Meine, den ich bei einer WDR-Sendung kennen- und lieben gelernt hatte, vernetzte uns. Er hat selbst schon unter Prof. Samiis Messer gelegen und unterstützt die Stiftung, wo er kann.

An diesem Abend sang er unter anderem gemeinsam mit dem Hannoveraner Mädchenchor eine eigens für die Stiftung verfasste Hymne. Außerdem traten noch viele weitere internationale Künstler auf, berühmte Laudatoren kamen ebenso zu Wort wie Regierungsschefs, die erfolgreich von Prof. Samii operiert worden waren. Das opulente Abendprogramm machte den Eindruck, als wollte man nicht nur Deutschland imponieren, sondern gleich der ganzen Welt.

Nachdem ich, noch im Rollstuhl, gemeinsam mit Prof. Samii und seinem Sohn Amir einem Grußwort auf der Bühne beiwohnte, verschwand ich wieder hinter den Kulissen. Es wurden noch zwei Preise verliehen, und dann gaben Robert und ich unseren „Bericht für eine Akademie" ab. Noch bevor wir die Bühne verlassen konnten, standen die gesamten Gäste applaudierend von ihren Plätzen auf. Als wir uns wieder im Saal blicken ließen, bildeten sich an jeder Ecke neue Menschentrauben, wir wurden gefeiert wie große Stars, Menschen aus der ganzen Welt beglückwünschten uns und wir schwebten nur so über den roten Teppich. BBC UK und BBC Iran wollten Interviews, und wir kamen vor lauter Gefeiertwerden gar nicht dazu, etwas von den köstlichen Büfetts zu essen. Immer wieder wurden wir als „Höhepunkt des Abends" und sogar als „revolutionäre Idole" bezeichnet. Dementsprechend beseelt und grinsend fielen wir an diesem Abend ins Bett.

Mühsame Realität

Aus dieser Traumwelt erwachte ich spätestens unsanft, als ich mich am nächsten Morgen nackt und mit nicht viel mehr als einem Kackloch unter mir in meinem Duschrollstuhl wiederfand. Entblößt, bewegungslos, ausgeliefert und glitschig. Die demütigendste Situation meines Alltags. Wahrscheinlich weitaus erbärmlicher, als sich die meisten der tausend Gäste vorstellen können, die mich noch in der Nacht zuvor gefeiert hatten.

Dorthin gelangt war ich, indem meine Assistentin mich wie jeden Morgen hineingehievt hatte, was, auch wenn ich nicht mehr viel wiege, für eine Einzelperson nicht gerade leicht ist, da ich größtenteils ein „totes Gewicht" darstelle und nicht durch Körperspannung oder eigene Muskeltätigkeit mithelfen kann. Mein Personal muss sich mit kinästhetischen Tricks behelfen, vor allem die Mädels, um mich wie einen Sack Kartoffeln von A nach B zu transportieren.

Da ich ab dem 3./4. Halswirbel gelähmt bin, tut's auch die Muskulatur im Rumpf und im Bauch nicht mehr. Dadurch bildet sich bei Betroffenen ein sogenannter „Tetraspitzbauch" aus, weil die inneren Organe nicht mehr durch die Bauchmuskeln gehalten werden. Lähmung, Rollstuhl, Abhängigkeit – damit kann ich mich irgendwie arrangieren. Aber mit diesem Bauch... niemals. Außerdem ist es schlecht für die Organe. Deshalb kleben mir meine Assistenten morgens im Bett zuerst Elektroden auf den Bauch, die mit Elektroimpulsen meine Muskeln und damit auch die inneren Organe stimulieren.

Nach einer halben Stunde werden die Elektroden wieder entfernt und der Duschrollstuhl kommt zum Einsatz. Im Bad lasse ich mich rasieren und anschließend unter die Dusche fahren. Wie alle Lageveränderungen und Bewegungen des Alltags verbinde ich selbst das Duschen mit Gymnastik, zum Beispiel indem wir meine Arme hinter den Kopf biegen und die dabei aufgedehnte Zwischenrippenmuskulatur ausstreichen.

Mit harten Bürsten lasse ich meine Finger und Fingernägel schrubben – weniger für die Sauberkeit als vielmehr zur Stimulation der Haut. Finger, die nicht mehr zum Greifen benutzt werden, laufen Gefahr zu deformieren oder ledrig zu werden. Damit haben alle Tetraplegiker zu kämpfen. Meine Hände sollen ästhetisch aussehen und dafür quäle ich sie ein bisschen. Zusätzlich habe ich mir Schienen anfertigen lassen, die meine Hände nachts in eine gesunde Handmittelstellung bringen. Diese Maßnahmen sind wahrscheinlich schmerzhaft, aber erstens gilt: „Wer schön sein will, muss leiden", und zweitens spüre ich es ja nicht.

Ebenfalls des Nachts lasse ich mir diese Dinger zwischen die Zehen klemmen, die eigentlich meist Frauen zum unfallfreien Nägellackieren benutzen. Wenn die Füße nie zum Draufstehen verwendet werden, werden sie mit der Zeit immer weniger Fuß, nur noch eine komische Masse, die am Bein hängt. Ich möchte aber, dass meine Füße weiterhin wie Füße aussehen.

Ein Rollstuhlfahrer, den ich auf einer Messe traf, erklärte mir, ich müsse jetzt alle Eitelkeiten ablegen und den Fokus auf meine geistigen Fähigkeiten richten. Er war vermutlich ein Genie in seinem Fach, der auf der Messe von ihm entwickelte Technologien vorstellte – allerdings hatte er fettige Haare, wog weit über

100 Kilo und roch seltsam. Ich denke, jeder muss seine eigenen Prioritäten setzen, aber für mich schließen sich geistige Weiterentwicklung und ein gepflegtes Erscheinungsbild nicht zwingend aus.

Ich freue mich jedes Mal darüber, wenn ich beim besagten Schrubben der Finger trotz geschlossener Augen sagen kann, welcher meiner Finger gerade bearbeitet wird. Ein wenig Gefühl ist bereits zurückgekehrt – mindestens ein Jahr lang habe ich auch in den Fingern überhaupt nichts gespürt. Leider hat die Sensorik (Empfindung) nichts mit der Motorik (Bewegung) zu tun. Dass ich etwas mehr von meinem Körper spüre, bedeutet nicht, dass ich auch mehr Funktionen zurückgewinne. Dennoch ist es meist angenehmer, wieder ein gewisses Gefühl dafür zu haben, welcher Körperteil wo ist. Anfangs hatte ich den reichlich gruseligen Eindruck, nur noch aus einem Kopf zu bestehen, der auf einem undefinierbaren Etwas balanciert, und damit nur etwa 30 Zentimeter hoch zu sein.

Es gibt Tetraplegiker, die fast alles spüren, aber keinen Muskel regen können, und andersherum welche, die sich bewegen können, aber nichts spüren.

In der Reha habe ich eine Mitpatientin kennengelernt, die zwar mit Trickbewegungen ihrer Muskulatur ein paar Schritte gehen kann, aber stets ein Beatmungsgerät mit sich herumtragen muss, das ihr durch ihren Luftröhrenschnitt im Hals Sauerstoff zuführt.

Andersherum ist es bei dem österreichischen Vielseitigkeitsreiter Pepo Puch, der nach einem Sturz vom Pferd Tetraplegiker ist. Besondere Ironie des Schicksals: Er stürzte während eines Testritts für eine neuartige Airbag-Sicherheitsweste, die vor Wirbelsäulenverletzungen schützen sollte. Durch einen einfachen Rumpler öffnete sich die Weste unbeabsichtigt mit einem lauten Knall, das Pferd erschrak, Pepo wurde abgeworfen und brach sich das Genick. Er spürt zwar bis heute fast nichts von seinem Körper, hat aber wieder Gehen und vieles mehr gelernt. Inzwischen hat er es sogar als Para-Dressurreiter zu olympischen

Erfolgen gebracht. Auf seine ausdrückliche Empfehlung hin habe ich mich auch wieder auf ein Pferd setzen lassen. Ähnlich wie das Autofahren war es zwar eine interessante Erfahrung, aber mit dem, was ich früher unter Reiten verstand, hatte es etwas zu wenig zu tun.

Umstands-Kleidung

Nach dem Duschen lasse ich mich anziehen. Klingt ganz einfach, ist es aber nicht. Man kann sich vielleicht vorstellen, dass ein schlichtes Hoseanziehen hochkomplex ist, da man die leblosen Beine in die jeweils dafür vorgesehenen Öffnungen fädeln muss, um dann das Ganze über den Hintern zu zerren, auf dem aber leider bereits das maßgebliche Gewicht des Körpers lastet. Also nähern wir uns dem Hosenziel durch sukzessive Approximation, also mühsame schrittweise Annäherung. Gern denke ich dann daran zurück, wie ich noch zu vollständigen Lebzeiten in weniger als 5 Sekunden in die Hosenbeine schlüpfte und die Hose mit einem beherzten Sprung in die Luft in ihre Endposition brachte. Es wäre so ein Genuss für mich, das auch nur einmal wieder tun zu können!

Ich nehme keine Medikamente gegen Spastik, eine Art unwillkürliche Muskelkontraktion. Wenn auf gesunde Menschen Reize wie Kälte, Vibration, Dehnung oder Druck einwirken, dann fragen die betroffenen Nervenzellen das Gehirn, wie sie darauf reagieren sollen, und das Gehirn antwortet zum Beispiel mit „Anspannen!", „Entspannen!" oder „Wegzucken!" Bei Rückenmarks- oder Hirnverletzten allerdings kann es sein, dass der Nerv und der damit verbundene Muskel keine Antwort bekommt und daraufhin einfach irgendwas macht, wie zum Beispiel zucken und krampfen.

Alle Tetraplegiker, die ich kenne, schlucken Medikamente dagegen, aber einem gelähmten Körper Präparate zuzuführen, die eine lähmende Wirkung haben, finde ich pervers. Die Pharmaindustrie allerdings freut sich, denn die meisten dieser Mittel machen müde, woraufhin man ein Aufputschmittel nehmen muss, weshalb man dann nicht schlafen kann und ein Schlafmittel schluckt. Spätestens dann hat man so viel Chemie im Bauch, dass man ein Mittel braucht, um den Magen zu beruhigen.

Die Folge meiner Verweigerungshaltung ist, dass meine Muskeln immer mal zappeln, wenn mir kalt ist oder die Haltung meines Körpers verändert wird. Dann kann es sein, dass meine Beine zittern und meine Arme und Hände unkontrolliert in der Gegend herumfuchteln.

Wenn ich allerdings intensiv physiotherapiert, gedehnt und mobilisiert werde oder, noch besser, mich selbst bewege, zum Beispiel an meinem Motomed-Handfahrrad, habe ich weniger Krämpfe, und es geht mir besser. Deshalb ist mein Rezept gegen die Krämpfe, mich möglichst viel zu bewegen, anstatt mir eine Chemiekeule zuzuführen.

Zwei Stunden statt fünf Minuten

Zurück zum Morgenritual. Um ohnehin schon oftmals verlorene Lebenszeit einzusparen, entscheide ich mich im Alltag meist nicht fürs Essen, sondern für die Nahrungsaufnahme. Das heißt, dass ich zweckmäßig esse. Ich beiße vom Brötchen ab, dann wird mir der eine Ärmel angezogen, ich beiße wieder vom Brötchen ab, der zweite Ärmel und so weiter. Passend zu unserer schnelllebigen Leistungsgesellschaft nutze ich selbst die Kauzeit, um währenddessen etwas anderes zu schaffen.

Im Grunde mag ich es lieber, bei Kerzenschein drei Stunden lang ausgiebig zu frühstücken, mit Rührei und Tomatenmark, frisch gepresstem Orangensaft und selbst gemachtem Birchermüsli. Die Alltagsrealität sieht aber eher so aus: Gerade wenn sich die Dienste meiner Assistenten überlappen, kommt es des Öfteren vor, dass der eine mir Essen in den Mund schiebt, während die andere mir die Haare föhnt. Noch kauend wird mir das Gesicht eingecremt, und beim Händeeincremen wiederum putzt mir jemand die Zähne und zupft mir die Kleidung zurecht, während ich Nachrichten in mein Handy diktiere oder telefoniere.

Dabei ist ein ganz eigenes und oftmals schmerzvolles Thema die Frisur. Ich spüre in meinen Händen förmlich noch den Griff, mit dem ich innerhalb von ein bis zwei Sekunden meine Haare ausgehfertig strubbeln konnte. Ich versuche immer wieder, das den Assistenten zu erklären („Mach mir mal die Haare schön." – „Ja, wie wäre denn schön?" – „Na ja, *schön* halt!"), sie versuchen, es umzusetzen, und wir probieren ewig herum. Am Ende sieht es trotzdem blöd aus und ich sage: „Zieh mir einfach eine Mütze an." So richtig gut kriegt meine Haare eigentlich nur mein Bruder hin.

Mindestens zwei Stunden dauert es, um mich in einen Zustand zu versetzen, in dem ich für eine Veranstaltung wie das Stiftungsjubiläum salonfähig bin.

Früher habe ich dafür keine fünf Minuten gebraucht, wenn es drauf ankam.

Wenn ich mir vorstelle, ich könnte mein Morgenritual eines Tages wieder selbst erledigen! Das wäre unglaublich schön…
Ich wache auf und stelle den Wecker in den Schlummermodus. Während ich noch dösend daliege, überlege ich, was der Tag wohl bringen mag. Wenn der Wecker ein zweites Mal Alarm gibt, stehe ich auf, begebe mich auf den Teppich neben dem Bett und mache Dehnungs- und Spannungsübungen, erst auf dem Rücken, dann auf dem Bauch und schließlich auf der rechten und linken Flanke. Ich stemme mich aus dem Winkelstütz hoch in den Handstand und stehe einige Momente kopfüber. Zum Schluss stütze ich mich auf die Hände und drücke den Körper hoch, diesmal nicht im Handstand, sondern in der horizontalen Schwebe, aber wieder so, dass nur die Hände den Boden berühren. Allmählich wird mir warm.

Ich ziehe mich rasch an, die Hose, die Socken, das Shirt, und schlüpfe in die Schuhe. Duschen werde ich abends nach dem

Training. Ich esse Obst und ein Müsli oder Schwarzbrot mit Butter und einem Salatblatt. Während des Essens lese ich die Losung oder die Tageszeitung vom Vortag.

Ich gehe ins Bad, putze mir die Zähne und strubbele die Frisur zurecht. Sie wird genau so, wie ich es will.

Pflegenotstand

Der Mensch ist die Medizin des Menschen.
Aus Afrika

Am 12. Mai 2015 war der internationale „Tag der Pflege" und aus
diesem Anlass ließ ich auf meiner Facebook-Seite einen kleinen
Gruß an alle Pflegerinnen und Pfleger vermerken:

*Haare, Beziehungen, Zähne, Autos, Fingernägel – wenn wir
nicht frühzeitig unerwartet hopsgehen, brauchen wir sie irgendwann alle: die Pflege.*

*Heute, am internationalen „Tag der Pflege", auch wenn's ihnen
nicht viel nützt, besondere Grüße und Anerkennung an alle Pflegerinnen und Pfleger, die ständig arbeiten, zu wenig verdienen
und trotzdem nie streiken! Danke.*

Was dann geschah, ist wohl leider bezeichnend: Mein inhaltlich
und sprachlich zwischen Tür und Angel keineswegs besonders
ausgefeilter Text wurde innerhalb kürzester Zeit von 1,6 Millionen (!) Menschen gelesen, von über 3.000 geteilt und von Hunderten von Leuten, die in Pflegeberufen arbeiten, dankbar kom-
mentiert. Es stimmt traurig, dass hier offenbar ein so großes
Defizit an Wertschätzung besteht, dass ein kleiner Fünfzeiler ein
derartiges Echo hervorruft!

Natürlich könnte man sagen, dass die Pflegenden selbst schuld
an ihrer Lage sind, weil sie eben nicht lautstark für ihre Rechte
eintreten und streiken. Aber was wäre denn, wenn sie es täten?
Es wird ja in vielen Heimen und Pflegeeinrichtungen ohnehin
schon mit Minimalbesetzung gearbeitet. In solchen Fällen würde

ein Streik schnell an unterlassene Hilfeleistung oder Körperverletzung grenzen. Trotzdem ist klar: Es muss sich etwas ändern.

Innerhalb der nächsten 50 Jahre wird eine Verdoppelung der Zahl pflegebedürftiger Menschen erwartet – und der Trend deutet darauf hin, dass dann rund 500.000 Pflegekräfte fehlen. Für diesen zwingenden Zusammenhang erhält die Pflege eindeutig zu wenig Aufmerksamkeit.

Die Pflege ist in Deutschland ein Brennpunkt und trotzdem oft ein Tabuthema. Es ist einfach so, dass die meisten Menschen sich nicht im Vorhinein schon mit ihrem Alter und ihrer Pflegebedürftigkeit auseinandersetzen (wollen) – obwohl es ziemlich unvermeidlich irgendwann so weit sein wird. Letztlich werden alle Menschen irgendwann pflegebedürftig. Entweder sie werden alt und/oder krank oder haben einen Unfall. Das sind alles keine schönen Aussichten und dadurch steht das Thema nicht und vor allem nicht positiv behaftet in der Öffentlichkeit.

Andererseits ist der Film „Ziemlich beste Freunde" überdurchschnittlich erfolgreich, ebenso wie Til Schweigers „Honig im Kopf". In dem geht es um einen an Alzheimer erkrankten und bald schon pflegebedürftigen Mann und die Folgen, die dies für seine Angehörigen hat. Auf eine sehr liebevolle Art wird hier dieses Tabuthema behandelt und rückt so vielleicht wieder ein bisschen weiter nach vorn in der öffentlichen Wahrnehmung.

Was ganz gut wäre, denn: Am Anfang jedweder Veränderung stehen immer die Wahrnehmung eines Problems sowie die Wertschätzung der Menschen.

Ich denke, dass die Menschen, die Pflegeberufe ausüben, schlicht viel zu wenig geschätzt werden. Gesellschaftlich und finanziell. Sie sind überarbeitet, unterbezahlt und dafür nicht ausreichend anerkannt. Das erklärt, warum kaum noch jemand einen Beruf ergreifen möchte, der dazu auch noch körperlich und emotional anstrengend ist. Die meisten Pflegenden scheiden aus gesundheitlichen Gründen weit vor dem Rentenalter aus. Daher sind für sie auch Kranken- und Berufsunfähigkeitsversicherungen fast unerschwinglich.

Selbst unter Kollegen ist die Wertschätzung der Pflegekräfte oft ein Stiefkind. In meiner Reha-Zeit in der Schweiz habe ich festgestellt, dass dort Pflegepersonal, Physiotherapeuten und Ärzte enger zusammenarbeiten. Im Gegensatz zu Deutschland scheint mir, dass es dort keine so große Überhöhung der Ärzte zu „Göttern in Weiß" gibt. Und das ist auch genau richtig so. Aus eigener 17-jähriger Sportverletzungsgeschichte weiß ich, dass die beste Operation zwecklos ist ohne die nachbehandelnden Kräfte.

Die Menschen, die trotz all dieser Nachteile einen Pflegeberuf ausüben, tun dies aus Empathie und Idealismus. Die beiden größten Hilfswerke Deutschlands mit jeweils über einer Million Mitarbeiter, die sich um Pflegebedürftige kümmern, sind die Caritas und die Diakonie, deren Träger die katholische bzw. evangelische Kirche ist. „Caritas" heißt Nächstenliebe und „Diakonie" Dienen. Beide sind aus derselben Motivation heraus entstanden: In der größten monotheistischen Religion, nach der wir unsere Kalender richten, wird dem Dienen die höchste Wertschätzung überhaupt beigemessen. Es heißt dort an einem Dutzend Stellen, dass Dienen unsere Berufung ist und derjenige, der groß sein will, den anderen dienen soll (zum Beispiel in Matthäus 20,26-27). Jesus selbst hat gesagt, er sei nicht gekommen, um sich dienen zu lassen, sondern um zu dienen.

Doch selbst die Menschen, die innerlich hochmotiviert sind, anderen zu helfen und zu dienen, werden entmutigt, wenn sie keine Anerkennung erfahren und keine Zeit für individuelle Betreuung haben.

Pflege und andere Schwierigkeiten

Ich habe am eigenen Leib erfahren, wie gut und wichtig, aber vor allem auch absolut notwendig die richtige Pflege ist. Mein Perspektivwechsel von scheinbar frei und selbstständig zu abhängig und hilfsbedürftig war natürlich nicht leicht. Plötzlich 24 Stunden am Tag auf Hilfe angewiesen. So etwas wie Intimsphäre gibt es da nicht mehr. Angeblich ist die Würde des Menschen nach dem Grundgesetz unantastbar. Doch leider wird sie in vielen Situationen zwangsläufig eingegrenzt, untergraben und beschnitten. Immer mehr wurde mir klar, wie sehr die Qualität der Pflege von den Menschen dahinter abhängt. Es ist ein extrem sensibler Bereich und er erfordert sehr viel Fingerspitzengefühl im zwischenmenschlichen Umgang. Viel schwerer als ein schlicht technischer Job. Die Leistung mit Herz und Verstand arbeitender Pfleger kann man gar nicht genug würdigen.

Für mich war und ist es schwierig, ein gutes Team zusammenzustellen. Menschen zu finden, die im besten Fall nicht nur fachliche Kompetenz mitbringen und zupacken können, sondern auch über Empathie, Feingefühl, Loyalität, Diskretion und Freundlichkeit verfügen und mit denen man sich dann noch persönlich gut versteht, ist eine Herausforderung.

In den letzten Jahren habe ich bei meiner eigenen Pflege-Castingshow so einiges an Erfahrungen gesammelt. Da gab es Kandidaten, die sich wegen ihrer Borderline-Narben weigerten, mit mir ins Schwimmbad zu gehen; die sich mit transparenter weißer Hose und schwarzem String bekleidet in Seminaren an der Hochschule ungefragt zu Wort meldeten; die betrunken zum Dienst antraten, in einem psychotischen Schub nach Amsterdam durchbrannten oder gar nicht erst erschienen, weil sie kurzfristig ihren Freund in Polen im Gefängnis besuchen mussten. Fristlos kündigen musste ich auch einer Frau, die mich mehrfach beklaute, und einem Mann, der meinen Bruder mit selbst gedrehten pornografischen Videos belästigte.

Eins habe ich mir fest vorgenommen: Sollte ich mich irgendwann wieder bewegen können, werde ich als eine der ersten Maßnahmen einen Tetraplegiker pflegen, um festzustellen, ob das wirklich so schwierig ist!

Umso mehr weiß ich es zu schätzen, wenn ich eine fähige Begleitung finde. Ein guter Assistent schafft es, demütigende Dinge möglichst undemütigend zu machen. Er lässt mich selbstständig aussehen, obwohl er die meiste Arbeit macht. Viele meiner

Assistenten sind gern im Hintergrund, für sie ist es ein Kompliment, wenn sie gute Schatten sind und mir dabei helfen zu funktionieren.

Natürlich haben sie es auch nicht immer leicht mit mir. Sie ziehen mich an, stylen mich, drapieren mich in mühevoller Kleinarbeit und dann rolle ich ohne sie auf die Bühne und bekomme Applaus. Unterdessen stehen sie hinter den Kulissen bereit und müssen manchmal extra Schwarz tragen, damit sie nicht auffallen. Während ich bei Veranstaltungen von Promis begrüßt werde, beachtet sie meist niemand. Sie müssen meinen unsteten Lebensstil und viele spontane Aktionen (vorzugsweise spät nachts) mitmachen und dabei immer auf 17 Dinge gleichzeitig achten.

Nicht immer sind es unbedingt die medizinisch versiertesten Leute, die all das am besten hinbekommen. Das zeigt der Film „Ziemlich beste Freunde" ganz gut – der Kleinkriminelle Driss ist sicher nicht der bestausgebildete Assistent für den gelähmten Philippe, aber er hat genau die richtige Art, mit ihm umzugehen. Die anderen Pfleger, die zum Probearbeiten kommen, sind vermutlich bestens geschult und bemühen sich nach Kräften, Philippe alles recht zu machen, aber sie gehen ihm nur furchtbar auf die Nerven.

Ich habe meine Auswahlkriterien ebenfalls ein wenig angepasst und beschäftige nun in meinem Team auch Assistenten, die eigentlich Lehrer, Fitnesstrainer, Theologen oder freischaffende Filmemacher sind. Nach mühevoller und akribischer Einarbeitung ist eine solche Notlösung zwar möglich, weitaus einfacher ist dies aber mit einer ausgebildeten Pflegefachkraft.

Doch die sind leider zunehmend vom Aussterben bedroht.

Es gibt eine ganze Reihe von Überlegungen und Bestrebungen (neben der besseren Bezahlung), die die Zukunft der Pflegeberufe verbessern sollen, wie die Gründung einer Pflegekammer, übergreifende Tarifverträge, ein Neuzuschnitt der Gesundheitsberufe durch ein Berufsgesetz, verbesserte Möglichkeiten für den Quereinstieg, attraktivere Ausbildungsangebote für Alleinerziehende/

Teilzeitkräfte, mehr Einbindung von Ehrenamtlichen und vieles mehr.

Vielleicht können einige dieser Maßnahmen tatsächlich Lösungsansätze sein. Sie müssen nur endlich mal umgesetzt werden. Und dazu muss zuallererst ein Umdenken in den Köpfen möglichst vieler Menschen stattfinden.

„Das geht nicht!"

Wünsche in die Realität umzusetzen,
ist die Herausforderung, an der alles scheitert
oder zu einem großen Abenteuer wird.
Else Pannek

„Das geht nicht." Ein Satz, auf den ich seit viereinhalb Jahren besonders allergisch reagiere. Alle, die mich gut kennen, halten sich erschrocken die Hand vor den Mund, wenn er ihnen in meiner Gegenwart wieder mal herausgerutscht ist. Sie wissen, wie ich diesen Satz verabscheue, seit ich auf der Intensivstation zu mir kam und nach und nach feststellen musste, was alles tatsächlich nicht mehr geht. Seither versuche ich, diese Negativbilanz nicht mehr größer werden zu lassen, sondern ihr im Gegenteil, wenn möglich, ein paar Dinge wieder abzutrotzen.

In einem Werbevideo der „Wings for Life"-Stiftung, die ich unterstütze, wurde ich auf ein Trainingsgerät aufmerksam, das man „3-D-Spacecurl" nennt. Es wird auch von der NASA für das Astronautentraining eingesetzt und funktioniert nach dem Prinzip eines Gyroskops. Ein solches Spacecurl steht in einer Unfallklinik in Berlin. Die Patienten werden daran festgeschnallt und können sich mit ihm durch Gewichtsverlagerung in allen drei Achsen dreidimensional bewegen. Das wollte ich natürlich ausprobieren. Als ich wieder einmal in Berlin war, kontaktierte ich den leitenden Professor der „Wings for Life"-Stiftung. Er lud mich ein, und zwei Physiotherapeuten und ein Arzt zeigten mir mit einem Patienten, wie es funktioniert.

Nach kurzer Kontrolle meiner muskulären Verfassung sagten sie aber: „Ihnen fehlt die Rumpf- und Oberkörpermuskulatur und genug Armmuskulatur haben Sie auch nicht. Tut uns leid, das geht mit Ihnen nicht."

Da war er, dieser eklige Satz, den ich so nicht ohne Weiteres stehen lassen konnte. „Könnten wir mich nicht einfach mal in das Spacecurl reinstellen und Sie tapen mich irgendwie fest? Ich würde so gern mal wieder auf dem Kopf stehen und meinen Blutkreislauf so richtig in Wallung bringen. Wenn wir die Arme fixieren, kann ich mich mithilfe meiner Schultermuskulatur stabilisieren."

Ein Physiotherapeut erklärte sich bereit, es zu probieren. Aber kaum stand ich drin, sagten die Umstehenden: „Es geht nicht. Ihr Oberkörper knickt einfach weg. Es ist keine Stabilisierung möglich."

Ich protestierte: „Wenn man meine Hände fixieren würde … glauben Sie mir, mein oberer Trapeziusanteil und die Deltoideii sind ausreichend stark trainiert! Ich kann mein Körpergewicht halten!"

Nein, das ginge wirklich nicht, sagten sie und setzten mich zurück in den Rollstuhl. Frustriert fuhr ich nach Hause.

Wenige Wochen später war ich zu einer Veranstaltung in Dobel eingeladen. Und was stand zu meiner freudigen Überraschung neben dem Festzelt? Ein altes, klappriges Spacecurl. Mein Bruder war mitgekommen (er ist der Schlüssel für vieles) und es liefen jede Menge Bühnentechniker und Handwerker herum. Als ich meinen Part auf der Bühne hinter mich gebracht hatte, sagte ich zu Jonathan: „Das probieren wir jetzt aus!" Den zusammengetrommelten Handwerkern und Bühnentechnikern erklärte ich etwas provozierend: „Diese engstirnigen Akademiker meinten, ich könne das Spacecurl nicht benutzen. Ich sage, es geht. Kriegt ihr das hin?" Sofort spuckten sie in die Hände und fragten, wo sie denn anpacken könnten.

Das Spacecurl war längst nicht so gut ausgerüstet wie das der Klinik, das einen Kniestabilisator und Vorrichtungen für die Hüftsicherung hatte.

Sie hoben mich zu viert an und stellten mich hinein. Mit Tape befestigten sie meine Hände, dann stabilisierten sie die Knie, die

Hüfte und den Brustkorb mit Holzlatten, Sofakissen und Klebeband. Anschließend hatte ich drei Stunden lang den Spaß des letzten Jahres. Ich aß im Spacecurl zu Mittag, weil ich es nicht mehr verlassen wollte. Es gelang mir sogar, mich selbst in Rotation zu versetzen, nur durch die Muskelkraft meiner Schultern. Ich probierte alle möglichen Drehungen aus und schlug Saltos en masse. Es war sehr anstrengend, weil ich die ganze Restmuskulatur aktivierte, die noch irgendwo in meinem Körper ansprechbar war. Am nächsten Tag hatte ich endlich mal wieder Muskelkater.

Seit dem Unfall habe ich viele Therapieformen ausprobiert, aber die Zeit im Spacecurl war eine der produktivsten – nur wenige Wochen, nachdem die Ärzte gesagt hatten: „Das geht nicht." Mit diesem rostigen Ding, den wohlwollenden Handwerkern und ein bisschen Kreativität ging es eben doch. Ich muss den Leuten in der Unfallklinik unbedingt das Video schicken, das mein Bruder aufgezeichnet hat.

Einer der Mitarbeiter der Veranstaltung in Dobel besaß ein zweites Spacecurl, das ihm nur im Weg stand und das er mir überlassen hat. Es wird gerade neu lackiert und ein Orthopädiegeschäft experimentiert noch mit einer adäquaten Stabilisationsvorrichtung herum. Das Unisportzentrum in Darmstadt hat mir zugesichert, dass ich es in einer ihrer Hallen aufstellen darf, wo nicht nur ich, sondern auch Studenten und andere Sportler es nach Herzenslust benutzen können.

Ähnlich wie bei mir und dem Spacecurl werden Rollstuhlfahrern ständig unnötige Grenzen gesetzt, die sie noch mehr behindern, als sie es ohnehin schon sind.

In einem am Freitag gebuchten und am Samstag angetretenen Kurzurlaub in Ägypten fragten wir den Reiseleiter vor Ort nach möglichen Aktivitäten. Er sprach von Nilkreuzfahrten und Touren ins 500 Kilometer entfernte Luxor sowie geführten Shoppingausflügen. Bei der Vorstellung einer weiteren Tour begann er plötzlich zu nuscheln und skeptisch meinen Rollstuhl zu mustern. Es handelte sich um eine Wüsten-Safari mit Quadfahren, Kamelreiten und einem Essen bei den Beduinen.

Während ich noch dachte: *Das klingt doch gut,* fiel er auch schon wieder, der Satz: „… aber das geht nicht."

Das hätte er besser nicht gesagt. Am nächsten Tag heizten wir mit Gaffer-Tape bewaffnet in die Wüste. Und schon kurz darauf klebte ich an Boris auf dem Quad und wir überholten die gaffenden anderen Touris.

Eine weitere Erfahrung aus dem „Das geht nicht"-Mysterium, die ich immer wieder mache: Wenn man fragt, ob etwas geht, hat man eigentlich schon verloren. Zum Beispiel ist es mir schon des Öfteren passiert, dass im Hotel auf meine Frage, ob der Wellnessbereich auch für mich als Rollstuhlfahrer benutzbar sei, skeptisch und unsicher dreingeschaut, herumgedruckst und der eine oder andere Vorgesetzte angerufen wird. Dann, nach unangemessen langer Wartezeit, heißt es – tada! –: „Es geht nicht!" Weil es zu gefährlich, nicht ausreichend versichert oder sonst wie unmöglich ist. Dagegen gab es noch nie Probleme, wenn ich einfach wie ein normaler Mensch im Wellnessbereich aufkreuze und mich von meinen Begleitern in die Sauna oder den Whirlpool setzen lasse.

Das Prinzip „Wer nicht fragt, gewinnt" ist problemlos auch auf Kinos, Konzerte und viele andere Gelegenheiten anwendbar.

Autofahren

Norbert Haug, der frühere Motorsport-Chef von Mercedes-Benz, unterstützt inzwischen unter anderem ein Programm der Firma Paravan Technology Group. Paravan baut Autos behindertengerecht um. Ein Fernziel von Norbert Haug ist, es populärer zu machen, dass auch Schwerbehinderte selbstständig Auto fahren können. Sogar für Menschen ohne Arme und Beine ist das mittlerweile machbar. Wenn das bekannt wird, nutzen mehr Leute diese Möglichkeit, und voilà: Die Umsetzung wird bezahlbarer für alle. Was sie bisher leider bei Weitem noch nicht ist.

Bei einer gemeinsamen Fahrstunde mit Norbert Haug auf dem Gelände der Paravan-Firma stellten wir fest, dass auch ich in der

Lage bin, Auto zu fahren. Meine rechte Hand klemmt man an ein Mini-Lenkrad, die linke an einen Gas-Brems-Hebel und mithilfe meiner Schultermuskeln bediene ich diese. Die Steuerung für Blinker, Licht und andere unwichtige Dinge kann in die Kopfstütze eingebaut werden.

Selbstverständlich war es etwas Besonderes, dass ich ganz allein ein tonnenschweres Auto mitsamt Insassen bewegte, vor allem unter dem Gesichtspunkt, dass ich sonst nicht mal einen Bleistift halten kann. Zugleich fand ich es aber wenig erhebend, im Kriechtempo rumzutuckern und nur mit Mühe um die Kurven zu kommen. Mittlerweile ist das allerdings besser geworden, und nach fünf Tagen Führerscheinaktualisierung bestätigte mir der TÜV amtlich, dass ich mit Hilfsmitteln wieder im Straßenverkehr zugelassen sei – selber schuld. Alle erwarteten, dass ich mich hysterisch freute, aber die ganz große Begeisterung konnte ich bei aller Dankbarkeit nicht aufbringen, da ich es irgendwie nicht lassen konnte, an früher zu denken.

Bereits mit 14 oder 15 Jahren habe ich in der Stuntschule gelernt, mittels der Handbremse 180- oder 360-Grad-Schleudermanöver durchzuführen. Später legte ich viele Tausend Kilometer zu Vorsprechterminen, Wettkämpfen oder Auftritten im Auto zurück, und es kam dabei nicht selten vor, dass meine Eltern Fotos von mir nach Hause geschickt bekamen. Dadurch wussten sie ungefähr, wo und wie schnell ich war. (Da fällt mir ein: Was ist eigentlich mit meinen alten Punkten in Flensburg? Gelten die auch für meinen neuen Führerschein oder sind sie inzwischen verfallen?)

Im Vergleich zu damals jedenfalls war das Fahren als Behinderter doch eher fade. Dennoch wäre es durchaus schön, einmal wieder auto-nom unterwegs zu sein. Doch leider scheitert dies an den hohen Kosten.

Mobil im Mobil

Ein großer Nachteil, den meine Lähmung zusätzlich mit sich bringt, ist, dass ich nicht mehr einfach so spontan losfahren und irgendwo übernachten oder mir das Fahrrad schnappen und eine Tour machen kann, ohne alles vorher zu planen und zu organisieren.

Bahnfahren kann man vergessen, denn die wollen immer mindestens 24 Stunden vor der Reise die genauen Abfahrtszeiten und die noch weiter im Voraus angemeldeten Reservierungsnummern wissen, damit ihr ach so mobiler Mobilitätsservice sich mobil macht. Bei Flügen soll ich mehrere Tage vorher angeben, wie schwer der Rollstuhl ist, wie breit, wie hoch, welche Art von Batterien er eingebaut hat, wie man diese abkoppelt, wer mich auf der Reise begleitet und wie ich medizinisch abgesichert bin. Dazu muss ich mein Pflegepersonal organisieren, klären, wer mitkommt und wann und wo Dienstwechsel ist, damit die erlaubten Arbeitsstunden nicht überschritten werden. Mal abgesehen von dem ganzen Kladderadatsch, den ich immer dabeihabe.

So ist jede Spontanität dahin, was das Reisen angeht. „Into the Wild" war der erste Film, bei dem ich nach dem Unfall so richtig geweint habe. Der Protagonist lebt den Traum, den ich auch einst hatte: auszusteigen und fernab der Zivilisation und digitalen Welt in der Natur zu leben. So etwas ist für mich nicht mehr möglich. Ich bin abhängig vom Strom, um wenigstens ein bisschen mobil zu sein, und damit auch von den Atomkraftwerken, gegen die ich früher in Hamburg noch auf die Straße gegangen bin.

Dass ein „Ich-weiß-noch-nicht-wo-ich-heute-Nacht-schlafen-werde-Spontanurlaub" auf eine Art doch noch möglich sein könnte, erahnte ich zum ersten Mal, als ich auf einer Freiburger Automobilmesse ein riesiges Schiff in Gestalt eines rollstuhlgerechten Wohnmobils entdeckte. Es besaß einen Kassettenlift, der mich hoch- und runterfahren konnte, und sogar eine ausreichend geräumige Dusche. Zwei gemütliche, höhenverstellbare

Betten standen hinten im Wohnmobil, zwei weitere vorn. Mit so einem Gefährt hat man seine Barrierefreiheit praktisch ständig bei sich.

Im Sommer 2014 hatte ich fünf zusammenhängende freie Tage und beschloss, die Karre zu testen. Mit meinem Bruder Jonathan, meinem besten Freund Chris und meinem Vater, der das Ding fahren musste, weil man dafür einen Lkw-Führerschein braucht, schipperten wir los. Der testosterongeprägten Besatzung entsprechend, war auch bald die Ordnung in dem Mobil. Trotzdem hatten wir viel Spaß. Wir fuhren quer durch Österreich und Italien, hielten an, wo es uns gefiel, und genossen das Gefühl von Spontanität und die damit verbundene Freiheit.

Gleitschirmfliegen

Auch in Sachen Fallschirmsprung habe ich bisher nur zu hören bekommen: „Das geht nicht!" Aber auch hier ist das letzte Wort für mich noch nicht gesprochen. Von ärztlicher Seite wurde mir empfohlen, es zunächst mit Gleitschirmfliegen zu versuchen.

Das erste Mal flog ich also eher als Mittel zum Zweck mit dem Gleitschirm. Ich erwartete eigentlich, dass es langweilig sein würde, wie Busfahren in der Luft oder so. Aber es übertraf meine Erwartungen bei Weitem.

Ich war mit einem 23-jährigen Piloten namens Pascal in Vorarlberg unterwegs. Anfangs war ich geschockt, als er mir sein Alter nannte – ich könnte ja fast sein Vater sein! Aber er beruhigte mich und erklärte, dass er das schon seit 14 Jahren mache, und zwar auch als Akrobatikflieger auf Wettkämpfen.

Unser Flug war eine Mischung aus herrlicher Stille, der Sonne ganz nah, und aggressiver Akrobatik, bei der ich seit Langem einmal wieder das Mehrfache meines Gewichts spüren konnte.

Dank der günstigen Thermik konnten wir gleich nach dem Start hundert Meter höher steigen. Anschließend sausten wir im Sturzflug hinab, dann nutzten wir die Thermik wieder, um uns hochzuschrauben. Pascal fragte mich, ob er mal etwas aus seinem Wettkampfprogramm ausprobieren sollte. Das musste er nicht zweimal fragen. „Bitte gern!", antwortete ich und schon schleuderten wir um unseren eigenen Schirm und flogen kopfüber. Ich denke ja sowieso, dass ich dafür gemacht bin, auf dem Kopf zu stehen. Endlich hatte ich mal wieder eine anständige Hormonausschüttung in Form von Endorphin und Adrenalin. Ich versuchte, auch ohne die Hilfe von Pascal durch Gewichtsverlagerung den Schirm zu steuern, aber einmal mehr spielte mein Körper, der Langweiler, nicht mit. Trotzdem machte es großen Spaß.

Ein Jahr später flog ich noch ein weiteres Mal mit Pascal und wir waren fast drei Stunden in der Luft. Wir hatten perfekte bayrische Nordwind-Thermik und kletterten damit von Berg zu Berg, die Aufwinde trugen uns sogar über diese hinweg, das war herrlich. Dann tauchten wir im Sturz- und Akrobatikflug bis fast zum Boden und am nächsten Berg ließen wir uns erneut von den Aufwinden hochtragen. Diesmal hatten wir meine Hände mit den Manschetten am Gleitschirm befestigt, die ich eigentlich für mein Handfahrrad benutze. So war ich in der Lage, den Schirm mit meiner Schulterkraft zu lenken.

Wenn ich schon nicht laufen kann, dann wenigstens fliegen.

Übertrieben

Wie das nun mal so ist mit den Grenzen, muss man auch mal darüber hinausloten. Ich war mit meinem Bruder in Hannover auf dem Schützenfest, und wir steuerten das wüsteste und höchste Fahrgeschäft an, das es gab. Als ich sah, wie sich das Gefährt in alle Richtungen überschlug, wurde mir doch etwas mulmig. Ich sagte: „Hui! Wenn meine schlabbrigen Beine auf die Weise herumgeschleudert werden, reißt mir doch das Kreuzband! Und ohne Körperspannung rutsche ich am Ende noch aus dem Sicherungsbügel."

Wie Mama es uns eingetrichtert hatte, sagte Jonathan wohl eher reflexhaft: „Stell dich nicht so an. Das geht schon."

„Na gut", erwiderte ich, „dann hol die Tickets."

Damit hatte er nicht gerechnet, doch nun konnte er nicht mehr zurück – zumal er um meine „Das-geht-nicht-Allergie" weiß. Wie zwei Teenies waren wir beide zu cool, um uns unsere Bedenken einzugestehen.

Um keine unnötigen Fragen aufzuwerfen, packte mich mein Bruder in einem günstigen Moment und schleppte mich in die Gondel. Mit seiner Jacke band er mir die Füße zusammen, damit sie nicht allzu wild herumgeschleudert werden konnten, und mit dem Schal fesselte er meine Hände an den Sicherungsbügel. Außerdem wollte er mich noch festhalten.

Schon ging es los. Die Gondel schraubte sich immer höher und begann sich zu überschlagen. Jonathan drückte seinen Fuß auf meine Füße, um sie zu fixieren, und hielt mit seiner Hand meine Hände fest. Aber die Zentrifugalkräfte waren so groß, dass sich erst meine Füße lösten und dann auch noch die Hände. Ich wurde herumgeschleudert, mein Kopf trudelte hin und her. Ich sah zu Jonathan hinüber, doch der hatte mit sich selbst zu kämpfen. Verzweifelt versuchte ich zu spüren, ob mein Körper von dem Bügel gehalten wurde oder nicht. Ich konnte sehen, dass meine Hüften immer weiter rausrutschten.

Eigentlich wäre das ein schöner Tod, dachte ich, *ein würdevoller, spektakulärer Abgang. Ich sehe förmlich vor mir, wie ich im Zenit der Rotation abgeschossen und im hohen Bogen durch die Luft geschleudert werde, bis ich nur noch ein winziger Punkt am Himmel bin. Dann sause ich wieder auf die Erde zu und zerschelle schließlich irgendwo auf dem Asphalt. Nicht im Bett sterben, sondern in meinen Stiefeln wie ein Cowboy.*

Doch dann sah ich die Wohnmobile der Jahrmarktbetreiber am Rand des Platzes stehen. Was, wenn ich in ein Wohnmobil krachen und den Sturz überleben würde, nur noch kaputter als vorher? Diese Aussicht fand ich dann doch nicht mehr so schön.

Endlich ließ das Rotieren der Gondel nach, das Fahrgeschäft senkte sich Richtung Boden ab und ich lebte noch.

Man muss vielleicht nicht alles machen, nur weil man es kann. Trotzdem will ich weiterhin weniger auf das schauen, was nicht mehr geht, sondern lieber auf das, was geht.

Was noch geht

Atmen
Sehen, hören, schmecken, riechen
Fühlen
Zuhören
Lachen und zum Lachen bringen
Reden
Lesen
Blödsinn machen
Telefonieren
Diktieren
Chauffieren
Fantasieren
Organisieren
Diskutieren
Fortpflanzen
Skypen
Mich mit dem Sprachprogramm herumärgern
Den Elektrorollstuhl steuern
Denken
Spucken, schlucken, mit den Schultern zucken
Grimassen
Beten
Küssen
Tauchen
In der Disco belapdanced werden
Mit dem Rollstuhl Autos schieben
Vielsagende Grunzgeräusche machen
Pfeifen
Mundorgel spielen

Filme schauen
Musik hören
Mit Freunden zusammen sein

Samuel & Samuel

Ein Ereignis, was es auch sein mag, wenn es mit Musik
verkündet wird, erzeugt immer Emotionen.
Anne Louise Germaine de Staël

Noch in der Reha hatte mich der Musiker Samuel Harfst mehrmals besucht, und wir hatten schöne Tage zusammen, was viel
wert ist, weil „ein schöner Tag in der Klinik" eigentlich einen
Widerspruch in sich darstellt. Allerdings fällt es Samuel wie mir
nicht leicht, eine Freundschaft über weite Entfernung zu pflegen.
Wir blieben in losem Kontakt.

„Wir müssten irgendwie zusammenarbeiten, dann würden wir
uns auch öfter sehen!" Aus dieser sprichwörtlichen Schnapsidee
entstand der Gedanke, gemeinsam auf Konzertlesungsreise zu gehen. Samuel würde Musik machen, ich etwas aus meinem Buch
lesen und zwischendurch würden wir über Gott und die Welt
plaudern.

Wir haben uns durchaus gefragt, ob es nicht ein bisschen ma-
sochistisch, sadistisch oder geschmacklos ist, von Leidensge-
schichten zu lesen, von Schicksalen zu erzählen und Intimitä-
ten musikalisch zu präsentieren und daraus mithilfe von optimal
ausgerichtetem Scheinwerferlicht und eigens entworfenen Kos-
tümen, eingebettet in eine dramaturgische Abhandlung, eine Art
Unterhaltungsabend zu gestalten, bei dem Menschen am Anfang
Eintritt bezahlen und am Ende applaudieren.

Beim gegenseitigem Kennenlernen und Austauschen von Erfahrungen und erlebten Geschichten haben wir aber nicht nur
viel Spaß gehabt, sondern voneinander gelernt und festgestellt,
dass Samuel Samuel den Horizont erweitert und Samuel Samuel

motiviert. Diesen bereichernden Austausch wollten wir mit anderen teilen. Die Leute sollten sich einfach zurücklehnen und der Musik lauschen, sich von den vorgetragenen Geschichten berieseln lassen, die Kombination merkwürdig oder interessant finden, eigenen Gefühlen Raum geben, sich auf Inhalte einlassen und das Gute behalten – oder nicht.

Alle Konzertlesungen waren in kürzester Zeit ausverkauft, ebenso wie die nächsten beiden Tourblocks, die danach folgten.

Samuel Harfst über Samuel Koch

Beim ersten Treffen erinnerte Sammy mich an einen angeschossenen Hirsch. Man konnte noch immer sehen, wie muskulös er einmal gewesen sein musste. Er hatte nicht nur die Mobilität verloren, sondern auch einen gehörigen Teil seiner Würde.

Ich selbst bin mal bei einer Jugendfreizeit aus dem Hochbett gefallen und habe mir Kapselrisse an beiden Zeigefingern zugezogen. In den darauffolgenden Tagen versuchte ich, den fehlenden Einsatz der Hände durch die Stimme zu kompensieren, sang wild und feuerte die anderen beim Sport an. Dadurch ruinierte ich mir zusätzlich noch die Stimme und konnte wochenlang keine Musik mehr machen. Alles, wofür ich sonst Anerkennung bekam, war mir unmöglich geworden: Reden, Gitarrespielen und Singen. Da habe ich gemerkt, wie unfassbar unbeeindruckend ich für die Leute war, wenn das wegfiel, was ich am besten kann. Und das waren nur ein paar Tage!

Jeder Mensch lebt in gewisser Weise von der Anerkennung und baut auch entsprechend sein Selbstbild auf. Musiker zu sein, kommt in der Damenwelt gut an, und bei Samuel wird es ähnlich gewesen sein: Dass er Sportler war, und ein sehr fähiger noch dazu, hat ihn sicher attraktiv gemacht und ihm Selbstsicherheit gegeben. Man hat damals auf dem Klinikdach gespürt, dass ihn der Zustand quälte. Er war witzig und nett, aber eben: ein angeschossener Hirsch.

Überraschenderweise gelang es ihm in den Monaten nach dem Unfall, seine Selbstsicherheit zurückzuerlangen. Meine Frau sagte mal nach einer Begegnung mit ihm: „Junge, ist der sexy. Und er kann flirten!" Ich war gleich ziemlich direkt im Umgang mit ihm. Ich sagte: „Wenn ich dir irgendwas in die Klinik schmuggeln soll, gib Bescheid." Er hat dankend abgelehnt.

Diese Klinik war ein skurriler Ort. Die Umgebung war so schön und versprühte regelrechtes Urlaubsflair. Man sah die Berge und den See. Aber das konnte nicht über das dramatische Leid hinwegtäuschen, das man in der Klinik sah. Ich fragte mich damals, ob es die Patienten nicht noch fuchsiger machte, diese traumhafte Gegend zu sehen. Wenn es mir schlecht geht, ist mir Regenwetter lieber als Sonnenschein. Ich dachte: Na toll, Samuel kann die Berge sehen und weiß, er kommt da nie wieder hoch.

Später begannen die Konzertlesungstouren und machen bis heute unglaublich viel Spaß. Sammy ist der einzige Mann, der Frauen sprichwörtlich abschleppen kann. Schneller als wir ist er allemal. Ich habe mich auch schon auf seinen Schoß gesetzt und mich von ihm fahren lassen.

„Sammy", sagte ich anschließend, „wenn du willst, tauschen wir mal für eine Viertelstunde, gib mir kurz den Rollstuhl und du kannst dafür laufen." Da hat er geantwortet, er sei gern dabei. Aber das konnte der Baumeister der Welt leider nicht einrichten.

Samuel machte mir und den Zuhörern immer wieder klar, dass es vollkommen in Ordnung ist, wenn es den Menschen um ihn herum einfach saugut geht, und dass ihm nicht damit geholfen ist, wenn man die eigene Freude aufgrund einer unschönen Situation des Gegenübers unterdrückt. Ganz im Gegenteil besteht Samuel darauf, dass wir genauso feiern und das Publikum zum Mitsingen animieren, wie wir es auch bei den Konzerten ohne ihn tun.

Wütend wurde ich, als er einmal sagte: „Danke, dass ihr mit einem Tetraplegiker auf Tour geht."

Ich habe ihm geantwortet: „Schwachkopf! Ich bin nicht mit einem Tetraplegiker auf Tour gegangen, sondern mit dir!" Wir sind ja nicht gemeinsam losgezogen, weil ich Sankt Martin bin, sondern weil ich es toll finde mit ihm. Das sind die schönsten Freundschaften, wenn sich beide bedanken, aber keiner müsste.

Und er setzt alles ein, wenn er auf die Bühne geht. Auch wenn er krank ist und Schmerzen hat, lässt er sich nichts anmerken. Oft hat er mir erst nach dem Auftritt gesagt, dass es ihm schlecht ging.

Ich schimpfte einmal: „Mann, kannst du nie pünktlich kommen?!" Er erklärte mir, dass irgendwas an seinem Rollstuhl kaputtgegangen war und er ihn noch aufwändig hatte reparieren lassen müssen, um überhaupt mobil zu sein. Da fühlte ich mich zum Teil mies. Aber ich behandle ihn eben wie jeden anderen, auch wenn ich mal im Unrecht bin. Ohnehin glaube ich, dass er sich Freundschaften genau so wünscht.

Nach der DVD-Aufnahme der Konzertlesung ist er durch den Hamburger Bahnhof gerast, in Höchstgeschwindigkeit, und hat Kurven gezogen wie ein Irrer. Ich rief: „Vorsicht! Spinnst du?"

Er lachte nur und gab zurück: „Ja, stimmt, das ist echt gefährlich. Wenn ich rausfalle, bin ich vielleicht für immer gelähmt!"

Dieser Galgenhumor, den liebe ich an ihm.

Organisiertes Chaos

Spontanität war uns wichtig, die Konzertlesungsabende verliefen jedes Mal anders. Zu den konstanten Elementen gehörten natürlich bestimmte Songs von Samuel und Passagen aus meinem Buch. Außerdem unterhielten wir uns viel miteinander.

Samuel nahm auf dem Sessel in der Wohnzimmerecke der Bühne neben mir Platz und wir plauderten über unterschiedliche existenzielle Themen, zum Beispiel über unser erstes Taschenmesser und die Frage, warum Jungs Waffen gut finden und ob das eine Störung ist oder nicht. Wir sprachen über die Goldhamster, die wir als Kinder gehabt hatten, und ihr Ableben und darüber, wie Samuels zahme Hühner vom Hund des Nachbarn aufgefressen worden waren und er dafür eine Menge Geld als Schadenersatz kassierte. Wir redeten über Musik, Literatur, Krisen, peinliche Begebenheiten, quälende Fragen und lustige Anekdoten.

Samuel fragte in die Runde: „Wo findet man Samuel Koch?", ich antwortete: „Da, wo man ihn liegen gelassen hat."

Ein andermal zwang ich ihn zum Vorlesen oder er mich zum Singen. Dabei war jeder Widerstand zwecklos, denn das Publikum fiel mir in den Rücken und forderte lautstark ein Lied. Dies fiel mir nicht leicht, denn eine frühe Gesangserfahrung hat mich geprägt: In der 11. Klasse probten wir mit dem Musikkurs für ein Weihnachtskonzert und gleich nach der ersten Probe sagte die Musiklehrerin zu mir und einem Freund: „Wollt ihr nicht lieber beim Auf- und Abbau helfen?" Seitdem singe ich nicht mehr so gern vor Leuten.

Wir traten in Kliniken und Kirchen, Bürgerhäusern und Bars, Sporthallen und Schulen auf. Wenn ein Abend in einer Kirche stattfand, war er natürlich anders als im Foyer eines Gymnasiums. Wir passten uns und die Konzertlesung immer neu an das jeweilige Publikum und die Atmosphäre des Ortes an.

Krasse Geschichten

Hinterher standen wir für Gespräche zur Verfügung – oftmals der wertvollste Teil des Abends. Ich habe es mir zum Prinzip gemacht, dass ich zuerst mit den Rollstuhlfahrern spreche, die, wie ich aus eigener Erfahrung weiß, nicht allzu lange unbewegt sitzen bleiben sollten. Außerdem fahren sie mit dem Gesicht auf Gesäßhöhe der Fußgänger herum und bleiben so meist unscheinbarer. Meine Assistenten passen deshalb inzwischen auf und sorgen dafür, dass die Rollstuhlfahrer eben nicht in der Menge untergehen. Der Austausch mit ihnen kann lehrreicher sein als die theoretischen Anweisungen von Ärzten.

Mich interessieren aber natürlich auch die Geschichten der Leute, unabhängig davon, ob sie Fußgänger sind oder nicht. Zum Beispiel die eines jungen Mannes, der mir erzählte, dass er das Haus nicht verlassen kann, ohne vor lauter Angst Blut zu erbrechen. Er ist ein sehr guter Schüler, muss aber zu Hause unterrichtet werden. Für ihn war es eine Riesenüberwindung, zur Konzertlesung zu kommen, obwohl seine Eltern ihn begleiteten.

Eine jüngere Frau berichtete unter Tränen, wie sehr sie immer noch unter der Vergewaltigung leidet, die viele Jahre zurückliegt. Oder ein Vater schilderte mir, wie er sein eigenes Kind beim Ausparken angefahren hat, das eine geistige Behinderung davontrug. Einige von ihnen vertrauten mir ihre Selbstmordgedanken an, wohl auch deshalb, weil ich kurz zuvor auf der Bühne noch von den meinigen gesprochen hatte.

Manchmal erwische ich mich dabei, wie ich mir solche Geschichten ohne innerliche Anteilnahme anhöre. Dann erschrecke ich mich ein wenig vor mir selbst, wie kalt oder abgebrüht ich geworden bin. Aber ich habe in den letzten Jahren so viele krasse Schicksale geschildert bekommen, dass ich manchmal keine emotionalen Kapazitäten mehr dafür freihabe. Dann wieder gibt es Begegnungen, bei und nach denen ich heulen könnte. Ich habe für sie eine Notizliste in meinem Handy angelegt, sie heißt „Gebetsanliegen". Die erwähnten Personen stehen auch darauf.

Viele erzählen mir, dass sie ganz neu begriffen haben, wie toll es ist, sich bewegen zu können, und dass es gar nicht so selbstverständlich ist. Wenn ich den Menschen bewusst machen kann, was sie alles können und wie wunderbar es ist, dass sie einen funktionierenden Körper haben – nützt mir das zwar nüscht, aber es tut gut zu hören.

Generell ist es leider so, dass oft diejenigen Menschen die interessantesten Gesprächspartner wären, die zu bescheiden und zurückhaltend sind, um sich nach vorn zu drängen, sodass ich sie verpasse.

Neben den Konzertlesungen mit Samuel Harfst begleiten mich auch oft mein Bruder Jonathan und seine Freundin Naomi zu Lesungen. Jonathan begleitet virtuos an Klavier und Gitarre, Naomi bezaubert die Zuhörer mit ihrer außergewöhnlich schönen Stimme. Diese Abende sind wieder ganz anders als die mit Samuel Harfst; mehr Lesung und weniger Konzert. Wir halten sie gern in einem intimeren und gemütlicheren Rahmen, wodurch sie oft an Tiefe gewinnen. Ich freue mich immer besonders darauf, da ich bei dieser Gelegenheit Naomi und meinen Bruder sehe.

Der Junge ist echt anstrengend: Immer dann, wenn man gerade feuchte Augen bekommt und kurz davor ist, Tränen des Mitleids zu vergießen, haut er wieder einen Spruch raus, bei dem man nicht anders kann, als zu lachen. Oder doch zumindest zu schmunzeln.
Es ist ein Stück weit ein erleichtertes Lachen. Weil Erleichterung darüber herrscht, dass Samuel Koch (27) sich seinen starken Humor bewahrt hat, obwohl ihm beileibe nicht immer zum Lachen zumute ist. (...) Er würde gerne Gesten machen, ab und zu flattern die schmalen Hände ein paar Zentimeter in die Höhe. Mehr ist nicht möglich. Die Augen, die Mimik, die Wortgewandtheit sind dafür umso lebendiger, ergreifender.
„Ich bin froh, dass ich das eine oder andere erleben durfte", sagt die klare Stimme von Samuel Koch. Die Hoffnung aufgeben, auch wenn der Verstand etwas anderes sagt? Niemals!

Susanne Roth, Mühlacker Tagblatt, 12. Januar 2015

Zurück in die Zukunft

Dass mich das Schicksal herausfordert,
beruht auf Gegenseitigkeit.
Manfred Hinrich

Ersthelfer bei Unfällen und Mitarbeiter auf Intensivstationen haben einen oft undankbaren Job. So richtig klar wurde mir das allerdings erst, als mir ein Rettungssanitäter anvertraute, dass er den Beruf wechseln wolle. Er hielte es einfach nicht mehr aus, ständig diese schrecklichen Bilder, die Konfrontation mit Leid und Tod – und wenn jemand überlebt, ist derjenige meist bewusstlos oder sediert und nicht ansprechbar. Der verletzte Körper wird abtransportiert wie eine Ware und verschwindet hinter Kliniktüren. Der Ersthelfer hat oft keinen Kontakt zu dem Menschen, der in diesem Körper steckt, und erfährt selten, was aus ihm geworden ist.

Auch deshalb schaue ich, wenn ich in der Gegend bin, auf der Intensivstation in Düsseldorf und auch in Nottwil vorbei. Meist freuen sich die dortigen Pfleger und Ärzte, wenn sie sehen und umarmen können, was aus ihrer einstigen Arbeit geworden ist.

Am 15. August 2014 bekam ich zum ersten Mal die Gelegenheit, mit einem meiner Ersthelfer zu sprechen. Samuel Harfst und ich waren zu einer Konzertlesung in Bösel. Ich wusste, dass die Notärztin, die mich 2010 bei „Wetten, dass..?" als Erste versorgt hatte, ganz in der Nähe wohnte.

Die St.-Cäcilia-Kirche durfte wegen der empfindlichen alten Orgel nicht geheizt werden; es war so kalt, dass sich Samuel Harfsts Gitarre andauernd verstimmte und ich im doppelten Sinne verkrampft und angespannt war. Ich fragte mich die ganze Zeit, ob die Notärztin wohl im Publikum sein würde.

Seit dem Unfall waren wir uns nie wieder begegnet und an die Zeit nach dem Aufprall habe ich keine Erinnerung. Alles, woran ich mich bewusst entsinnen kann, ist die Zeit unmittelbar vor dem Absprung. Danach bin ich erst auf der Intensivstation wieder zu mir gekommen.

Vielleicht konnte das eine für beide Seiten interessante Begegnung werden, bei der wir uns gegenseitig unsere Wissenslücken füllten. Für mich war immer noch unklar, was eigentlich in den Momenten nach dem Unfall genau passiert war – war ich wirklich wach gewesen? Hatte ich gesprochen? Und wenn ja, was?

Unsicher, ob ich überhaupt froh darüber sein sollte, dass sie mir das Leben gerettet hatte, beschloss ich, erst mal dankbar zu sein.

Wie immer begannen Samuel und ich unsere Konzertlesung. Die Scheinwerfer blendeten mich, ich konnte im Publikum keine einzelnen Gesichter ausmachen. Als ich dann die Stelle im Buch las, in der es um den Unfall geht, hielt ich die Ungewissheit nicht länger aus: Ich unterbrach die Lesung, blinzelte ins grelle Licht und fragte, ob die Notärztin anwesend sei, die mir damals das Leben verlängert hatte.

Ein Raunen ging durch das Publikum. Köpfe drehten sich. Der Lichttechniker erhellte den Saal, und erst nach einiger Zeit sah ich, wie in der letzten Reihe eine Frau aufstand. Ich sagte zu ihr, dass ich mich sehr über ihr Kommen freute, das den Abend zu einem besonders besonderen machte, und dass ich gern nach dem Konzert mit ihr sprechen würde. Aber Samuel Harfst ergriff die Initiative. „Sicher möchte das Publikum gern ein paar Worte von Ihnen hören", sagte er und bat die Notärztin nach vorn. Sie zögerte erst, dann kam sie auf die Bühne.

Ich schluckte kurz, aber nachdem sie sich mit „Almut" vorgestellt hatte, war ich erleichtert, denn ich hielt es für angemessen, dass wir uns duzen, nachdem sie mir das Leben gerettet hatte.

Ich fragte sie, ob wir schon einmal miteinander gesprochen hätten. Zu meiner Verblüffung bejahte sie. „Zumindest habe ich mit dir gesprochen", sagte sie, „und du hast mit den Augen geantwortet." Sie habe mir erklärt, was sie bei der Erstversorgung mit mir mache, sagte sie, und ich hätte zur Antwort geblinzelt.

Almut Opolka war als Gast, nicht als Ärztin, im Publikum gewesen. Ich entschuldigte mich dafür, dass ich ihr die Sendung verdorben hatte. Sie winkte mit der Begründung ab, dass sie die Karten ohnehin vom ZDF erstattet bekommen hatte.

Weil sie meinen Sprung hatte fotografieren wollen, blickte sie zum Zeitpunkt des Unfalls gerade durch das Teleobjektiv ihrer Fotokamera. Dadurch sah sie deutlich, wie ich nach dem Aufprall auf dem Autodach auf dem Boden aufschlug, wobei mein Kopf wie eine Peitsche zurück- und wieder nach vorn schnellte. Sie befürchtete sofort, dass schwere Schäden an meiner Halswirbelsäule entstanden seien.

Als Michelle Hunziker rief: „Einen Arzt! Wir brauchen einen Arzt!", dachte Almut: *Hier aus der letzten Reihe brauche ich zu lange, andere sind sicher schneller dort.* Doch dann sah sie, wie der Erste, der mich erreichte, mich an den Schultern packen und auf den Rücken drehen wollte. Sie sprang auf, brüllte: „Stopp! Liegen lassen! Liegen lassen!", und rannte nach vorn. In Sekunden war sie von ganz hinten im Saal nach vorn zur Bühne gestürmt. Mich ohne Halswirbelsäulenstütze umzudrehen – Almut sagte: „Das wäre ganz schiefgegangen." Glücklicherweise trug sie an jenem Abend keine Pumps, sondern „Straßenbereifung", sonst wäre sie nicht schnell genug gewesen.

Die offizielle, vom ZDF bestellte Notärztin traf ebenfalls ein. Sie hatte nicht im Sichtbereich der Bühne gesessen, sondern in einem Nebenraum hinter der Halle, und hatte deshalb einen längeren Weg zurückzulegen gehabt.

Almut fragte angesichts der Sanitäter mit der Trage und der offiziellen Notärztin, ob sie sich zurückziehen solle, aber die Notärztin bat sie dazubleiben. Gemeinsam legten sie mir einen „Stiffneck" an (eine Kunststoffmanschette, die die Halswirbelsäule stabilisiert) und bereiteten eine Infusion vor. Dann platzierten sie eine Vakuummatratze über und unter mir, darauf eine leichte Schaufeltrage und drehten mich als Paket achsstabil herum, damit die Wirbelsäule nicht weiter beschädigt wurde.

„Wir haben heutzutage eine gute Ausrüstung: Stiffnecks, Schaufeltragen, Vakuummatratzen, Combicarrier, Headlocks – dadurch können wir den Patienten so auf der Trage fixieren, dass sich an einer Fraktur nichts mehr verschiebt. Auch die diagnostischen und operativen Methoden sind viel besser geworden. Es ist kein Vergleich mehr zu der Situation vor zehn Jahren", erklärte Almut. Auch deshalb ist es heute geradezu in Mode gekommen, bei Genickbrüchen nicht zu sterben, sondern querschnittgelähmt zu sein.

Das Kamerateam schwenkte sofort nach dem Unfall ins Publikum. Als Thomas Gottschalk doch den Kamerakran zur Unfallstelle dirigierte, gab es gleich Protest im Publikum, man solle die Kamera ausschalten. Doch die Kamera sendete kein Bild, sondern spendete den Ersthelfern mit ihrem Scheinwerfer wesentlich besseres Licht.

Gemeinsam mit dem Regisseur, der sich mittlerweile live über Lautsprecher eingeschaltet hatte, entschied Thomas Gottschalk, die Sendung abzubrechen. Meine war die erste Wette gewesen. Die anderen Kandidaten und eingeladenen Künstler sahen sich nach meinem Unfall nicht mehr in der Lage weiterzumachen. Einige Teeniemädchen flippten aus oder kippten um, weil Justin Bieber nicht auftreten würde (andere Menschen bedankten sich später genau dafür per Mail bei mir).

Almut Opolka begleitete mich gemeinsam mit den anderen Ersthelfern aus der Halle, in der sich mein Leben für immer verändert hatte.

Der Ort meiner letzten Schritte

Erst vier Jahre später kehrte ich in diese Halle zurück. Wieder war ich eingeladen worden, diesmal allerdings zur *Rehacare*, einer Fachmesse für Rehabilitation und Pflege. Sie fand in genau der

Halle in Düsseldorf statt, die auch „Wetten, dass..?" damals angemietet hatte.

Es war eigenartig und irgendwie grotesk: Beim Wiedersehen mit der Halle war ich umgeben von Hunderten Rollstuhlfahrern und anderen Unbeweglichen. Ich konnte mich nur schlecht zurückerinnern; alles sah jetzt ganz anders aus. Was ich jedoch sehr gut wiedererkannte, waren die Hallendecke, die ich beim Aufwärmen sehr lange beobachtet hatte, und der Boden, der mir damals als Orientierung für meine Anlaufstrecke gedient hatte. Um die Stelle wiederzufinden, an der es passiert war, nutzte ich die Struktur der Hallendecke. Ich fand den Aufprallort zwischen einem behindertengerechten Wohnmobil und einer Ausstellung elektrischer Rollstühle. Hier war er also, der Ort, an dem ich meine letzten Schritte als Fußgänger zurückgelegt hatte.

Doch noch ehe ich mich diesem melancholisch-schmerzenden Moment hingeben konnte, sprachen mich Bekannte aus der Schweiz an. Weitere Messebesucher erkannten mich, lenkten mich ab und der seltsame Augenblick war vorüber.

Solche Momente sind zwar selten, aber es gibt sie nach wie vor. Vielleicht nicht immer in diesem Ausmaß – manchmal reicht schon ein vorbeifahrender Audi A8 und ich denke: *Du Arschloch!*

Auch mein Unterbewusstsein scheint ein gewisses Unbehagen durch das Trauma des Unfalls mit sich herumzutragen. Denn obwohl ich keine bewussten Erinnerungen daran habe, verkrampfe ich bei schnell entgegenkommenden Autos, und zwar leider immer öfter. Dachte ich vor vielleicht noch gut drei Jahren: *Na gut, dann bauen wir halt einen Unfall und ich geh hops – was soll's?*, scheine ich das heute nicht mehr ganz so gleichgültig zu sehen.

Abschied von „Wetten, dass..?"

Ende 2014 wurde ich zur letzten Sendung von „Wetten, dass..?" eingeladen, diesmal nicht in der Halle in Düsseldorf, sondern in Nürnberg. Sofort war klar: Das sage ich ab. Allein der Gedanke daran verursachte mir einen kolossalen Kloß im Magen. Zum Glück hatte ich am selben Abend eine Theatervorstellung, die ich als Begründung für meine Absage vorschob: „Vielen Dank für die Einladung, ich würde gern kommen, aber *leider* kann ich nicht. Da müssten Sie schon mit meinem Arbeitgeber reden." Und ehe ich mich versah, hatte die Produktionsfirma, für deren Film ich bei „Wetten, dass..?" werben sollte, mit dem Staatstheater einen Deal ausgehandelt und die Vorstellung verschoben. Damit war meine vermeintlich wasserdichte Ausrede entfallen.

Nun also machte ich mir mehr oder weniger gezwungenermaßen ernsthaftere Gedanken um diesen Auftritt, der so ganz anders war, als versteckt in einer Theaterrolle auf der Bühne zu sein. Was würde es denn bedeuten? Ich hinterfragte meine innere Befindlichkeit und dachte: *Nun gut, ich könnte mich zumindest anständig von dem sympathischen „Wetten, dass..?"-Team verabschieden und die Halle diesmal hoffentlich bei vollem Bewusstsein und aufrecht verlassen. Beim letzten Mal musste ich ja wegen eines steifen Halses überstürzt aufbrechen.*

Ähnlich wie beim Turnen: Nach einem Sturz vom Gerät kann man den Wettkampf wegen der Punktabzüge eigentlich vergessen. Dennoch sammelt man sich, meldet sich erneut an und turnt seine Übung zu Ende. Ehrensache.

Das Ende von „Wetten, dass..?" war irgendwie auch das Ende eines Lebensabschnitts von mir. Wir würden uns sozusagen voneinander verabschieden – und ich konnte vielleicht endlich mit dem Thema abschließen. Außerdem könnte ich die After-Show-Party nachholen, auf die ich mich beim letzten Mal am meisten gefreut hatte.

Also entschied ich mich mal wieder trotz mulmigem Gefühl für die Sendung. Nix dazugelernt.

Es war schön und sehr seltsam zugleich, zusammen mit Papa im Backstagebereich auf meinen Auftritt zu warten. Dort traf ich auch Markus Lanz wieder, der mich zur Begrüßung etwas zu herzlich umarmte und dabei versehentlich den hochsensiblen Joystick meines Rollstuhls zur Seite schob, der daraufhin einen

Satz nach vorne machte. Ich kippte um, gab dabei mit meiner Schulter ebenfalls dem Joystick einen Schubs und landete in der Kaffeemaschine. Dementsprechend vorsichtig umarmte Markus mich dann später in der Livesendung.

Ein mehr oder weniger angenehmer Nebeneffekt der Sendung war, dass der bisher eher vage in meinem Kopf umherstreifende Stiftungsgedanke konkret wurde, da ich die Gründung einer solchen live in der Sendung vor rund 9 Millionen Zeugen ankündigte. Das erste Planungstreffen hat gerade stattgefunden.

Das Interview war für uns beide sicherlich nicht leicht; der Shitstorm, der danach über Markus Lanz hereinbrach, war aber aus meiner Sicht völlig unbegründet.

Wenige Tage nach der Sendung veröffentlichte ich auf meiner Facebook-Seite folgende Stellungnahme:

Also, ich hab ihn ja sehr gerne, den Markus Lanz. Ein wirklich einfühlsamer Mann. Auch wenn es im Fernsehen verständlicherweise, kombiniert mit dem Knopf/Mann im Ohr, manchmal nicht so scheint.

Wenngleich das eine oder andere vergangenen Samstag vielleicht etwas unglücklich lief, fand ich es doch ein nettes Gespräch mit ihm. Da habe ich schon wesentlich Schlimmeres erlebt! Wie zum Beispiel jüngst eine Redakteurin, die mir persönlich zusicherte, nichts über meinen Beziehungsstatus zu schreiben, und dann trotzdem Zitate frei erfand und als Artikel in einem großen Boulevard-Magazin publizierte, von welchem wiederum unzählige Medien, auch die renommierten Tageszeitungen, ohne Recherche blind schluckend kopierten…

Ich frage mich, warum die Menschen und Medien ihre Energie nicht lieber für etwas Sinnvolles nutzen, anstatt sich z. B. über ein etwas ungünstiges Interview derart ausgiebig und böswillig zu echauffieren.

Allen, auch denen, die nicht feiern, wünsche ich eine gesegnete Weihnachtszeit, guten Appetit, ab und zu was zu lachen und Weltfrieden.

Sturm der Liebe

Erfahrung ist der Anfang aller Kunst und jedes Wissens.
Aristoteles

Bei einem meiner ersten TV-Auftritte vor einem Millionenpublikum trug ich nur ein Handtuch.
Der Regisseur einer deutschen Fernsehserie, die zur Mittagszeit in einem öffentlich-rechtlichen Sender lief, suchte für eine Szene ein athletisches Stück Fleisch. Da ich zufällig in der Nähe war, zeigten einige mit dem Finger auf mich, und so zog mich die Kostümabteilung nackt aus, bekleidete mich mit einem Handtuch und schickte mich in die Physiotherapiepraxis des Hauptdarstellers.
Eigentlich war ich als Regieassistent am Set von „Sturm der Liebe" in den Bavaria-Studios in München tätig gewesen. Das war eine umtriebige, feuchtfröhliche Zeit und ein angenehm absurdes Kontrastprogramm zu den gerade erst hinter mir liegenden Wehrfliegerverwendungsfähigkeitstestphasen im benachbarten Fürstenfeldbruck. Mit den bei der Serie arbeitenden Darstellern hatte ich am meisten Spaß. Sie waren größtenteils Absolventen renommierter Schauspielschulen und brachten mich zum ersten Mal auf die Idee, selbst einmal an einer solchen vorzusprechen.
Fünf Jahre später kehrte ich an den Ort meiner Entblößung zurück und spielte zwei Monate lang eine Gastrolle in der ARD-Telenovela. Ab Folge 2043 mimte ich Tim Adler, einen Rennfahrer, der seit einem Unfall überraschenderweise genauso gelähmt ist wie ich. Im „Fürstenhof" trifft er seine Exfreundin wieder, die sich von ihm getrennt hat, weil sie mit seiner Behinderung nicht klarkam, und die nun nach einem Reitunfall, wer hätte das gedacht, ebenfalls im Rollstuhl sitzt.

Auf den schönsten Hochzeiten tanzen

Die Anfrage von „Sturm der Liebe" erreichte mich fast zeitgleich mit dem Angebot des Staatstheaters Darmstadt für ein Festengagement.
Schauspieler der konservativen, alteingesessenen Kreise betrachten diese Serien äußerst kritisch. Bei einigen Soaps ist es wohl so, dass statt Schauspielern einfach irgendjemand vor die Kamera gestellt wird, der billig ist und dem man sagt, was er machen soll. Bei „Sturm der Liebe", das wusste ich noch von früher, sind alle Rollen ausschließlich mit ausgebildeten Schauspielern besetzt.
Den Gesetzmäßigkeiten der Produktion einer solchen Vorabendserie sind aber auch sie unterworfen. Dadurch, dass jeden Tag unter Zeitdruck eine ganze Folge produziert werden muss, kann es sein, dass die Qualität leidet. Weniger in technischer Hinsicht als vielmehr, wie ich später selbst erfahren musste, in Sachen schauspielerischer Präzision. Die Darsteller können nicht, wie beim Theater, eine Szene wochenlang proben. Oft bleibt es bei einer einzigen kurzen Schauspielprobe und schon heißt es: „Drehfertig machen!" Und wenn man dann nicht ganz so brillant gespielt hat, ist trotzdem keine Zeit für eine Wiederholung.
Bei „Sturm der Liebe" sind für eine Studioszene, die als fertiges Produkt eineinhalb Minuten dauern soll, im Schnitt 25 Minuten Drehzeit eingeplant. Bei einem Kinofilm hingegen, wie ich es bei Til Schweigers „Honig im Kopf" erleben durfte, investierten wir für eine Szene gleicher Länge fünf ganze Stunden, also einen halben Drehtag.
All das wusste ich und fürchtete, dass ich unter solchem Zeitdruck vielleicht nicht die von mir selbst erwartete Leistung abliefern könnte. Auf der anderen Seite war „Sturm der Liebe" mein erster Arbeitgeber nach der Bundeswehr gewesen. Und nun, nach meinem Studium, kam von ihnen die erste Anfrage vom freien Markt. Ich kannte bereits die Abläufe und viele Leute aus den Bavaria-Studios, mit denen ich zum Teil in Kontakt geblieben war. Dies versprach eine schöne Fortsetzung davon zu werden.

Ich fragte Ulrich Matthes, dem ich selbstredend in Sachen Schauspiel sehr vertraue, was er von der Sache hielt. Er lobte das Angebot des Staatstheaters Darmstadt: „Das ist eine Riesenehre, gleich nach dem Studium ein Festengagement am Theater zu bekommen. Mach das unbedingt!" Zu „Sturm der Liebe" kommentierte er: „Das kannst du höchstens des Geldes wegen machen."

Was übrigens auch ein Grund dafür ist, dass viele der Schauspieler, die die Nase über Soaps gerümpft haben, letztlich doch bei einer landen: weil sie oft lange Zeiten zwischen zwei Engagements zu überbrücken haben und nun mal auch leben müssen. Da erscheint einem ein gut bezahlter Job bei einer vielleicht nicht ganz so anspruchsvollen Produktion doch nicht mehr so verachtenswert. Ein Schauspieler, der jahrzehntelang an den renommiertesten Häusern die Werke großer Dichter und Denker spielte, erzählte mir, dass er nach seinem Gastauftritt bei „Sturm der Liebe" plötzlich zum ersten Mal in seinem Leben auf der Straße erkannt und angesprochen wurde.

Um eine zweite Meinung einzuholen, sprach ich auch mit Til Schweiger darüber. Er riet mir, unbedingt bei der Telenovela mitzumachen – so hätte ich schon mal einen Fuß in der Tür und würde vor allem Routine bekommen. Er selbst habe auch bei der „Lindenstraße" angefangen. Das Engagement am Staatstheater Darmstadt hingegen sah er nicht so positiv, weil es mir Zeit rauben würde, die ich aus seiner Sicht sinnvoller nutzen könnte.

Na toll. Nun hatte ich also zwei Meinungen von zwei der bekanntesten Schauspieler Deutschlands, und sie widersprachen sich komplett.

Am Staatstheater Darmstadt sah man das Engagement bei „Sturm der Liebe" gelassen. Der Schauspieldirektor erklärte mir, es sei nicht mehr so, dass sich das Theater einbilden könne, die einzige Hochkultur zu sein. Ebenso wie der „Tatort" nicht immer das Nonplusultra des deutschen Fernsehens ist.

Ich wog die gegensätzlichen Aussagen ab und wie so oft sagte ich mir: Okay, du kannst einfach nicht auf allen Hochzeiten tanzen ... aber auf den schönsten. So entschied ich mich mal wieder, beides zu machen. Mit etwas Schieben fügten sich die Vorproben im Theater sowie die Dreharbeiten in meinen Terminkalender. Ich fand die Vorstellung lustig, die Übersetzung meiner Stimme in 22 Sprachen zu hören, freute mich auf die alten Kollegen, und zudem war ich zwar inzwischen fünf Jahre älter, aber brauchte immer noch Erfahrung und Geld…

Schöne neue Soap-Welt

Die Macher einer Telenovela sind es gewohnt, dass sie nicht immer chronologisch drehen können. In welcher Reihenfolge die Szenen gedreht werden, ist von vielem abhängig, nicht nur davon, welche Schauspieler gerade vor Ort sind. Auch das Wetter spielt eine Rolle oder das Set, also der Hintergrund mit Möbeln und Zimmerwänden, den man gerade aufgebaut hat. Nach Möglichkeit wird alles, was in einem Set passiert, hintereinanderweg gedreht, auch wenn es der Handlung nach erst später spielt. Die Schauspieler ziehen sich nur um und frisieren die Haare anders. Täglich arbeiten vier Teams gleichzeitig, zwei in der Vorbereitung, eins im Studiodreh, eins im Außendreh.

Einmal befand ich mich gerade auf der Rückfahrt von Hannover nach München, als ich plötzlich einen Anruf vom Set bekam, es sehe nach Regen aus, deshalb müsse eine Außenszene so schnell wie möglich gedreht werden, ob ich früher kommen könne? Leider lagen noch vier Stunden Fahrtzeit vor mir. Also beeilten wir uns und erreichten bei schwarz-grau verhangener Wolkendecke das Set im Wald, in dem die Szene spielen sollte. Da keine großartige Zeit mehr zum Umziehen war, sagte der Regisseur: „Egal jetzt, wir filmen das so, dass man deine Beine nicht sieht!" Und so drehten wir die Szene, während ich obenherum mein Kostüm trug und unten die labberige Jogginghose von der Fahrt.

Während meiner Zeit bei „Sturm der Liebe" wollte ein Schauspieler endlich einmal drei Monate Urlaub am Stück machen, nachdem er sechs Jahre in Folge für die Telenovela vor der Kamera gestanden hatte. Deshalb ließ man kurzerhand seine Figur mit dem Flugzeug abstürzen. Weil er jedoch viele Fans hat und man nicht riskieren wollte, dass die Serie Zuschauer verliert, die womöglich glauben könnten, er sei tot und habe die Serie verlassen, überlebt er den Absturz und wird von der Besatzung eines Walfängers aufgefischt. Seine Haare und sein Bart wurden künstlich verlängert und einige Szenen gedreht, die nach seiner Rettung auf dem Schiff spielen. Dann erst entließ man ihn in den Urlaub. Die vorab gedrehten Szenen wurden während seiner Abwesenheit in der Serie eingestreut, sodass niemand etwas merkte. (Sie wurden übrigens im Originalset von „Das Boot" gefilmt, wo Herbert Grönemeyer vor 40 Jahren Leutnant Werner spielte.)

Als ein Umzug in ein größeres Studio anstand, wurde auch die Kulisse erweitert. Um dem Zuschauer diese Veränderung zu erklären, ließ man ganz einfach den Serien-Bösewicht eine Bombe legen, die alles zerstört. Wie das halt so ist – im wahren Leben.

Ohne Samthandschuhe

Zum Autorenteam der Serie gehört auch ein Rollstuhlfahrer, der schon beim Schreiben der Szenen mit darauf achtete, dass das Drehbuch in dieser Hinsicht realitätsnah ist. Zusätzlich ermunterten mich die Dramaturgen und Regisseure zu einem offenen Austausch. Obwohl ich mir gewünscht hätte, dass die Rolle nicht zu nah an meiner Person angelehnt ist, gelang das dennoch in vielen Teilen nicht ganz. Konkret: Tim Adler, der verunglückte Formel-1-Rennfahrer, ist ebenfalls in der Bevölkerung bekannt, weil sein Unfall groß durch die Medien ging. Auch er schreibt an seiner Autobiografie. Nicht nur dieser Charakteraufbau, auch manche der Dialogtexte verursachten Stirnfalten bei mir.

Aber sie müssen so geschrieben sein, dass man ihnen beispielsweise auch beim Bügeln nebenbei folgen kann und dass man sie auch versteht, wenn man mal eine Folge verpasst hat. Wobei

„Sturm der Liebe" lustigerweise aus dem Soap-Meer heraussticht, weil es sowohl von Männern als auch von Frauen aller Gesellschaftsschichten und Altersklassen geschaut wird.

Im Optimalfall verabredete ich mich einen Tag vorher mit meinen Spielpartnern zur gemeinsamen Vorbereitung. Trotzdem gab es auch Situationen, wo wir uns erst vor der Kamera begegneten und unsere jeweiligen Texte ungeübt zusammenwarfen. Erstaunlicherweise funktioniert das manchmal sogar, wenn man a prima vista am Set steht und losspielt. Aber manchmal auch nicht. Da habe ich einen anderen Qualitätsanspruch. Meine damalige Filmpartnerin Sarah Elena Timpe und ich tasteten uns Stück für Stück an unsere Rollen heran, bis daraus echte Wohlfühlszenen wurden. (Und später auch mehr.)

Wir lernten nicht nur den Text auswendig und sagten ihn dann auf, sondern gingen ihn Satz für Satz durch und fragten uns: Was habe ich da für eine Haltung, wie sage ich es und warum? Wo ist der rote Faden in der Geschichte, was führt zu was und warum? Wo kann man Fallhöhen einbauen, wo lässt man es lieber schlicht? Bei Bedarf konnte man solche Dinge zusätzlich mit einem Schauspielcoach besprechen und ging mit ihm kurz vor dem Dreh die Texte durch.

Trotzdem blieb der eine oder andere Texthänger nicht aus und die Szene musste abgebrochen und von vorn angefangen werden. Solange man dann daran arbeiten kann, ist das nicht weiter schlimm. Blöd ist es nur, wenn eine Szene nicht gut gelungen ist, und man muss zeitgedrückt darüber hinwegsehen und einfach weitermachen.

Das Team hatte vorher noch nie mit einem Tetraplegiker gedreht und ich hatte seit meinem Unfall nie für eine Fernsehserie gespielt. Es war also für uns alle ein Experiment. Ich wusste nicht, wie der hektische Drehalltag mit dem Rollstuhl gelingen würde, da ich zum Beispiel fürs Umziehen zwischen den Szenen länger brauchte als die anderen. Meine größte Sorge war, dass man mich mit zu viel Rücksichtnahme behandeln könnte und ich die streng getakteten Abläufe irgendwie behindern würde. Ich bat den

Regisseur: „Obwohl ich sie manchmal brauche, möchte ich keine Extrawürste haben. Bitte nicht mit Samthandschuhen anfassen. Ich finde Forderung durch Überforderung ganz gut!"

Daran hielt er sich. Für die ersten zwei Szenen wurden noch jeweils fünf Minuten zusätzlich eingeplant. Aber wir merkten schnell, dass das überhaupt nicht nötig war. Insgesamt habe ich die Dreharbeiten als wesentlich angenehmer empfunden als erwartet. Zudem haben sie in meinem Leben bleibende Spuren hinterlassen.

Eigentlich sollte ich wieder aus der Serie verschwinden, nachdem meine Serien-Geliebte beim Flugzeugabsturz ums Leben gekommen war. Dann aber schrieb man zusätzliche Szenen für mich, die den Handlungsstrang erweiterten.

Nach jedem Drehtermin vergehen zirka sechs Wochen, bis die Folge im Fernsehen ausgestrahlt wird. Die erste Folge, in der ich zu sehen war, habe ich mir bei einem „Unpublic Viewing" im kleinen Kreis reingezogen. Dann nie wieder eine. Es war sehr mühsam, der Folge zu folgen: Sobald meine eigene Visage auf dem Bildschirm auftaucht, ist für mich die Illusion zerstört, die die Geschichte erzeugen will.

Auf der Internationalen Funkausstellung in Berlin passierte dann etwas besonders Erfreuliches: Am Stand der ARD traf ich auf einige Messebesucher, die mich erstaunt musterten und sagten, sie würden mich von „Sturm der Liebe" kennen, aber hätten gar nicht gewusst, dass ich auch im wirklichen Leben im Rollstuhl sitze.

Geschafft!

Hilfe, keine Termine!

Gedanken wollen oft - wie Kinder und Hunde -,
dass man mit ihnen im Freien spazieren geht.
Christian Morgenstern

Es ist Samstag und es stehen keine Termine im Kalender. Die Diplomarbeit ist nach nächtelanger Intensivarbeit endlich eingereicht („Betrachtungen über Zur-Schau-Stellerei und die Entdeckung der Ästhetik in der Reduktion"). Ich muss nichts mehr vorbereiten, keinen Text lernen – erst am Dienstag drehen wir weiter. Da ich während der Dreharbeiten im Hotel wohne, sind auch keine Besorgungen zu erledigen.

Ich kann mich nicht entsinnen, wann ich das letzte Mal einen freien Tag hatte. Was fange ich mit diesem unberührten Samstag an?

Mein Kopf brummt, weil ich gestern viel trinken musste. Die Leute scheinen immer noch Mitleid zu haben, jeder will mich einladen, der Barkeeper, der Tontechniker, der Beleuchter. Wie ein blinder, frisch geschlüpfter Spatz sperre ich höflicherweise die Luke auf und lasse reinlaufen.

Sabine, meine Assistentin, war in der Nacht bzw. im Morgengrauen verwundert gewesen, dass meinem Geldbestand lediglich fünf Euro fehlten und sie trotzdem Schwierigkeiten hatte, mich auszuziehen, während ich sang und wieder und wieder versuchte, mich selbstständig aufs Bett zu schmeißen.

Nun, viel zu früh von innerer Unruhe geweckt, lasse ich mich auf die linke Seite drehen, nach kurzer Zeit wieder zurück auf die rechte Seite, dann auf den Rücken. Nichts hilft, alles ist unbequem. Das Ohr juckt, die Nase juckt, dann juckt der Kopf und ich kann selbst nicht kratzen. Obwohl ich endlich mal hätte ausschlafen können, halte ich es im Bett nicht aus. Der Bewegungsdrang ist zu stark.

Ich lasse mich ungeduscht mit kurzer Hose und Schlabberpulli in den Rollstuhl setzen. Der Kreislauf macht nicht ganz mit, ich sehe doppelt, obwohl ich die Füße hochlege. Ich fahre an die frische Luft und suche mir ein ruhiges, schattiges Plätzchen. Starre in die Luft und denke nach. Dann lese ich die Losung, Apostelgeschichte 27, Vers 15. „Und da das Schiff ergriffen wurde und nicht mehr gegen den Wind gerichtet werden konnte, gaben wir auf und ließen uns treiben."

Das gefällt mir: aufhören, gegen den Sturm anzukämpfen, und sich von ihm treiben lassen. Wenn nichts mehr geht, lässt man das Ruder los und den Wind machen, man erduldet es einfach. Eine schöne Metapher. Wie bei „Sturm der Liebe".

Apropos erdulden: Früher war ich unfreiwillig und, wie ich finde, unverhältnismäßig oft in Schlägereien verwickelt. Man sagte mir, meine bloße Erscheinung und die Tatsache, dass ich auf Provokationen nicht ausreichend demütig reagierte und aggressiven Blicken nicht auswich, sondern eher grinsend standhielt, würden zum Angriff reizen.

Mit zirka 13 oder 14 war ich wieder einmal auf einem Sommerferienlager in einer Stuntschule und einer meiner Mitschüler dort hatte ein kleines Aggressionsproblem. Er konnte irgendwie nicht so wirklich zwischen Kunstschlägerei und echter unterscheiden und aus anfänglich frühpubertärer pseudomännlicher Rauferei zwischen oder nach den eigentlichen Trainingseinheiten wurde immer wieder Ernst. Er war größer als ich und scheinbar physisch stärker. Mit dem Wissen, dass er mir, wenn's drauf ankam, sehr schnell unterlegen gewesen wäre, beschloss ich, wie das Schiff im Sturm seine Schläge, Tritte, Schwitzkästen usw. einfach mal zu erdulden, auch um zu sehen, was dann passiert und was ich einstecken kann. Zu dieser Zeit beschäftigte ich mich intensiv mit der Bibel und hatte mich kurz zuvor taufen lassen, und so war ich auch motiviert von den Aussagen, die Jesus in der Bergpredigt machte: „Wenn jemand dich auf die linke Wange schlägt, dem halte auch die rechte hin."

Je länger ich mich von ihm als Gummiboxsack missbrauchen ließ, ohne mich zu wehren, desto wilder und zorniger wurde er, bis er einmal in seinem Wutanfall anfing zu weinen. Dass er mich nicht kleinkriegen konnte, machte ihn völlig fertig. Schließlich, nach zwei Tagen voller Angriffe, Treten, Boxen und Wüten, habe ich ihn gepackt, hochgehoben und an die Wand gedrückt. Dort sah ich ihm tief in die Augen und ließ ihn wieder runter; daraufhin hat er endlich Ruhe gegeben.

Das war eine relativ schmerzhafte, aber nicht die schlechteste Erfahrung.

Der Sturm tobt?

Dann lasse ich ihn eben wehen und andere streiten.

Vom Sinn der Raufasertapete

Was fange ich nun also mit diesem Tag an? Worauf lege ich den Fokus?

Ich schließe die Losungen-App. Mein Eier-Phone zeigt 311 ungelesene SMS, 186 ungehörte Voicemail-Nachrichten. Es gäbe also ausreichend Anrufe zu tätigen: die Schwester von Elisa, die bei einem Doppel-Salto am Stufenbarren auf den Kopf gefallen und jetzt Tetraplegikerin ist. Sandra, die schon wieder sauer ist, weil ich mich nicht melde. Joachim Gauck, den ich anrufen oder ihm einen Brief schreiben wollte, weil wir bei seinem Sommerfest keine richtige Gelegenheit gehabt hatten, miteinander zu reden. Mit Samuel Harfst sollte ich dringend endlich das neue Konzept für die Konzertlesungen besprechen.

Es gilt die Co-Moderation für die Kunstturn-Olympiade 2016 in Rio in die Wege zu leiten. Juli aus Kassel sollte und wollte ich gratulieren, da sie mir vor ein paar Tagen schrieb, dass sie nun endlich ein farblich passendes Glasauge bekommen hat. Papa will telefonisch Sperrtermine fürs Staatstheater besprechen.

Eine unendliche Abfolge von unlangweiligen Dingen führt letztlich auch zur Langeweile. Und so beschließe ich, alles auf die lange Bank zu schieben und erst mal duschen zu gehen. Während ich mich nach dem Duschen noch einige Minuten unter laufendem Wasser sitzen lasse, versuche ich, mit meiner Kopfhaut die Duschkopfbrausenwasseröffnungen zu zählen. Ich kontrolliere mit meiner Assistentin und liege gerade mal sechs Öffnungen daneben.

Etwas entspannter wieder zurück im Bett liege ich da und warte auf einen Rückruf von Max von Düring; wir müssen unseren „Sein-Tun-Haben"-Impulsvortrag vorbereiten. Ich mag es sehr zu warten, weil es mir die Freiheit gibt, nichts zu tun, ohne schlechtes Gewissen und ohne, dass es etwas gibt, was ich eigentlich dringender machen müsste, oder das Gefühl, die Zeit unbedingt sinnvoll nutzen zu müssen. Was ich allerdings hasse, ist, wenn andere auf mich warten müssen.

Ich starre die Wand an und frage mich, warum es überhaupt Raufasertapete gibt. Meine unstrukturierten Gedanken hüpfen im Dreieck. Auf dem pseudo-abstrakten Bild im Zimmer sind auch Dreiecke zu sehen, es sieht so aus, als würden sie sich dieselbe Hypotenuse teilen. Soll Raufaser das Zimmer eigentlich gemütlicher machen? Verkleinert sich damit der Raum optisch oder vergrößert er sich?

Obwohl es auch Spaß macht, ist es erleichternd, endlich mal keinen Text für die nächsten beiden Tage zu lernen. Lässt sich das eine Dreieck deckungsgleich auf das andere abbilden, wenn man in der Mitte der Hypotenuse eine Punktspiegelung durchführt... oder eher bei einer Achsenspiegelung? Sarah sah gestern Abend wieder so schön aus. Aufs Volumen des Raumes bezogen, müsste er sich verkleinern, wenn alle Raufaserpartikel konvex wären, und verkleinern hieße ja vergemütlichen. Wenn es aber gleich viele konvexe wie konkave Raufaserpartikel gibt, hebt sich der Effekt wieder auf. Zu gern hätte ich Mathematik studiert. Denn immer, wenn es in der Schule spannend wurde und es zum Beispiel um den n-dimensionalen Raum im Gegensatz zum dreidimensionalen Raum ging, wurde nicht weiter drauf eingegangen und das Thema gewechselt.

Mein Bruder hat gerade in der 11. Klasse die Schule abgebrochen und will Physiotherapeut werden. Schade. Wie herrlich ist die Schule! Man lernt gleichzeitig etwas über Kulturen, über Literatur, Geschichte, Politik, Geografie. Und er hört einfach auf. Ich wäre am liebsten noch zehn Jahre weiter zur Schule gegangen. Unser Bildungssystem ist ein Riesenprivileg. Andererseits beneide ich Jonathan auch um seinen Mut zu einem Kurswechsel. Ich habe mich so etwas nicht getraut, sondern schön funktioniert, wie Omas und Opas es gerne sehen.

Der Sturm vor der Ruhe

Mein Blick fällt auf die Kleiderbügel. Einer hängt falsch herum. Ich verstehe nicht, wie mein Personal es übers Herz bringt, alle Kleiderbügel in eine Richtung aufzuhängen und einen andersherum. Sofort habe ich die Stimme meiner Mutter im Ohr: „Stell dich nicht so an!" Ich würde trotzdem gern Sabine rufen und sie bitten, den Kleiderbügel umzudrehen. Das ist furchtbar deutsch, ich weiß. In Deutschland regen wir uns über alles auf. Wir stöhnen und klagen über das Wetter. Wenn es nicht die Wärme ist, ist es die Kälte. Wenn es nicht zu viel Arbeit ist, ist es zu wenig Arbeit. Oder der Kinderlärm. Oder die Baustelle vor dem Haus. Eigentlich finde ich diese Luxusprobleme bescheuert, aber ich muss einsehen, dass ich mich anscheinend doch nahtlos einreihe.

Ich habe mit 15 in einem Bekleidungsgeschäft gearbeitet. Im Laden musste jeder Kleiderbügel exakt den gleichen Abstand zum nächsten haben. Diese Kleiderbügel-Genauigkeit habe ich für mich adoptiert. Ich mag es gern, wenn meine Kleidung farblich sortiert im Schrank liegt, auch wenn mir das ein wenig peinlich ist. Schon als Kind fand ich es schlimm, wenn Besuch kam und oberflächlich Ordnung gemacht wurde. Alles auf dem Schreibtisch wurde zu einem Stapel zusammengeschoben, ob es nun zusammengehörte oder nicht. Unstrukturierte Pseudo-Ordnung finde ich schlimmer als strukturiertes Chaos. Dass der Kleiderbügel verkehrt herum hängt, macht mich fertig. Wie gern würde ich aufstehen und ihn richtig hinhängen. Ich glaube immer noch, dass ich der denkbar ungeeignetste Kandidat für eine Querschnittlähmung bin. Das muss alles ein Missverständnis sein.

Auf der anderen Seite stelle ich fest, dass ich doch ganz gut vorbereitet wurde: Meine Erziehung und das jahrelange Turntraining helfen mir jetzt, auszuhalten, zu erdulden. Das Motto der Trainer beim Kunstturnen war: „Training ohne Schmerzen ist kein gutes Training." Blut, Schweiß und Tränen bin ich gewohnt. Was mir, denke ich, bis heute hilft, anstrengende oder unangenehme Situationen auszuhalten.

Irgendwie passt es auch, dass meine Mutter gelernte OP-Schwester ist. Mittlerweile ist sie bei mir als Pflegedienstleitung angestellt und schreibt nicht nur Dienstpläne und Abrechnungen, sondern hilft mir auch, neues Personal so anzulernen, wie ich es selbst kaum hinkriegen würde. Ohne sie wäre ich aufgeschmissen. Mein Bruder ist eine Maschine und meine Allzweckwaffe für Musiklesungen, Abenteuer und seit Neuestem auch noch Physiotherapeutisches. Mein Vater, ursprünglich IT-Manager, managt jetzt mein Büro und hilft bei der Terminverwaltung. In der Öffentlichkeit zu stehen ist manchmal ganz schön kompliziert, da bin ich dankbar für seine Unterstützung.

Wie schlimm wäre es, wenn ich auch noch sehbehindert wäre und mir von fremden Leuten täglich die Kontaktlinsen in die Augen drücken lassen müsste.

Meine Gedanken werden immer schneller – schneller, als ich sie jemals hier in Schriftform wiedergeben kann. Vielleicht erreichen sie sogar Lichtgeschwindigkeit? Das Licht ist so schnell, dass es in einer Sekunde siebenmal um die Erde sausen kann, siebenmal 40.000 Kilometer legt es pro Sekunde zurück. Ich stelle mir vor, wie ein Gedanke achtmal um die Erde fliegt. Hat er es damit geschafft, das Licht zu überholen?

Aber nein; erwiesenermaßen ist die Nervenleitgeschwindigkeit geringer als die Lichtgeschwindigkeit. Ich muss noch dringend die Geschäftsführerin von „Wings for Life" zurückrufen, der Stiftung für Rückenmarksforschung. Der Körper besitzt eine ärgerliche Schutzfunktion: Wird das Rückenmark verletzt, bildet er sofort eine Art Narbengewebe, das die Nervenenden versiegelt und das Wachstum blockiert.

Es wurde bereits ein Mittel gefunden, das diese Narbenbildung verhindert, allerdings nur in den ersten Stunden nach der Verletzung. Für mich kam die Entdeckung zu spät und sie birgt auch noch viele Risiken und Nebenwirkungen.

Warum wachsen die Nerven überall im Körper nach, außer im Rückenmark? Nicht schon wieder diese Frage. Sie nervt mich, im wahrsten Sinne des Wortes.

Ich beschließe, mich mit Singen abzulenken. Ich bin überrascht, wie viele Lieder aus dem Kindergottesdienst ich noch auswendig kann, „Das Fischlein in dem Wasser" oder „Gott hat alle Kinder lieb". Als mein Kontingent aufgebraucht ist, schwenke ich um auf Volkslieder. Zwar frage ich mich, warum es „Bruder Jakob" heißt, wenn doch, wie mein französischer Trainer behauptete, der französische Jaques der deutsche Hans ist. Versuche aber, nicht weiter gedanklich darauf einzugehen, und genieße so mehr oder weniger meinen terminfreien Tag.

Alles nur in meinem Kopf

Zu glauben ist schwer. Nichts zu glauben ist unmöglich.

Victor Hugo

Zu den Aufnahmetests an den staatlichen Schauspielschulen gehörten auch immer wieder Bewegungsübungen und -prüfungen,
über die ich damals nur hochnäsig grinsen konnte. Auch später, als von vielen Hundert Bewerbern zehn aufgenommen wurden, kamen mir meine neuen Kommilitonen furchtbar unbeweglich und ungelenk vor, die reinsten „Körperkläuse", obwohl sie
sich doch für ein Studium bewarben, bei dem Bewegung eine so
große Rolle spielte. Ich konnte mir damals gar nicht vorstellen,
wie schlimm es für die anderen sein muss, keinen Salto rück-
wärts machen zu können. Oder vorwärts. Oder beliebig lange
im Handstand zu laufen. Wenn ich in so einem körperlichen Zustand gewesen wäre wie die meisten anderen Bewerber, hätte ich
mich irgendwie behindert gefühlt. „Behindert" ist ohnehin ein
blöder Begriff; „unbeweglich" trifft es besser.

Als ich nach einem Jahr „Urlaub", wie es meine Kommilitonen
noch heute nennen, zurückkam, war die Situation umgekehrt: Ich
war nun der Behinderte beziehungsweise Unbewegliche.

In so gut wie all meinen Träumen bin ich noch Fußgänger.
Immer wenn ich aus einem solchen „laufenden" Traum erwa-
che, überprüfe ich erst mal, ob es wirklich ein Traum war. Wenn
ich mich dann in meinem gelähmten Körper wiederfinde, denke
ich erst recht: *Jetzt aber! Jetzt stehe ich auf.* Ich versuche, keinen
Zweifel aufkommen zu lassen, dass es gelingen wird, nehme alle
Kraft zusammen und ... bin erneut über den penetrant passiven
Widerstand meines Körpers erstaunt. Es kann doch nicht wahr

sein, dass nur wenige lädierte Millimeter im Rückenmark nicht überbrückt werden können!

Es gibt ja Fälle, in denen plötzlich der Funke doch noch übergesprungen ist. Ich weiß nicht, ob man die Nerven anregen kann, wieder zusammenzuwachsen, indem man im Geiste Befehle hindurchschickt. In der Klinik wurde mir zumindest gesagt, dass ich mental immer weitertrainieren soll. Immer wieder horche ich in meinen Körper hinein und versuche, meine Glieder zu spüren. Wenn ich mir vorstelle, den kleinen Finger zu bewegen, merke ich, dass er kribbelt. Stelle ich mir vor, die ganze Hand zu bewegen, kribbelt die Hand. Gebe ich meinen Gesäßbacken den Befehl, sich anzuspannen, kribbeln sogar diese.

Wenn in der Physiotherapie mein Bein bewegt wird, denke ich die Bewegungen mit: beugen, strecken, Außenrotation, Innenrotation – ich kann den Bewegungen folgen und sie zumindest im Kopf mitmachen. Dann bin ich auch mehr beteiligt an der Therapie und sitze nicht nur herum.

Eins ist klar: Es kommt *kein* Impuls an, wenn man ihn nicht losschickt. Also ist schon der Versuch sinnvoll. Kurzum: Wenn man nichts tut, passiert auch nichts.

Kopf-Bewegungen

Nach wie vor glaube ich daran, dass ich den Rollstuhl irgendwann aus meinem Leben verbannen kann. Manchmal denke ich, dass ich es keine Woche länger darin aushalte. Gefangen in einem Körper, der früher dynamisch und beweglich war und mit dem ich allerhand Schönes und Blödsinn anstellen konnte. Heute empfinde ich eine Art Hassliebe für ihn. Er ist abgemagert, hilft mir nicht, lässt mich im Stich. Solange er nicht anfängt, sich vernünftig zu bewegen, ist er mein Feind, mit dem ich ringe. Aber wie mein bereits erwähntes Vorbild empfohlen hat, versuche ich, meine Feinde zu lieben. Manchmal tut er mir fast leid, mein Körper, wie er da so traurig und scheinbar nutzlos herumliegt – und doch brauche ich ihn. Und irgendwann ge-brauche ich ihn vielleicht wieder. Deshalb behandele ich ihn damals wie heute mit aller Würde, die ich aufbringen kann.

Früher habe ich mit meinen Freunden jeden Tag nach der Schule drei Stunden in der Halle trainiert. Gergö sagt: „Die Schule war das Pflichtprogramm und das Training war Ziel und Belohnung gleichzeitig." Auch am Wochenende haben wir es nicht ausfallen lassen. Es wurde trainiert, bis der Arzt kam beziehungsweise der Hausmeister ins Bett wollte, und anschließend mussten wir auf den Partys komprimiert aufholen, was wir verpasst hatten.

Wenn ich jetzt ans Turnen denke, erwacht Sehnsucht in mir. Nach dem Seitpferd zum Beispiel. Es wird nur mit den Händen berührt, bei gleichzeitig kreiselnder bzw. scherenartiger Bewegung der Beine, die nur durch die geforderten Scherenelemente – als Übergang zwischen den Kreisbewegungen und dem Pendeln – unterbrochen werden. Im Wettkampf muss die ganze Kür in gleichmäßigem, kontrolliertem Rhythmus gezeigt werden. Manche würden es optisch mit Breakdance vergleichen, aber es ist präziser und eleganter – und schwieriger.

Noch mehr vermisse ich den Barren, den Boden und das Reck. Ich vermisse die Saltos und andere schwerelose Flugelemente. Man springt, wirft oder schleudert sich in die Luft, und bevor man wieder runterkommt, gibt es diesen Moment, in dem man der Erdanziehungskraft entflieht. Wie gern würde ich noch einmal einen Doppelsalto vorwärts am Barren turnen!

Meine eigenen sportlichen Möglichkeiten sind leider inzwischen sehr begrenzt, aber der Fantasie sind keine Grenzen gesetzt. Sie ist für mich ein großes Geschenk. Manchmal schließe ich die Augen und gehe meine Übungen im Kopf durch, so wie früher in der Turnhalle, bevor ich an das Gerät herantrat: anmelden ... unter die Holmengasse aufs Sprungbrett treten, Griff fassen ... Absprung ... Felge ... fliegen ... fangen ... Kippe ... Winkelstütz. Kopf hoch, zwei Sekunden halten ... Handstand drücken ... halbe Drehung ... abschwingen ...Unterschwung auf die Oberarme ...

Rückschwung … vorgrätschen in den Stütz … Handstand … abschwingen auf die Oberarme … Schwungstemme vorwärts in den Spitzwinkelstütz … Rückschwung … Salto vorwärts gestreckt mit einer Schraube … Stand. Ich gehe in meiner Vorstellung zum nächsten Gerät, male mir aus, wie ich die Übungen turne, wie ich Spannung und Tempo aufbauen muss, wie ich die Schraubenrotation einleite, wie ich die Landung vorbereite. Das macht mir Spaß und gleichzeitig ist es ein gutes neurologisches Training.

Kürzlich war ich ganz entsetzt, als ich während meiner mentalen Reckübung nicht weiterwusste. Es gibt verschiedene Griffkombinationen: den Ristgriff, den Kammgriff, den Zwiegriff sowie den L-Griff. Bei einer meiner Drehgriffkombinationen wusste ich plötzlich nicht mehr, in welche Richtung ich drehe und was dann genau mit der Hand passiert, da man die Griffkombination wechselt, während man auf dem Kopf steht. Ich musste überlegen: Gehe ich mit den Händen in Supination oder in Pronation? Ich war scheinbar nicht in der Lage, die Übung ausschließlich zu denken, ohne sie körperlich auszuführen.

Vergesse ich jetzt etwa schon, wie man sich bewegt?

Sofort nach dieser schockierenden Erfahrung nahm ich mir vor, wieder öfter in meiner Vorstellung zu trainieren.

Sport tut immer noch gut

Nach wie vor ist Turnen für mich die schönste Sportart, die es gibt, und es ist ein Vergnügen, anderen dabei zuzusehen, auch wenn es gleichzeitig eine Form von Selbstgeißelung ist. Ich leide furchtbar mit den Sportlern, wenn sie Vierter werden, und freue mich mit ihnen, wenn etwas gelingt.

2012 war ich gemeinsam mit Turnerlegende Eberhard Gienger in London und wir sahen uns natürlich das Kunstturnen bei den Olympischen Spielen an. Wir durften den spektakulären Auftritt von Epke Zonderland miterleben, der als Erster in einem Wettkampf drei Flugteile am Reck hintereinander „gehangen" hat. Auch die deutschen Turner Fabian Hambüchen und Marcel Nguyen waren ganz gut in Form und holten Silber am Reck und im Mehrkampf.

Ich bin zwar nicht mehr ganz so gut in Form, aber noch immer tut mir körperliche Ertüchtigung sehr gut. Am besten schlafe ich, wenn ich vorher zwei, drei, vier Stunden am Bewegungstrainer mit Armen und Beinen gearbeitet oder mich im Stehrollstuhl mit den Armschlaufen verausgabt habe. Das trainiert unter anderem den Kreislauf. Manchmal halte ich es keine Minute aus, bevor ich bleich werde und zusammenklappe. Dann wieder stehe ich zwei Stunden am Stück. Es hängt von der Tagesform ab, die zunehmend besser wird. Das Stehen ist auch wichtig für die Knochen und Gelenke, die ohne Belastung porös werden, und für die Muskeln, die zu atrophieren drohen.

Wenn das Training zu kurz kommt, bleibt der Bewegungsdrang auch nach dem Zubettgehen zu stark. Von klaustrophobieähnlichen Erscheinungen geplagt, halte ich es in dem wie einbetonierten Körper nicht aus und kann nicht schlafen.

Wenn ich draußen in der Sonne sitze, kommt es vor, dass eine Spinne zwischen meinen Knöcheln ein Netz zu weben beginnt. Das ist schon demütigend. Ich denke dann: *Ich sollte dringend mal wieder 'ne Runde um den Block laufen.*

Manchmal bin ich geduldig. Dann habe ich einen Moment lang überhaupt kein Problem damit, dass ich mich nicht bewegen kann, ich liege einfach herum und verspüre Frieden und Ruhe. Doch unweigerlich ruft jemand an, ich habe die Kopfhörer auf und müsste nur diesen kleinen Knopf, der sich am Kabel befindet, bedienen, um abzunehmen. Ich versuche alles, um mit der Zunge irgendwie an das Kabel heranzukommen, damit ich dann mit den Zähnen den Knopf drücken kann. Verzweifelt setze ich alle Möglichkeiten ein, die mir noch zur Verfügung stehen – aber da es sich dabei nur um Kopf- und Gesichtsbewegungen handelt, ist das schwierig. Obwohl ich bereits fast das komplette Kabel wie eine Spaghetti in meinen Mundraum gewickelt habe, schaffe ich es nicht, den Knopf zu drücken. Der Anruf wäre wichtig gewesen.

Vorbei ist es mit der Geduld. Ich fühle mich wie einer, den man am Strand eingegraben hat, und lediglich der Kopf guckt heraus. Fehlt nur noch, dass die Flut kommt.

Körperwelten

Bis heute verbergen meine Familie und Freunde ihre sportlichen Aktivitäten vor mir. Ich sage zwar immer wieder: Solange sie einen funktionierenden Körper haben, müssen sie ihn benutzen, alles andere wäre ein Affront. Trotzdem haben sie Hemmungen, mir zu erzählen, dass sie zum Snowboarden fahren oder Beachvolleyball spielen gehen. Natürlich wurmt es mich, dass ich nicht mitmachen kann, aber dennoch freue ich mich für sie.

Ich könnte mich sonst ja den ganzen Tag darüber ärgern, dass alle Leute um mich her laufen und rennen und selbstständig essen und trinken können. Wo käme ich da hin?

Allerdings denke ich manchmal, wenn ich jemanden missmutig und mit hängenden Schultern über die Straße trotten sehe: *Mein lieber Herr Gesangsverein, der hat einen funktionstüchtigen Körper und sieht trotzdem so unglücklich aus!*

Schon in Nottwil musste ich mich beherrschen, um beim Anblick eines Paraplegikers (also eines „nur" an den Beinen Gelähmten) nicht zu denken: *Du Glückspilz!* Denn ein Paraplegiker kann fast alles selbstständig tun: den Rollstuhl von A nach B bewegen, sich selbst von A nach B manövrieren, alle möglichen Sportarten zumindest in angepasster Form ausüben, essen, schreiben, in Büchern blättern, Türen öffnen, sich selbst frisieren, waschen, anziehen und so weiter ... Ich würde so was von feiern, wenn ich auch nur eine Hand bewegen könnte – selbst ein Finger wäre schon toll!

Ich kann meine Arme zwar beugen, aber nicht strecken. Wäre die Läsion, also die Beschädigung durch die Einblutung im Rücken, einen halben Wirbel tiefer geschehen, dann hätte ich den Trizeps, also den Antagonisten vom Bizeps, unter Kontrolle und könnte die Arme strecken. Es gibt Tetraplegiker, die diesen einen zusätzlichen Muskel bewegen können und damit selbstständig leben. Durch die Streckfähigkeit könnte ich mich abstützen, durch das Abstützen könnte ich mich in den Rollstuhl oder ins Bett bewegen. Durch das Strecken und Beugen könnte ich mithilfe einer Funktionshand, die sich schließt, wenn man sie in die Außenrotation bringt, greifen und essen – mit Handschienen zwar, aber es würde gehen. Ein halber Wirbel! Nur ein halber.

Sensibilisierung

Ich bin durch die Lähmung sensibler für mein Umfeld geworden. Das begann schon auf der Intensivstation. Wenn man drei Monate nur auf dem Rücken liegt und an die Decke starrt, sucht sich das Gehirn wohl neue Betätigungsfelder. Ich konnte jeden Pfleger und jeden Arzt am Gang erkennen. Ich ordnete das Quietschen der Schuhe zu, die Art des Klopfens an der Tür. Kam jemand Unbekanntes, wusste ich das sofort. Gleichzeitig war ich extrem schreckhaft. Wenn jemandem der Kugelschreiber herunterfiel, zuckte ich zusammen. Sah ich gerade nach links und jemand reichte mir von rechts die Gabel, erschrak ich davor.

Aus dieser Übersensibilisierung ist inzwischen eine breitere Wahrnehmung geworden. Durch Zufall habe ich bemerkt, dass ich, wenn ich nur kurz in einem Raum war, genau sagen kann, wo sich Steckdosen befinden, wo die Lichtschalter sind, wie die Fenster aussehen und wie die Möbel stehen. Irgendwie speichere ich das ziemlich schnell ab.

Auch Menschen nehme ich anders wahr. Schon immer war ich neugierig auf andere Menschen und ihre Lebensläufe. Wie kommt es, dass manche Leute, die eine fast identische Kindheit und Jugend und damit ähnliche Startvoraussetzungen hatten, sich dann in komplett unterschiedliche Richtungen entwickeln? Oder dass umgekehrt zwei Leute aus ganz konträren Hintergründen sich in demselben Beruf an demselben Ort in ihrer Ehe wiederfinden?

Diese Neugier ist noch intensiver geworden. Oft schaue ich auf der Straße einfach nur Leuten zu. Wie gehen sie? Stolzieren sie mit Hochstatus oder tun sie nur so? Empfinden sie sich als minderwertig oder selbstbewusst? Man sieht so vieles oft schon an der Körperhaltung. Läuft jemand mit den Füßen nach innen oder außen rotiert? Liegt der Schwerpunkt des Körpers forsch über den Füßen oder schüchtern-träge dahinter? Betont eine Dame mit ihrem Hohlkreuz Brust und Po oder ist sie bucklig in sich gekehrt? Oder das markanteste Merkmal: Richtet jemand den Blick eher zum Boden oder gen Himmel? Ich wage zu behaupten, dass mir mittlerweile viel stärker auffällt, ob jemand echt lacht oder nur so tut. Ob jemand echte Aufmerksamkeit schenkt oder mit dieser ganz woanders ist. Ich habe Freude daran zu analysieren, wie die Menschen ticken. Auch Attraktivität hat für mich maßgeblich etwas damit zu tun, wie jemand sich bewegt.

Der menschliche Körper ist faszinierend. Seine Ästhetik und das im Idealfall ökonomische Zusammenspiel von Gewebe, Nerven, Muskeln, Sehnen und Gelenken, aus dem eine geschmeidige Bewegung entsteht, sind herrlich. Besonders staune ich immer noch und immer wieder darüber, wenn ich Kunstturnern zuschaue. Sie vereinen Rotations- und Translationsbewegungen mit Explosiv- und dynamischer Kraft so, dass aus einem Anlauf mit Radwende und Flickflack ein gestreckter Doppelsalto mit drei Schrauben werden kann.

Schon mit sechs oder sieben Jahren wurde uns beim Leistungsturnen beigebracht, wie man leise läuft. Wenn man uns beim Warmlaufen trampeln hörte, wurden wir ausgeschimpft. Schnell sein und zugleich elegant und leise war die Devise. Vielleicht bin ich deshalb so empfindlich beim Theaterspielen, wenn manche Kollegen wie Elefanten über die Bühne laufen, ohne es zu merken. Aber es käme wohl etwas absurd rüber, wenn ich während einer Probe aus dem Rollstuhl heraus ermahnen würde: „Lauft bitte nicht so laut."

Auch ich hatte gerade zu Beginn des Schauspielstudiums meinen Körper längst nicht immer so unter Kontrolle, wie ich dachte.

Einmal ließ mich ein Professor eine Dreiviertelstunde lang durch eine Tür gehen. Ich sollte langsam und angemessen hindurchtreten. Vierzig- oder fünfzigmal kam ich hindurch und ging zwei Schritte auf die Bühne hinaus. Er sagte jedes Mal: „Samuel, etwas stimmt nicht. Noch mal." „Noch mal, so ist es nicht spannend." „Noch mal, deine Hand ist nicht richtig." „Noch mal, dein Bein ist zickig." Bis endlich Verstand, Körperhaltung, Arme und Schrittfolge im Einklang waren und ich in einer langsamen, harmonischen, dennoch nicht bedeutungsschwangeren Art durch die Tür treten konnte. Ein mühsamer, aber lehrreicher Kraftakt.

Kleine Wunder

Sogar an meinem stark lädierten Körper bringt mich, abgesehen von seiner Bewegungslosigkeit, noch vieles zum Staunen. Neben der beeindruckend flexiblen und filigranen Zunge, mit deren Hilfe man sprechen und singen und essen und schlucken kann, oder dem Kaumuskel, der der stärkste im Körper ist, ist es vor allem das Zwerchfell, das mich „bewegt". Das Zwerchfell, oder lateinisch „Diaphragma" (wie das gleichnamige Verhütungsmittel), brauchen wir zum Husten, Atmen, Sprechen. Es hält die Organe in Schwung, es beeinflusst die Verdauung und versetzt den Körper 70, 80 Jahre lang ununterbrochen in Bewegung. Seine An- oder Abspannung reflektiert gleichzeitig die An- oder Entspannung, also den inneren Zustand des es umgebenden Menschen. Wenn man ruhig auf dem Boden liegt und nur atmet, versetzt der Zwerchfellmuskel den ganzen Körper von Kopf bis Fuß in Schwingungen.

Ich bin so froh, dass das Zwerchfell bei mir wieder arbeitet. Die ersten Tage, als die Einblutung mein Rückenmark quetschte und die Lähmung höher und höher stieg, konnte ich nicht mehr selbst atmen. Der Nervus phrenicus, der dem Rückenmark im dritten bis fünften Halssegment entspringt, ist für das Zwerchfell zuständig. Es ist auch an das vegetative Nervensystem angeschlossen, das heißt, dass es teils willkürlich, teils unwillkürlich funktioniert, ebenso wie die Verdauungs- und die Sexualorgane. Als der spinale Schock abklang und der Druck auf die Nerven nachließ, wurde deutlich, dass der Nervus phrenicus wohl einer der wenigen Nerven war, die noch funktionieren. Als mein Zwerchfell wieder anfing zu arbeiten, war das für alle ein kleines Wunder. Wie unbeschreiblich wichtig es ist, selbst atmen und reden zu können, wird einem vielleicht erst klar, wenn man es nicht mehr kann.

Wenngleich der Tod für mich seinen Schrecken verloren hat, macht mir die Vorstellung, dass sich mein Zustand verschlechtern könnte, durchaus noch Angst. Kürzlich wurde meine komplette Wirbelsäule im MRT durchleuchtet. Bei einem gesunden Menschen wird das gesamte Rückenmark von Hirnwasser umspült. Es bildet damit ein „Bächlein" von wenigen Millimetern Breite. Ich hingegen, keine halben Sachen machend, habe vom zweiten bis zum fünften Halswirbel alle Wirbelbögen weggesägt bekommen und damit einen breiten Hirnwasserstrom von bis zu einem stolzen Zentimeter. Ein Arzt erklärte mir, dass dieser den Raum der weggesägten Wirbelbögen eingenommen habe und man das sehr gut im Auge behalten solle, weil die Gefahr bestünde, dass das Hirnwasser auf das Rückenmark drücken und die Lähmung noch verschlimmern könnte. In der oberen Region könnte es auf das Atemzentrum drücken und das hört sich irgendwie ungut an. Die Vorstellung, wieder beatmet werden zu müssen, ist ekelhaft. Und sie würde einen massiven Rückschritt bedeuten – etwas, mit dem ich nur sehr schlecht umgehen kann.

Wachstum braucht Zeit

Ich habe mich mittlerweile zumindest teilweise daran gewöhnt, zur Langsamkeit gezwungen zu sein. „Mal eben schnell" geht bei mir meist gar nichts mehr. Diese Langsamkeit nervt zwar, aber ist zumindest kein Zeichen für Rückschritte.

Ein Grundbedürfnis jedes Menschen ist Verbundenheit. Mit dem Kappen der Nabelschnur (der Ent-Bindung) beginnt es, dass der Mensch sich nach Bindung sehnt, also lieben und geliebt werden will. Ein weiteres Grundbedürfnis, das ebenfalls bereits im Fruchtwasser in seiner massivsten Form gestillt wird, ist Wachstum. Wir wollen uns weiterentwickeln, egal, ob materiell oder geistig. Wir wollen nicht stehen bleiben bei dem, was wir schon können oder haben, wir wollen vorankommen, dazulernen, uns üben. Ich glaube aber, es ist ein Trugschluss, dass Wachstum immer schnell passieren muss.

In der Natur gibt es viele Beispiele für geduldiges Wachstum. Wie lange ist ein Elefant schwanger? Zwei Jahre? Das hört sich lange an, aber es kommt auch ein mächtiges Säuglingsvieh dabei heraus. Oder ein Grashalm: Der braucht ewig, bis er durch den Asphalt gedrungen ist. Aber dass er dann tatsächlich durchbricht und sich zur Sonne hinaufstreckt, ist faszinierend. Wenn ein Schmetterling sich durch den schützenden Kokon arbeitet, der ihn während seiner Verpuppung umgeben hat, ist das eine langwierige und schmerzhafte Ent-Wicklung. Aber wenn man ihm wohlmeinend dabei hilft, können sich seine Flügel nicht richtig entfalten, und er kommt behindert zu Welt.

Manches lässt sich einfach nicht beschleunigen. Und was lange währt, wird vielleicht endlich gut. Ich bin gespannt, was die Zeit noch bringt.

Hatte ich als unversehrter junger Fußgänger noch den Wunsch, vor dem schrumpeligen Teil des Alterns als Aktivist in Stiefeln zu sterben, so sehe ich mich heute als alter Mann mit schönem grauem Bart, den Brockhaus auswendig gelernt und auf dem Zenit meiner Weisheit angelangt, eine liebevolle Frau an meiner Seite und 17 Enkel verteilt auf alle 7 Kontinente. Ich habe die Mongolei auf dem Pferd und die Westküste Nord- und Südamerikas mit dem Surfbrett bereist sowie die Alpen mit einem Elefanten überquert und hatte ein Leben in Fülle. Wenn es denn unbedingt sein muss, sitze ich halt im Rollstuhl statt im Schaukelstuhl.

Aber ich möchte nicht aufhören, daran zu glauben, dass ich eines Tages gesund sein kann. Vor allem auch, weil es mir so viel Freude macht, allein in meiner Fantasie wieder zu gehen, zu tanzen und zu turnen. Dass ein Festhalten an solchen Utopien alles nur schlimmer macht, glaube ich nicht. Ich werde dadurch nicht unglücklich.

Vielleicht heilt Gott mich still und leise in der Nacht, wenn es keiner bemerkt. Und am nächsten Morgen rolle ich mich langsam zur Seite, richte meinen Oberkörper auf, schwenke die Beine über die Bettkante und stehe auf. Und Gott und ich lächeln uns verschmitzt an.

Was ich vermisse

(ohne Anspruch auf Vollständigkeit)

Mich total verausgaben
Weggehen, wann und wohin ich will
Beim Autofahren essen, telefonieren und Notizen machen
Spontaneität
Schweißtreibende Gartenarbeit
Jemandem einen Schneeball ins Gesicht werfen
Mich auf den Bauch drehen
In fünf Minuten anziehen, Zähne putzen und gerade noch
pünktlich kommen
Jemanden im Stehen umarmen
Meine Frisur selbst und endlich mal schön machen
Sand zwischen den Zehen spüren
Surfen, Boarden, Skaten
Schnell mal was zu essen machen oder einen Joghurt löffeln
Flickflacks ins Meer
Meinen Bruder rumschmeißen
Schöne Klamotten tragen
Einen Hamburger mit beiden Händen essen
Tanzen
Streicheln
Klavier spielen
Nackt am Reck turnen
Mit Seb Feuer machen
Chris beim Tischtennis abzocken
Doch noch mal schnell was anderes anziehen
Durch den See schwimmen, durch den Wald rennen, auf einen
Baum steigen

In der Stadt von einem Dach aufs andere springen
Zum Sonnenaufgang allein auf einen Berg steigen
Hinfallen, abrollen und sofort wieder aufstehen
Scherben zusammenfegen
Mit anpacken und mich nützlich machen
Achterbahn fahren
Zeit allein verbringen, wann immer ich will

Tot bin ich noch lange genug

Wenn ich wüsste, dass morgen die Welt untergeht,
würde ich heute noch ein Bäumchen pflanzen.
Martin Luther

Hallo Samuel,

ich bin Julia, 17 Jahre alt. Meine Frage an Sie: In dem Buch „Ein ganzes halbes Jahr" geht es um Will, der mit 33 Jahren querschnittgelähmt wird und schließlich Sterbehilfe in Anspruch nimmt. Sie haben es geschafft weiterzumachen. Warum?
Sie müssen auf so vieles verzichten. So haben Sie sich Ihr Leben bestimmt nicht vorgestellt! Warum dann nicht sein Leben beenden?
Ich möchte wissen, wie man, wenn man in so eine Situation gerät, nicht den Mut und die Kraft verliert, weiterzumachen.

Diese Facebook-Zuschrift fand ich spannend, weil Julia ziemlich gute Fragen stellt. Sie verdienen eine längere Antwort, finde ich. Auch wenn diese vermutlich vor allem aus vielen neuen Fragen besteht. Denn wie so oft kann die Antwort nur für jeden Menschen individuell aussehen.

Im April 2012 war ich als Gast in der Sendung „Günther Jauch", unter anderem mit dem querschnittgelähmten ehemaligen MDR-Intendanten Udo Reiter. Es wurde über die Würde des Menschen diskutiert. Und in diesem Zusammenhang auch über die einstigen Suizidpläne von Udo Reiter, die er auf Eis gelegt hatte. Die Frage, ob ein solcher Freitod für mich in Frage kommen würde, wehrte ich feige damit ab, dass ich nicht in der Lage wäre, eine Smith & Wesson zu bedienen, die sich Reiter als Selbstmordwaffe ausgesucht hatte.

Zweieinhalb Jahre später nahm Udo Reiter die einstigen Pläne wieder auf und setzte sie erfolgreich in die Tat um. Er war fast 50 Jahre im Rollstuhl und setzte sich zeit seines Lebens auf politischer Ebene für die Sterbehilfe ein. Mit seinem Selbstmord kochte die Debatte um das Thema Sterbehilfe in Deutschland wieder neu hoch.

Der „schöne Tod"

Euthanasie – erstmals wird der Begriff um 500 v. Chr. vom Dichter Kratinos benutzt. Er stammt aus dem Griechischen und lässt sich ins Deutsche in etwa mit den Worten „schöner Tod" übersetzen. Wir alle müssen sterben. Und ich wage zu behaupten, dass jeder dabei einen solchen „schönen Tod" anstrebt. Dennoch ist der Begriff der Euthanasie im heutigen deutschen Sprachgebrauch eher negativ besetzt. Wie kommt das? Warum ist Sterbehilfe immer wieder ein Streitthema in Politik und Medien? Und was hat Euthanasie mit mir zu tun?

Viele Ärzte stellen es frei, noch nicht geborene Kinder bei ähnlicher Diagnose, wie sie auf mich zutrifft, abzutreiben. Ausgehend von dieser Beobachtung ließen sich im Sommer 2013 der aktuelle Bundespräsident Joachim Gauck und ich während einer Podiumsdiskussion[5] zu der These hinreißen, dass man an diesem Punkt schon vor etwa 70 Jahren angelangt war. Damals unter dem Begriff „Euthanasie", jedoch ohne pränatale Diagnostik, was dazu führte, dass Menschen mit Behinderung vergast oder „abgeschafft" wurden.

Heute werden bei uns Menschen mit Behinderungen nicht offen „aussortiert" wie in der NS-Zeit, aber Eltern werden frühzeitig dahingehend beraten, nur gesunde Kinder zuzulassen. Somit wäre ich dann wohl auch so ein Fall, den man besser nicht leben lässt und der unzumutbar für die Mutter bzw., wie Abtreibungsbefürworter auch sagen, unzumutbar für die Gesellschaft ist.

Ich war noch nie Mutter und nach aktuellem neurobiologischem Stand werde ich auch in absehbarer Zukunft keine sein. Gerade deshalb kann und will ich mir nicht anmaßen, Abtreibung oder Sterbehilfe oder einen schönen Tod zu beurteilen. Doch wer bestimmt, wann ein Leben lebenswert ist und wann unzumutbar?

Bei einer Konzertlesung mit Samuel Harfst tanzte und feierte ein Junge mit Down-Syndrom in der ersten Reihe mit. So begeistert war er, dass er jedes Lied mitsang, ob er den Text nun kannte oder nicht. Wir holten ihn auf die Bühne. Er hieß auch Samuel – dreimal Samuel auf der Bühne. Er hatte die herrliche Fähigkeit, den Moment und die Musik uneingeschränkt zu genießen, ohne sich darum zu scheren, was jemand darüber denkt. Das Publikum war zuerst recht träge – er war es, der Stimmung in die Bude brachte. Er war im Grunde der am wenigsten behinderte Mensch von uns allen, weil er keine eingebaute „Das macht man doch nicht"-Bremse im Kopf hatte oder sonst wie gehemmt war. Er war echt und komplett lebendig.

Wie kann irgendjemand sich anmaßen zu sagen, dass sein Leben unwürdig oder nicht lebenswert sei?

Wann und wo zieht man die Grenzen? Könnte eine Veränderung der Gesetzgebung dazu führen, dass man irgendwann alten und/oder kranken Menschen einen „schönen Tod" mehr oder weniger deutlich nahelegt, um die Gesellschaft von ihrer Last zu befreien?

In den Niederlanden ist dieser Fall schon längst eingetreten. Dort ist die Gesetzgebung zur Sterbehilfe so liberal wie fast nirgendwo sonst. Obwohl gesetzlich ausführliche „Vorsichtsmaßnahmen" vorgeschrieben sind, wurden die Grenzen in den vergangenen Jahren immer weiter verschoben. So können Ärzte das Leben schwerstbehinderter Babys beenden und auch Depression und Demenz gelten inzwischen als unerträgliches Leiden. Daher tragen manche Holländer inzwischen eine sogenannte Credo Card mit der Aufschrift „Maak mij niet dood, Doktor" (Töte mich nicht, Doktor) bei sich, um nicht „versehentlich" euthanasiert zu werden. Denn es wurden durchaus schon Leute auch ohne expliziten Wunsch getötet. Dies hat eine Umfrage unter niederländischen Ärzten[6] gezeigt.

Inzwischen wurde in den Niederlanden sogar bei einer schwer demenzkranken Frau aktive Sterbehilfe geleistet[7]. Inwieweit dies mit den Sorgfaltskriterien in Einklang gebracht werden konnte, bleibt fraglich. Irgendwie verdächtig auch, dass der verunfallte Prinz Friso nur wenige Tage nach seiner Überführung von London nach Holland „plötzlich verstarb". Ganz von allein natürlich. In Holland gibt es bei 17 Millionen Einwohnern sage und schreibe 30 Wachkoma-Patienten (in Deutschland: 80 Mio/8.000). Ein Schelm, wer Böses dabei denkt ...

In Holland ist es auch erlaubt, Kindern und Jugendlichen aktive Sterbehilfe zu leisten, und zwar ab dem Alter von 16 Jahren auch ohne das Einverständnis der Eltern! Das heißt, wenn ein Teenager nach dem Zerbrechen seiner ersten großen Liebe völlig am Boden zerstört ist und einem Arzt glaubhaft versichert, dass er keinen Sinn mehr in seinem Leben sieht, dann darf der Arzt ihm beim Sterben behilflich sein.

Keine Gewissensfrage

Wenn alle Menschen immer nach bestem Wissen und Gewissen handeln würden, wäre eine Gesetzgebung zum Thema Sterbehilfe wahrscheinlich kein Problem – aber so ist es nun einmal im wahren Leben nicht. Da gibt es Fehlentscheidungen, Irrtümer, falsche Motive und wirtschaftliche Interessen. Es werden wohl immer Einzelfallentscheidungen bleiben, die nicht in pauschale Verhältnisse oder gar einen gesetzlichen Rahmen gebunden werden können.

Wahrscheinlich gibt es viele Gründe, warum Menschen Sterbehilfe in Anspruch nehmen möchten, und man kann sich nur schwer bis gar nicht in die Unerträglichkeit des Leids hineinversetzen, das andere Menschen empfinden.

Es gibt aber Gründe, das Leben sich ereignen zu lassen, auch wenn es schmerzhaft, mühsam, unvollkommen und manchmal sogar würdelos scheint. Menschen, die täglich vor Herausforderungen gestellt sind und sie überwinden müssen, entwickeln zwangsläufig besondere Stärken. Diese Eigenschaften können sie weitergeben – wenn man sie lässt. Und sei es auch nur der gelungene Umgang mit Misserfolgen. Hilfsbereitschaft, Wertschätzung, Dankbarkeit, Höflichkeit, echte Toleranz, Freude, Respekt erlebt man nur in einem vielfältigen sozialen Umfeld, bei dem nicht nur scheinbar beste Leistungen zählen.

Menschen mit Down-Syndrom zum Beispiel tun der Gesellschaft unendlich gut, sie werden uns daher sehr fehlen, wenn sie demnächst alle am Leben gehindert werden. Einmal, weil sie meist ein sonniges Gemüt und eine unendliche Liebes- und Begeisterungsfähigkeit haben. Aber auch, weil sie mit wenigen Ausnahmen[8] bei der modernen Leistungsgesellschaft nicht mithalten können und vielleicht nicht mal wollen. Das geht auch vielen anderen, nichtbehinderten Menschen so, nur ist es bei denen nicht so offensichtlich – dafür kriegen sie dann irgendwann einen Burnout oder springen von der Brücke. Weil sie eben eigentlich auch nicht mitkonnten bei diesem Tempo. So viele rackern sich ab und fragen sich ständig: „Leiste ich genug, bin ich wertvoll genug?"

Vielleicht ist es daher unverzichtbar, dass es Leute wie die mit Down-Syndrom gibt oder auch wie mich, die nicht so reibungslos funktionieren und uns bewusst machen, dass Leistungsfähigkeit nicht der Maßstab für den Wert eines Menschen ist. Die deutlich machen: „Ich kann nicht alles leisten, aber mein Leben ist lebenswert." Weil dieser Gegenentwurf zum „Höher, schneller, weiter" lebensnotwendig für alle ist. Mit meinem Freund Max von Düring habe ich ein Impulsvortragskonzept erarbeitet, mit welchem wir durch die Republik reisen und in dem es unter anderem um diese Gedanken geht. Gerade bei dem Manager-Publikum, vor dem ich dieses vorstelle, löst es ein erstaunliches Echo aus.

Samuel mit ca. 4 Jahren   Etwas später, irgendwo am Strand

  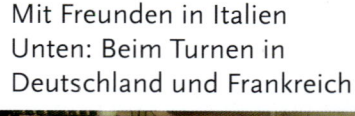

Bei der Konfirmation seiner
Schwestern Rebecca und Elisabeth

Mit Freunden in Italien
Unten: Beim Turnen in
Deutschland und Frankreich

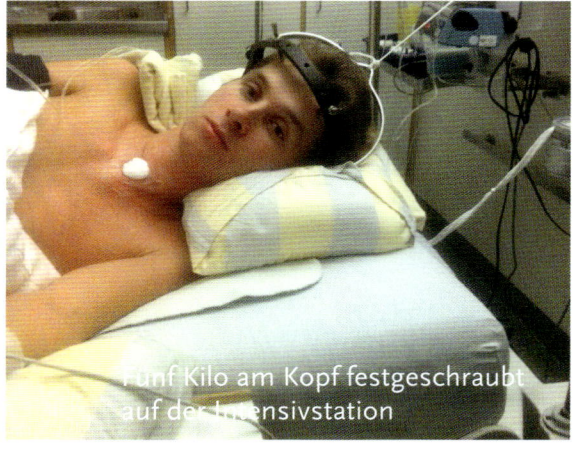

Fünf Kilo am Kopf festgeschraubt
auf der Intensivstation

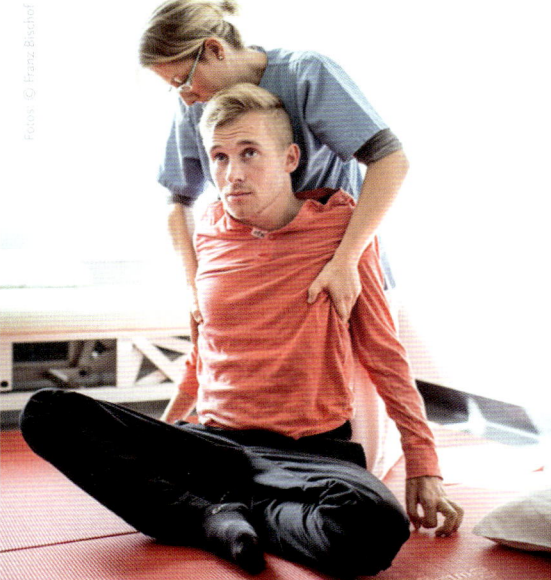

Therapie

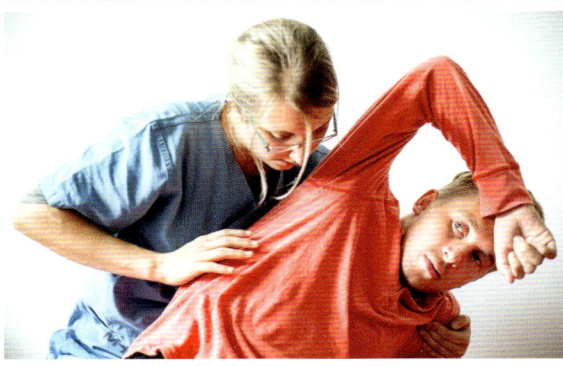

Blödsinn

Mit den Kommilitonen von der Schauspielschule

Bei den Dreharbeiten zu „Sturm der Liebe" und „Hilft nur küssen"

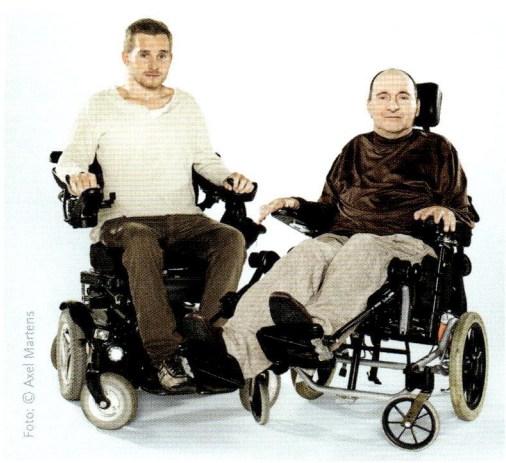

Im Interview mit
Philippe Pozzo di Borgo
oder Joachim Gauck

Veranstaltungen: Jurymitglied beim Kurzfilm-Wettbewerb

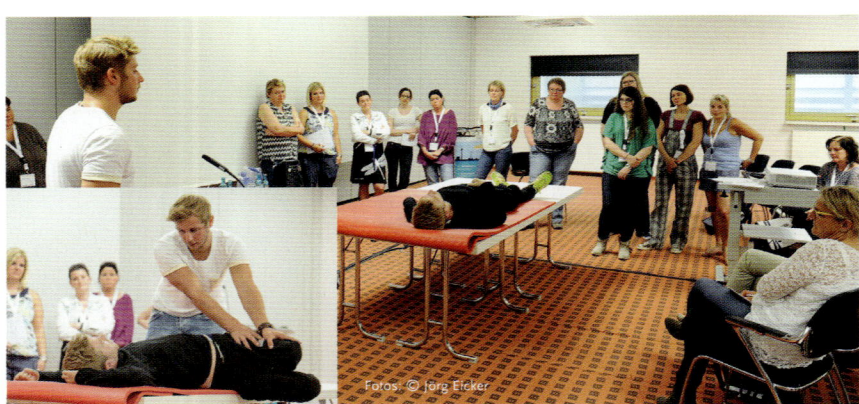

Workshopleiter bei medizinischen Kongressen

Vortrag vor Führungskräften

Inklusions-Projekte in Schulklassen

Trainer bei Voltigier-Lehrgang ...

...
und als Botschafter beim internationalen Sponsorenlauf der Stiftung für Rückenmarksforschung „Wings for Life" gemeinsam mit Sarah und Chris unter dem Motto „Wir laufen für alle, die nicht laufen können."

Tandem-Gleitschirm-Flug

In der Achterbahn

Beim Trocknen nach Tauchgang im Roten Meer

Im Schlepptau auf einem Luftkissen

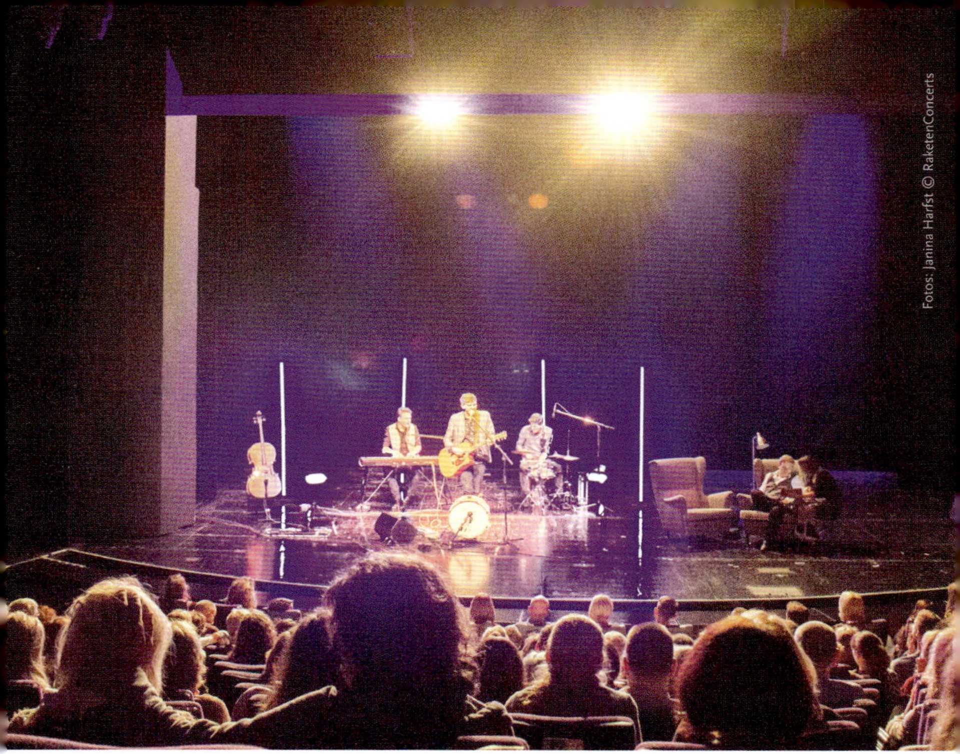

Fotos: Janina Harfst © RaketenConcerts

Konzertlesung Samuel & Samuel

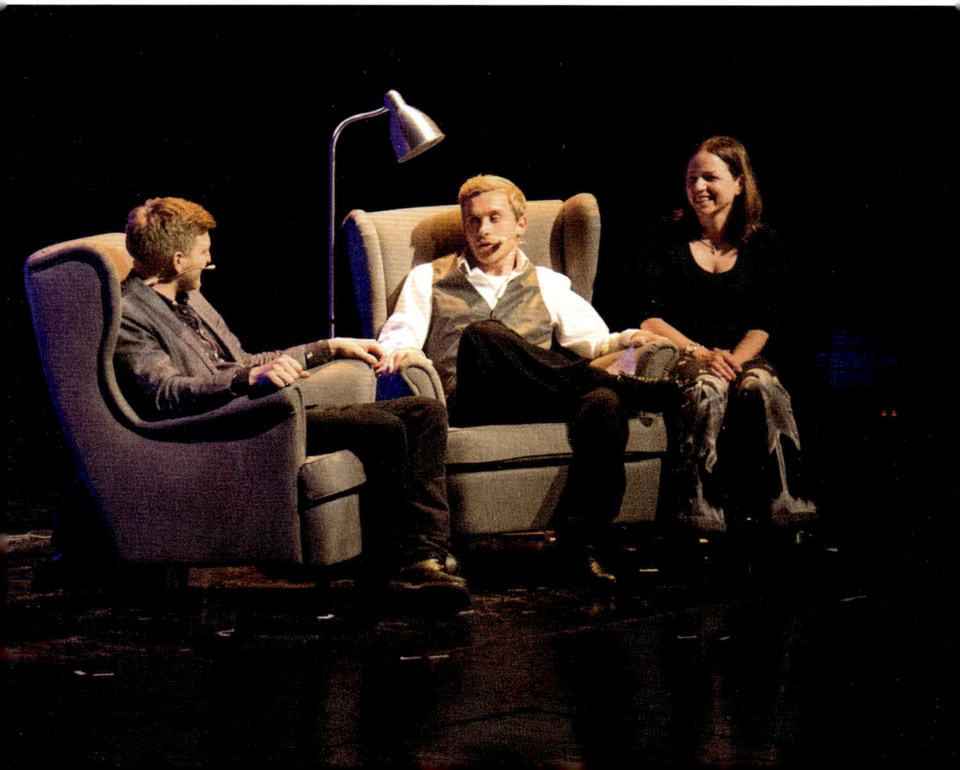

Auf Safari in Afrika

Samuel

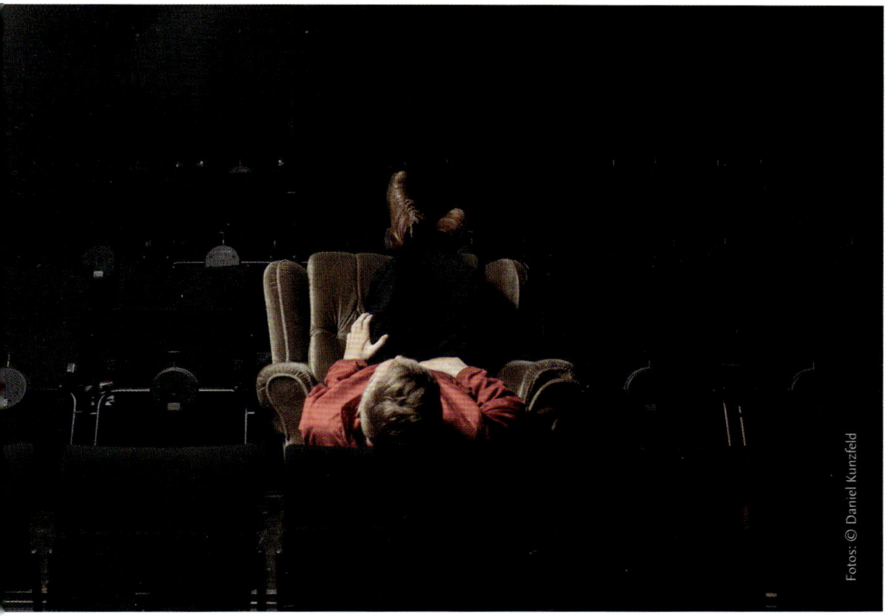

Fotos: © Daniel Kunzfeld

... mit Bruder

Fotos: © Jens Koch

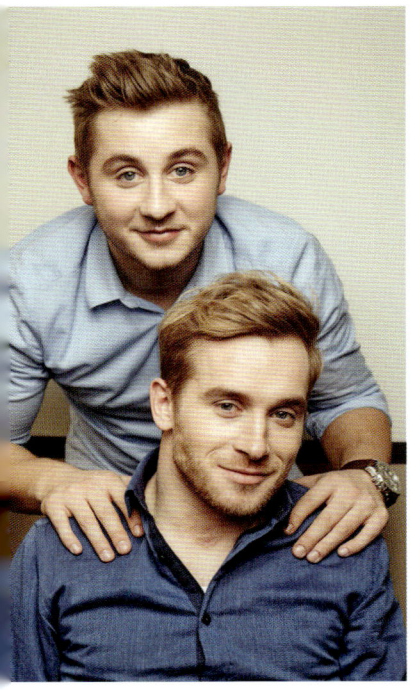

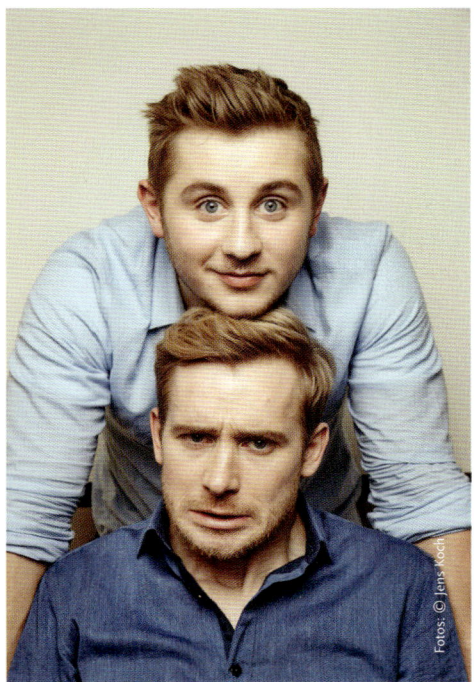

Samuel und seine Sarah

Foto: Peter Grühne © Samuel Koch

Mit Familie und Anhang

Foto: © Jens Koch

Und noch ein Aspekt: Jemandem zu helfen, der hilfsbedürftig ist, tut ebenfalls gut. Ich selbst finde es nicht schön, dass ich ständig andere Leute belästigen und beschäftigen muss. Dabei bekomme ich von denjenigen, die mir helfen (und nicht nur von denen, die dafür bezahlt werden ☺), gespiegelt, dass es ihnen nicht nur nichts ausmacht, mir die Hände zu ersetzen, sondern dass sie es sogar gern tun und als Privileg betrachten. Wenn ich das von mir losgelöst betrachte, kann ich es absolut nachvollziehen. Es ist einfach ein schönes Gefühl, anderen zu helfen. Physisch kann ich das nicht mehr, aber ich genieße es umso mehr, anderen auf andere Weise beizustehen. Wenn ich mich nur um meinen eigenen Mikrokosmos drehe, empfinde ich das Leben als armselig. Ich bin dann nachhaltig glücklich, wenn ich etwas mit anderen und für andere tun kann.

Philippe Pozzo hat dazu in unserem gemeinsamen „Spiegel"-Interview gesagt: „Wenn Sie mir helfen – und es geht ja gar nicht anders –, gebe ich Ihnen dafür vielleicht die Erfahrung von etwas Sinn, eine Öffnung zu etwas Neuem, zu einem anderen Blick auf den Menschen, zum Umgang mit der eigenen Angst. Ich wünsche den Menschen eine Abhängigkeit in aller Freundlichkeit, denn wir können ja auf freundliche Weise voneinander abhängen, nicht bloß gewaltsam. Es gibt kein Geben ohne Nehmen. Die Alternative heißt Gleichgültigkeit. Sie führt in die Einsamkeit und kann jeden erwischen."[9]

Wenn man mal ein bisschen tiefer bohrt, sind wir alle mehr oder weniger behindert oder eingeschränkt, spätestens im Kopf. Ängste, Hemmungen, Komplexe, Psychosen, Allergien, Unverträglichkeiten – die Liste der Dinge, die uns an etwas hindern (behindern), ist beliebig erweiterbar.

Verantwortung

In seinem offiziellen Abschiedsbrief schrieb Udo Reiter: *„Nach fast 50 Jahren im Rollstuhl haben meine körperlichen Kräfte in den letzten Monaten so rapide abgenommen, dass ich demnächst mit dem völligen Verlust meiner bisherigen Selbstständigkeit rechnen muss. Vor allem die Fähigkeit, aus eigener Kraft die Toilette zu benutzen und das Bett zu erreichen, und wieder zu verlassen, schwindet zunehmend. Parallel dazu beobachte ich auch ein Nachlassen meiner geistigen Fähigkeiten, das wohl kürzer oder später in einer Demenz enden wird. Ich habe mehrfach erklärt, dass ein solcher Zustand nicht meinem Bild von mir selbst entspricht und dass ich nach einem trotz Rollstuhl selbstbestimmten Leben nicht als ein von anderen abhängiger Pflegefall enden möchte. Aus diesem Grund werde ich meinem Leben jetzt selbst ein Ende setzen. Ich habe vielen zu danken, die meinen Weg begleitet und meinem Leben Freude und Sinn gegeben haben."*[10]

Tja. Genau in dem physischen Zustand, den Udo Reiter für sich als „entspricht nicht meinem Bild von mir" und nicht zumutbar beurteilt hat, befinde ich mich seit fünf Jahren. Und da kommen wir zurück zu Julias Frage: Warum habe ich weitergemacht? Warum nicht mein Leben beenden?

Zunächst einmal kann ich Udo Reiters Gedanken und Motive absolut verstehen. Oft habe ich mir in der Zeit nach dem Unfall mit den extremen Schmerzen gewünscht, ich wäre tot, und auch später, als mir die ganze Tragweite meiner Verletzungen langsam klar wurde, erschien mir diese Alternative durchaus verlockend. An Selbstmord habe ich aber nie ernsthaft gedacht. Schon allein, weil die Möglichkeiten für mich ja äußerst begrenzt sind.

Bei einem Gedankenspiel wie „Ich könnte jetzt mit dem Rollstuhl von dieser Klippe fahren" kam ich sehr schnell bei der Befürchtung an, dass ich dann am Ende wieder mal nicht totzukriegen sein könnte, sondern nur ein noch erbärmlicheres Häufchen Elend. Schließlich habe ich schon alle möglichen Unfälle und Verletzungen überlebt, selbst einen vierfachen Genickbruch, der sich eigentlich nicht mit dem Leben vereinbaren lässt. (Ich habe gehört, dass es weltweit nur 7 Menschen gibt, die mit einer nicht versteiften Jefferson-3-Fraktur leben, wie ich sie habe.) Zum anderen waren da aber so viele Menschen, denen ich so etwas nicht antun würde. Meine jüngeren Geschwister, meine Freunde, meine Eltern, vor allem mein Papa – was würde das mit ihm machen!? Ich habe unter anderem im Rahmen der Konzertlesungen schon einigen Vätern in die Augen gesehen, die ihre Kinder tot- oder ziemlich kaputt gefahren haben. Auf keinen Fall will ich meinem Papa noch traurigere Augen verursachen, als ich es ohnehin schon getan habe.

Auch sehe und höre ich immer wieder die vielen Schulklassen der Kinder vor mir, die mir bis heute und vor allem in der Reha-Zeit selbst aufgenommene Musik-CDs, Grußvideos, Unterschriftskollagen, Bilder und vieles mehr geschickt haben. Das war unglaublich rührend und auch motivierend. All diesen Kindern möchte ich kein schlechtes Vorbild sein.

Meine Familie und meine Freunde erwecken bisher nicht den Eindruck, als wären sie ohne mich glücklicher, auch wenn ich das manchmal denke. Also fällt auch das als Motivation zum Suizid weg.

Inzwischen ist noch ein weiterer Aspekt dazugekommen. Ich habe mittlerweile schon viele Zuschriften von Leuten bekommen, die mir Ähnliches schilderten wie in einer Mail erst vor wenigen Wochen: *„Hallo unbekannterweise! Du hast mir heute das Leben gerettet. Auch wenn Du davon nichts weißt – dir alles Gute und vielen Dank!"*

Auf meine Nachfrage, wieso, weshalb, warum, erklärte der Schreiber mir:

„Habe derzeit große, allumfassende Probleme, aus denen ich keinen Ausweg sehe und sah. Mein Plan für den Ausweg war, mit einer großen Flasche CO_2 in den Keller zu gehen und diese aufzudrehen – dann wären alle Probleme nach einer Minute gelöst. Die Flasche hatte ich schon besorgt und auch angefangen,

persönliche Dinge zu ordnen, bevor ich dann zur Tat schreite.
Gestern Abend habe ich dann aber in einer Zeitung einen Artikel
über Dich gesehen. Das hat mir Mut gemacht. Denn meine Pro-
bleme sind gegen die, die Du anfangs hattest, ein Witz. Wie Du
sagst: Tot ist man noch lange genug. Es gibt so viel Schönes auf
der Welt. Und ich bin gesegnet mit etwas, was unbezahlbar ist.
Ich bin, denke ich, gesund. In meinen Kopf schossen Dinge wie:
,Wahrscheinlich würde Michael Schumacher alles, was er erreicht
hat, wegwerfen, wenn er nur mit mir tauschen könnte in sei-
ner jetzigen Situation! Würden der oder Samuel Koch mich jetzt
hier sehen, würden sie denken: Was ist dieser Typ für ein dum-
mer Idiot!' Keine Ahnung, was ich jetzt weiter mache – aber ich
denke, das Thema Suizid ist für mich derzeit vom Tisch. Men-
schen wie Du, die nicht aufgeben, auch wenn es zunächst noch so
düster aussieht – die machen einem wirklich Mut! Und die Kraft,
die Du in dein Fortkommen investierst, die hilft auch anderen
Menschen. So wie jetzt mir zum Beispiel."

Kloß im Hals. Oh Mann, was soll ich da sagen? Es bedeutet mir
viel, so eine Nachricht zu bekommen. Und auch wegen solcher
frage ich mich: Was wäre jetzt mit all diesen Menschen, wenn
ich doch aufgeben würde? Dann wären ihre Weiterleben-Argu-
mente hinfällig und ich wäre in gewisser Weise mitverantwort-
lich dafür. Es gibt eine Verantwortung, die man als Mensch von
Grund auf hat und der man sich nicht entziehen kann. (Schon
ein Baby löst mit einem Lachen Freude bei seinen Eltern aus, mit
seinen Ausscheidungen kurbelt es die Windelproduktion an, und
wenn es krank wird, löst es die größte Panik aus.) Alles, was man
tut, wirkt sich auf andere Menschen aus, motiviert sie zum Guten
oder Schlechten.

Mir wird immer mehr bewusst, dass gerade Menschen, die in
der Öffentlichkeit stehen, diese Verantwortung in noch größerem
Maß haben – ob sie sie wahrnehmen oder nicht. Allerdings sehe
ich wenig Vorbildhaftes daran, mit dem Kopf gegen ein Auto zu
laufen. Das sehen auch andere Leute so. Sie argumentieren oft:

„Klar ist dein Leben lebenswert, du bist ja bekannt und stehst in der Öffentlichkeit." Ich muss immer erst erklären, dass das mitunter eher das Gegenteil von nützlich oder erfreulich ist:

(Mail vom 2. Januar 2015) „Hallo Koch, mir geht immer mehr der Hut hoch was man für ein Theater um ihre Person macht, jemand der so dämlich ist wie sie und einen Unfall derart provoziert der hat es nicht anders verdient! Ich habe nicht den Funken von Mitleid geschweige denn Verständnis für ihre Lage die haben sie absolut verdient! Ihnen wird jetzt alles in den Arsch geschoben und jeder kriech da hinein das kann ich nicht nachvollziehen ... Meine Frau ist unschuldig schwer verletzt worden und hat jetzt Pflegestufe 2 mit viel Theater sie kann nix dafür und niemand ist da der einem hilft wir leben am Existenzminimum und müssen um alles betteln aber Mr Koch der den Unfall mit absoluter Dummheit selber verursacht hat dem wird alles in den Arsch geschoben tolle Welt!
Aber eins ist gerecht so zu leben wie sie ist die grösste Strafe. Ich gehe nicht davon aus das Herr Koch das jemals liest aber das musste raus, nur zur Info wir wohnen 20 km von ihm weg."

Ausnahmsweise nahm ich mir bei diesem versteckten Hilferuf die Zeit, selbst zu antworten:

„Sehr geehrter Herr XY, danke für Ihre, wie ich vermute, emotionale und damit offene Neujahrsnachricht. In einigen Punkten kann ich mich Ihnen anschließen. Was für ein Theater um meine Person gemacht wird, kann ich absolut nicht verstehen, und ich bin selbst oftmals genervt darüber. Vor allem über das manchmal verschobene oder gar falsche Bild mit teilweise erfundenen Inhalten, das von mir in der Öffentlichkeit suggeriert wird.
Danke auch, dass Sie kein Mitleid haben; das bringt nämlich niemandem etwas! Auch damit, dass es für mich persönlich die größte Strafe ist, so zu leben, wie ich es tue, stimme ich überein. Dennoch versuche ich, die angesprochene Öffentlichkeit, so

gut es geht, produktiv zu nutzen. Auch wenn ich jegliche Homo-
erotik bezogen auf meine Person verschmähe, gestehe ich ein,
dass ,Dinge in den Arsch geschoben zu bekommen' gut sein kann.
Nur mit z. B. Bucheinnahmen ist es möglich, mich und meine
Familie zumindest im Moment über dem von Ihnen angespro-
chenen Existenzminimum zu halten.

Der Chefarzt der Klinik, in der ich rehabilitiert wurde, sagte ein-
mal: ,Es gibt keine vernünftigen Unfälle.' Darf ich mir die Frage
erlauben, was Ihrer Frau zugestoßen ist und wie lange das zu-
rückliegt? Da Sie betonen, dass wir nur 20 km voneinander ent-
fernt wohnen, könnte es ja sein, dass wir ähnliche Dienstleis-
tungen oder gar Pflegedienste empfangen. Eventuell könnte ein
Austausch produktive Folgen haben.

In jedem Fall wünsche ich Ihnen und vor allem Ihrer Frau von
Herzen Durchhalte- und Durchsetzungsvermögen sowie viel
Kraft, Gottes Segen und trotz allem auch den einen oder ande-
ren schönen Moment. Würde mich freuen, von Ihnen zu hören.
Ihre Arschstopfgans Samuel Koch."

Wenn eines von uns Kindern früher zu Papa ging und sich be-
schwerte, der und der habe es Blödmann genannt, gab er immer
zur Antwort: „Und? Stimm's?" Wir haben empört gesagt: „Natürlich nicht!" Und Papa erklärte: „Wo ist dann das Problem?" Wenn
mich jetzt Leute angreifen und mich das im ersten Moment verletzt, frage ich mich: „Und? Stimmt's?" Solange ich das mit Nein
beantworten kann, ist alles in Ordnung.

Ich sehe mich wie gesagt eher als Dienstleister. Ich mache das
möglichst Beste aus dem, was mir vor die Füße fällt, und wenn
Menschen daraus etwas Positives für sich ziehen können, freut
mich das natürlich. Und andersherum gibt es meinem Unfall
zwar keinen Sinn, wenn ich jetzt anderen Menschen weiterhelfen
kann wie dem umgestimmten Selbstmordplaner, aber es mildert
die Unsinnigkeit ein wenig.

Große Freude und Ermutigung brachte mir folgende Bege-
benheit, die weniger meiner Person als vielmehr der Bekanntheit

meiner Person zuzuschreiben ist: Eine iranische Hochleistungs-sportlerin war im Iran verunglückt. Ihr Verein hatte den Transport und eine Operation in Deutschland finanziert. Als dann festgestellt wurde, dass sie eine hohe, ziemlich irreparable Lähmung hat, wurden die finanziellen Mittel einfach gestoppt. Das Mädchen saß plötzlich da – ohne Krankenkasse, ohne Versicherung, ohne richtigen Rollstuhl und ohne Asyl. Sie sollte abgeschoben werden, doch im Iran hätte sie in ihrem Zustand kaum eine Überlebenschance gehabt. Ein befreundeter Arzt, der sie operiert hatte, rief mich an und fragte, was man machen könnte: an die Presse gehen? Spendenaufruf?

Normalerweise missfällt es mir, meine Bekanntheit zu instrumentalisieren. Zum Beispiel, wenn Mama am Telefon nach zähen Verhandlungen sagt: „Ich bin die Mutter von Samuel Koch." Ich habe sie darum gebeten, so lange wie möglich ohne diesen Hebel auszukommen. Meist heißt es erst: „Nein, wir sind nicht verantwortlich." Kaum sagt sie aber meinen Namen, öffnen sich alle Türen. Traurige Realität.

Die Bekanntheit ist wie ein Kapital. Mich nimmt man wahr, mir hört man zu – und deswegen versuche ich, denen eine Stimme zu geben, die sonst nicht gehört werden. Ich nutzte also meine Kontakte zur Deutschen Stiftung Querschnittlähmung und mit deren Hilfe und einigen weiteren bürokratischen und organisatorischen Schritten ist es dann geglückt: Das Mädchen konnte in einer Spezialklinik behandelt werden, erhielt einen Rollstuhl und ihre Mama wurde in der Nähe beherbergt. Als ich das erfuhr, war mein Tag gerettet. Ich habe mich riesig gefreut, dass ich dazu beitragen konnte.

Was wäre aber, wenn ich nicht in der privilegierten Lage wäre, anderen helfen zu können? Wenn keine Freunde und Familie für mich da gewesen wären, wenn es keine schönen Musikvideos von Schulklassen, keine rührenden Briefe gegeben hätte? Natürlich ist die Was-wäre-wenn-Frage hinfällig. Die Menschen, die Zuneigung, die Herausforderungen und Aufgaben sind da, und soweit es mir möglich ist, nehme ich sie dankbar an.

Doch mal angenommen, es gäbe keine Bühne, kein Schauspiel-studium, keine Benefits – würde mir Angenommensein und Glauben reichen? Ich würde mir anmaßen zu sagen, dass sie es tun – ich empfinde sie jedenfalls immer als das Auffangnetz in der Manege des Lebens. Immer dann, wenn ich am liebsten in Selbstmitleid versinken würde, greifen diese Sicherungsmaßnah-men.

Geschenke gibt man nicht zurück

Und dann war und ist da auch immer die Ehrfurcht vor Gott und dem Leben. Ein Hauch christlich-konservativer Respekt vor dem Suizid. Zwar hoffe ich, dass Selbstmord nicht „die unvergebbare Sünde ist", wie das wohl früher einmal die Überzeugung in eini-gen christlichen Kreisen war. Aber: Letztlich ist Selbstmord auch Mord. Mit dem Unterschied, dass man hinterher selbst tot ist.

Gott hat mir das Leben geschenkt; ich habe es mir nicht aktiv erworben. Gehört es mir damit überhaupt? Habe ich das Recht, es mir zu nehmen? Warum heißt es eigentlich „sich das Leben neh-men"? Man nimmt sich ja eigentlich den Tod und lehnt das Leben ab. Aber wenn man es sich nicht nimmt, wird man fremdgelebt. Man kann sich aber letztlich nur etwas nehmen, was man vorher nicht hatte. Oder heißt es einfach, dass man sich selbst die Chance auf ein Weiterleben nimmt? Wenn man den „Freitod" wählt – hat man damit dann deutlich gemacht, dass man das Leben selbst in die Hand genommen hat und wirklich unabhängig ist?

Ich sehe das Leben, wie gesagt, als ein Geschenk von Gott an. Doch man freut sich nicht jeden Tag über dieses Geschenk, das weiß auch jeder, der nicht im Rollstuhl sitzt. Der freie Wille ist ein Teil des Geschenks, er kommt in Kombination mit dem Leben hier auf der Erde. Den freien Willen würde ich allerdings oft am liebsten zurückgeben. Wenn ich etwas entscheide und somit mei-nen freien Willen durchsetze, kommt oft Blödsinn dabei heraus. Aber Oma sagte immer, dass man Geschenke nicht zurückgibt.

„Ich habe gelernt, Gott zu fürchten", so sagte mal Nikolaus Schneider, der es wissen muss – er hat eine Tochter an Krebs verloren und aktuell ist seine Frau Anne ebenfalls an Krebs erkrankt. Anne Schneider hofft, dass ihr Mann sie in die Sterbeklinik in der Schweiz begleiten wird, wenn es so weit ist, obwohl es seinen moralischen und religiösen Überzeugungen widerspricht. Sie würde damit Gott das Geschenk des Lebens zurückgeben, sagt sie. Das ist sicher auch eine legitime Sichtweise.

Andererseits: Tot bin ich noch lange genug. Vielleicht bin ich auch zu neugierig, um nicht mehr hier sein zu wollen. Möglicherweise habe ich noch 50 Jahre vor mir; da kann viel passieren. Ich freue mich zwar auf den Himmel, aber bis dahin schaue ich mal, was noch alles zu erleben ist. Ich habe jeden Tag schöne Erlebnisse: mal Gründe zum Lachen, mal tief gehende Gespräche, Herausforderungen und Belohnungen, ich bekomme und gebe hoffentlich viel Liebe. Die negativen Dinge, die ebenfalls täglich da sind, verdränge ich möglichst oder räume ihnen einfach nicht mehr Wichtigkeit ein, als ich ihnen zugestehen will. In mir ist immer noch ein Grundvertrauen darauf, dass Gott das schon irgendwie überwacht; ein grundsätzliches Für-möglich-Halten der Zusage, dass alle Dinge uns letztlich zum Besten dienen, wie es in der Bibel heißt.

„Meinem Bild von mir", wie Udo Reiter es formuliert hat, entspricht mein jetziger Zustand sicher nicht. Aber was soll das denn eigentlich sein, mein Bild von mir? Und hat es überhaupt irgendeine Aussagekraft, welches Bild ich selbst von mir habe? Ist ein Leben nicht lebenswert, nur weil ich es mir nicht so vorgestellt habe?

Dann wird es eng. Denn eine schnelle Umfrage unter Freunden und Bekannten hat ergeben, dass genau niemand sich sein Leben so vorgestellt hat, wie es letztlich verlaufen ist. Und für die meisten von uns ist es ja noch lange nicht zu Ende.

Ich glaube, dass hinter Udo Reiters Entscheidung letztlich vor allem Stolz stand. Zu stolz, um schwach und abhängig zu sein. Und das ist eine Eigenschaft, der ich mein Leben nicht opfern möchte.

Freiheit und Abhängigkeit

Als ich aus der Zelle durch die Tür in Richtung Freiheit ging,
wusste ich, dass ich meine Verbitterung und meinen Hass
zurücklassen musste, oder ich würde mein Leben lang
gefangen bleiben.
Nelson Mandela

Eigentlich müsste ich bei Gelegenheit eine Woche in die Schweiz
ins Gefängnis. Ich bin dort mal über eine rote Ampel gefahren,
und man kann sich aussuchen, ob man 1.600 Franken bezahlt
oder eine Woche absitzt. Aber in meinem jetzigen Zustand würde
das wohl schwierig werden. Und der Sinn der Sache ist auch nicht
gegeben. Gitterstäbe sind nicht nötig; wenn man mir den Elektrorollstuhl abschaltet, sitze ich fest. Im Grunde würde schon eine
10 cm hohe Schwelle reichen.

Ich bin mir nicht ganz sicher, aber ich glaube, ich säße lieber
im Gefängnis und hätte einen gesunden Körper, als mein Gefängnis in Form meines gelähmten Körpers immer bei mir zu haben.
So oder so wird einem in dieser Situation noch mal mehr bewusst, was für ein hohes Gut die Freiheit ist. Aber was genau ist
eigentlich Freiheit?

Früher habe ich mir unter diesem Begriff etwas ganz anderes vorgestellt als heute. An einem Tag im Sommer 2010 hab ich
mir einen kleinen Turnbeutel umgeschnallt und bin in einem
der schönsten mir bekannten deutschen Landstriche, südlich
von Kiel, einfach durch den Wald gerannt. Gerannt und gerannt.
An einem See hab ich meinen Beutel liegen lassen und bin quer
durchgeschwommen. Auf der anderen Seite war eine Kuhweide,
dort hab ich ein bisschen mit den Kühen getanzt und in der

Sonne gelegen, bevor ich wieder zurückgeschwommen bin und am See gelesen habe. Dann hab ich mir wieder den Beutel umgeschnallt und bin zurückgerannt. Das war einer der schönsten Tage des Jahres. Es war so herrlich. Für mich eine symbolhafte, physische Freiheit. Ganz allein mit der Natur.

Früher bedeutete Freiheit für mich zum Beispiel zu sagen: „Ich setz mich ins Auto und fahr zum Atlantik surfen. Oder ich nehme mein Brett und gehe in die Alpen zum Snowboarden." Das sind für mich physische Freiheitsaktionen, die einfach nicht mehr möglich sind und denen ich nach wie vor nachtrauere.

Ich bin heute in einer extremen Form von anderen Menschen abhängig. Aber bin ich damit auch unfrei?

Hilflosigkeit und Hilfe annehmen

Ich kann noch nicht mal eine Stunde ohne Hilfe auskommen. Das habe ich sogar schwarz auf weiß: In meinem Behindertenausweis steht der Vermerk „H" für „hilflos". (Definition: *Derjenige ist als „hilflos" anzusehen, der infolge seiner Behinderungen nicht nur vorübergehend für eine Reihe von häufig und regelmäßig wiederkehrenden Verrichtungen zur Sicherung seiner persönlichen Existenz im Ablauf eines jeden Tages fremder Hilfe dauernd bedarf*). Ich bin sozusagen amtlich beglaubigt absolut abhängig. Wobei „hilflos" ein unpassender Begriff ist, denn zum Glück bin ich ja nicht hilf-los, sondern lediglich auf Hilfe angewiesen – die ich meist auch bekomme. Manchmal sogar unfreiwillig.

Fast jeden Tag fahre ich ein bisschen allein raus, einfach um mal für mich zu sein. Tagsüber werde ich beinahe jedes Mal nach kurzer Zeit angesprochen – mein „Lieblingssatz": „Sind Sie nicht der von ‚Wetten, dass..?'?" Worauf ich mittlerweile nur noch mit „Das denken viele, aber es ist eine Verwechslung!" antworte. Bedenklich finde ich die manchmal dann folgende Reaktion: „Ach so – sonst hätte ich Ihnen alles Gute gewünscht." Die wesentlich nettere Ansprech-Variante ist: „Kann ich Ihnen helfen?" Da auch die sehr oft kommt, sage ich dann manchmal etwas forsch: „Nein danke, kann ich Ihnen helfen?" Weil ich dieses winzige Stück Freiheit gern allein genießen würde. Obwohl ich es natürlich andererseits sehr zu schätzen weiß, dass so viele Menschen hilfsbereit sind und sich offensichtlich Gedanken darum machen, wie es anderen geht und ob sie Hilfe brauchen.

Hilfe zu bekommen und anzunehmen, bin ich gewohnt, seit ich mit sechs Jahren jeden Tag im Kunstturn-Training antrat. 17 Jahre lang brauchte ich für Flugteile am Barren oder am Reck einen Trainer, der mir Hilfestellung gab. Ich habe also keine grundsätzliche Abneigung dagegen, Hilfe in Anspruch zu nehmen. Durch die Lähmung ist jetzt eine andere Form von Hilfe nötig, auf die ich zwar gerne verzichten würde, aber die ich nun mal brauche und für die ich im Grunde auch dankbar bin. Eine ambivalente Haltung.

Etwas völlig anderes ist es aber, wenn man aufgrund seiner Abhängigkeit von anderen demütigende oder entmündigende Dinge erlebt. Demut an sich ist etwas Gutes, aber nicht, wenn sie einem aufgezwungen wird.

Ich vermute, jeder, der im Rollstuhl sitzt, hat ein Problem mit seiner Mündigkeit. Leider schließen viele Menschen von einer körperlichen auf eine geistige Einschränkung. Bei spastischen Behinderungen ist das besonders ausgeprägt. Viele Spastiker können sich nicht gut artikulieren – und weil sie schwer zu verstehen sind, schließt man daraus automatisch auf mangelnde Intelligenz.

Auch bei mir ist es schon vorgekommen, dass sich jemand über mich beugte und fragte: „Können Sie die Worte verstehen, die meinen Mund verlassen?"

Ich erwiderte: „Ja, klar. Was ist mit Ihnen los? Warum reden Sie so komisch?"

Und dabei habe ich durch meine Bekanntheit ausnahmsweise einen Vorteil, weil einige Menschen mich schon mal irgendwo gesehen haben und daher wissen, dass mein Kopf meist noch ganz gut funktioniert.

Freiheit ist relativ

Letztlich ist niemand autonom, auch wenn man es nicht immer so deutlich sieht wie bei mir. Abhängig, das klingt so negativ. Aber wenn man es mal näher betrachtet, sind wir alle voneinander abhängig. Wir alle sind darauf angewiesen, dass andere uns Liebe und ein Gefühl von Zugehörigkeit geben. Kinder und alte Menschen sind von der Fürsorge ihrer Angehörigen abhängig. Jugendliche sind abhängig von der Unterstützung ihrer Eltern und vom Können ihrer Lehrer. Kranke sind darauf angewiesen, dass der Arzt weiß, was er tut. Der Arzt wiederum lebt von den Gebrechen seiner Patienten. Wir sind abhängig von der Heizöllieferung, vom Wetter, von der Weltpolitik.

In William Paul Youngs Buch „Die Hütte" fragt Gott den Protagonisten Mac: „Bedeutet frei zu sein, dass es dir erlaubt ist zu tun, was immer du willst? Wir können über all die einschränkenden Einflüsse sprechen, die aktiv gegen deine Freiheit arbeiten. Das genetische Erbe deiner Familie, deine spezifische DNA, deine metabolische Einzigartigkeit, die Quantenphänomene, die auf subatomarer Ebene ablaufen (…). Oder die Krankheit deiner Seele, die dich behindert und bindet, oder die gesellschaftlichen Einflüsse, denen du ausgesetzt bist, oder die Gewohnheiten, durch die synaptische Verbindungen und Pfade in deinem Gehirn erzeugt worden sind. Und dann sind da noch die Werbung, Propaganda und Paradigmen. Angesichts all dieser begrenzenden Faktoren", seufzte Gott, „was ist da wirkliche Freiheit?"[11]

Sicher, wir haben, oberflächlich betrachtet, eine gewisse Entscheidungsfreiheit darüber, wo wir wann hingehen und was wir wie machen. Doch auch darin sind wir nicht autonom, sondern zum Beispiel abhängig davon, ob der Chef uns freigibt, ob das Auto kaputtgeht, ob eine Grippe dazwischenkommt oder, oder, oder.

Es gibt außerdem viele Umstände, die einen dieser unmittelbaren Freiheit berauben können. Niemand ist sicher. Auch wenn man hundert Versicherungen abschließt. Jeder Mensch kann jeden Tag einen Unfall erleiden, ob selbst verschuldet oder nicht. In der Rehaklinik habe ich von den blödesten Unfällen gehört: Eine junge Frau hat draußen eine Zigarette geraucht, ihr wurde schwindelig, sie fiel um: Genick gebrochen. Eine andere ist mit dem Fahrrad vom Bordstein abgerutscht: Genick gebrochen. Die nächste fiel beim Schlafwandeln aus dem Fenster: querschnittgelähmt.

Die Erkenntnis, dass jederzeit etwas außerhalb unserer Kontrolle passieren kann und dass wir damit alle irgendwie abhängig und unfrei sind, hilft mir auf meiner Suche nach zumindest geistiger Freiheit.

Ich habe festgestellt, dass es mich innerlich freier macht, diese Abhängigkeit zu akzeptieren. Wie bei der Erdanziehung. Wir akzeptieren diese Einschränkung, ohne die wir uns gar nicht vernünftig bewegen könnten.

Kurze Exkursion zu einem für mich schöneren Beispiel: Liebesbeziehung. Meine Verlobte Sarah ist weitaus mehr als visuell und im wahrsten Sinne des Wortes wunderschön. Wir versuchen in unserer Beziehung drei Liebesformen ausgeprägt zu vereinen. Philia, die freundschaftliche Liebe; Eros, die körperliche Liebe; sowie Agape, die göttliche, bedingungslose Liebe. Wir sind uns darüber im Klaren, Menschen zu sein; und auch dass es bei Menschen unmöglich ist, uneingeschränkt bedingungslos zu lieben.

Sich diesem Lieben anzunähern erfordert tiefes Vertrauen. Im Nachhinein betrachtet, war es für Sarah und mich wichtig und ein guter Start in ein gesundes Vertrauensverhältnis, als wir uns zu Beginn unserer Beziehung nach ausgiebiger, doch stets liebevoller Auseinandersetzung gegenseitig eingestanden, dass wir uns nicht vertrauten. Deshalb beschlossen wir fortan gemeinsam auf die Suche nach Vertrauen und Liebe zu gehen.

In der anschließenden sehr intensiven Zeit wuchs unser Vertrauen, wir legten Distanzen zurück, die einmal um den Erdball reichen würden, und durchreisten gemeinsam über 40 verschiedene Orte. Und nach noch nicht mal einem Jahr fühlte ich mich zum ersten Mal in einer Beziehung frei von Enge, Pflichtgefühl und Eifersucht. Vollkommen freien Herzens konnten wir profane Dinge tun wie Reden und Zuhören, einander zum Feiern entlassen und selbst des anderen SMS-Verlauf mitlesen. Ein herrlich entspanntes Gefühl. Natürlich ist das nichts Statisches, sondern ein fortwährender Prozess, ein Abenteuer, in das wir uns hineinbegeben wollen.

Man beschränkt freiwillig seine Freiheit, weil eine enge Bindung mit totaler Unabhängigkeit nicht zu vereinbaren ist. Gleichzeitig wird man aber freier. Also erst das Akzeptieren von Abhängigkeit löst(e) uns von Zwängen. Anders gesagt: Das dankbare Annehmen einer Bindung oder die beiderseitige vollkommene Hingabe in eine Verbundenheit lässt uns erst richtig frei sein.

Kuriose Nebenerkenntnis: Physische Freiheitsmomente erlebe ich im jetzigen Zustand nur, wenn ich an etwas oder jemanden gebunden bin.

Bewusster Verzicht

Insgesamt hänge ich nicht mehr so an meinem Leben. Das entspannt und ist auch eine Form von Unabhängigkeit.

Verloren habe ich letztlich „nur" eine gewisse Bewegungsfreiheit und damit auch Spontanität. Entscheidungsfreiheit habe ich noch genauso viel oder genauso wenig wie vorher.

Bleibt noch die innere Freiheit. Positiv finde ich eine innere Unabhängigkeit: Wenn ich mich nicht von dem abhängig mache, was andere über mich denken könnten oder wie ich rüberkomme oder Ähnliches, dann bin ich innerlich schon mal ein ganzes Stück freier, als wenn ich bei allem, was ich tue, andauernd auf diese Aspekte achte. Man kann aber auch auf der anderen Seite vom Pferd fallen, indem die innere Unabhängigkeit in Gleichgültigkeit oder Rücksichtslosigkeit umschlägt. Ein bisschen ging es mir früher so. Da habe ich mehr für mich gelebt. Ich würde nicht sagen, dass ich egoistisch war, aber ich habe vom Grundsatz her mein Ding gemacht und dann geschaut, ob ich mich darin auch für andere nützlich machen kann. Das hat viele Entscheidungen einfacher gemacht. Vielleicht war ich auch deshalb proaktiver und habe stärker agiert.

Heute mache ich es eher umgekehrt: Ich lasse die Dinge auf mich zukommen, schaue, was ich für andere tun kann, und dann erst sehe ich, was für mich dabei rumkommt. Das ist ein bewusster Verzicht und damit für mich auch ein Ausdruck innerer Freiheit.

Freundschaft

Es blüht die Wurst nur kurze Zeit,
die Freundschaft blüht in Ewigkeit.

Wilhelm Busch

Unmittelbar nach der Reha und nachdem die letzten schlafarmen Arbeiten an dem Buch „Zwei Leben" abgeschlossen waren, stand mir der Sinn nach Urlaub – etwas Abstand von allem und Zeit, über die Zukunft nachzudenken.

Ägypten schien mir ganz praktisch, da es dort warm, aber nicht zu heiß ist und der Flug auch nicht endlos lange dauert. Es sollte ein meiner Persönlichkeit eher wenig entsprechender Anti-Abenteuer-Katalogurlaub mit Pool, Animationsprogramm und Vollpension werden.

Wir suchten lange nach einem Pfleger, der mitkommen würde. Endlich erklärte sich eine Krankenschwester aus dem Paraplegiker-Zentrum in der Schweiz dazu bereit. Meine Mutter lernte sie an, aber einen Tag vor der Abreise bekam sie Muffensausen und sagte ab, mit der Begründung, es sei ihr zu viel Verantwortung. In einer Hals-über-Kopf-Aktion fanden wir doch noch einen Pfleger, der Zeit hatte und bereit war, sich extrem spontan auf dieses Abenteuer einzulassen. Zwar hatte Daniel keine Ahnung, wie man mit einem Tetraplegiker umgeht, doch er kam umgehend zu uns, wurde kurz in das Wichtigste eingewiesen und wir flogen ab nach Ägypten. Jonathan, ein guter Freund von mir, begleitete mich außerdem.

Jonathan Hutter hatte ich 2010 in Stuttgart kennengelernt. Zwar war mir bereits die Ehre zuteilgeworden, einen Studienplatz in Hannover zu bekommen; aber weil ich Spaß daran hatte, nahm ich an weiteren Aufnahmeprüfungen teil. So auch in Stuttgart. Glücklicherweise kam ich zu spät und erhielt die Möglichkeit, am darauffolgenden Tag vorzusprechen. Einer der das Vorsprechen betreuenden Studenten gab mir Handynummern von Schauspielstudenten, die ihre Unterkunft für Bewerber zur Verfügung stellten. So geriet ich an Jonathan aus dem damals zweiten Semester, der sagte: „Klar, kein Problem, komm vorbei, bis später." Noch heute beschwert er sich hin und wieder über die Banane und den Joghurt aus dem Supermarkt, die ich ihm als „Gastgeschenk" präsentierte.

Sonderbehandlung

Da es sich um meinen ersten Flug seit dem Unfall handelte, der länger als eine Stunde ging, gab es diverse Unwägbarkeiten. Unter anderem besteht bei Tetraplegikern ohnehin schon ein erhöhtes Thromboserisiko, da ihre Muskelpumpe in den Beinen nicht funktioniert. Bei mir ist es durch eine defekte Halsschlagader zusätzlich verstärkt, sodass ich zwingend Gummistrapse tragen musste und mir prophylaktisch eine Thrombosespritze reinpfeifen ließ. Ich glaube, es ging gut, denn an einen weiteren Schlaganfall kann ich mich zumindest nicht erinnern. Woran ich mich jedoch lebhaft zurückerinnere, wenn ich an diesen Flug denke, sind die beinahe bewusstseinsraubenden Schmerzen, die ich hatte, sowie die Bemühungen der Jungs und der Flugbegleiterinnen, diese irgendwie zu lindern.

Nach der Landung in Hurghada wurde schnell deutlich, dass das Hotelpersonal angewiesen worden war, ein gutes Bild abzugeben. Am Flughafen empfingen uns drei Herren, nahmen uns das Gepäck ab und führten uns an allen Schranken und Menschenschlangen vorbei. Vor dem Flughafen warteten sechs weitere Personen und brachten uns mit dem Rollstuhltaxi zum Hotel. Als wir dort ankamen, begrüßte uns scheinbar die halbe Besetzung des Hotels. Man reichte uns heiße Waschlappen fürs

Gesicht, anschließend Rosenwasser und danach Fruchtcocktails. Der Hotelmanager stieß mit uns an, und ständig wurden wir gefragt, ob alles in Ordnung sei. „We can do this for you. We can do everything for you!"

Als es Zeit fürs Mittagessen war, traten scheinbar sämtliche Köche ans Büfett und konkurrierten mit der Anpreisung ihrer unterschiedlichen Gerichte. Zuerst dachten wir, diese Prozeduren würden allen neuen Gästen zuteil, aber als auch am dritten und vierten Tag nach wie vor die Köche Spalier standen und uns stets ein Hotelpersonalpingu eskortierte, gab es keinen Zweifel mehr: Wir wurden zuvorkommender behandelt als die anderen Gäste.

Zwei Wochen lang war die Anrede „Mister Samuel!" mein ständiger Begleiter: „Mister Samuel, are you hungry?", „Mister Samuel, do you need something?", „What can I do for you, Mister Samuel?" Zunächst war das ganz lustig, doch schnell wurde es unangenehm. Noch heute werde ich von meinen Freunden deswegen gehänselt.

Weil es uns missfiel, ständig beschattet zu werden, bestellten wir uns über das Zimmertelefon ein Taxi, um damit in die nächstgelegene Stadt oder am besten in die Wildnis zu fahren. Doch irgendjemand verpetzte uns beim Hotelmanagement. Der Manager vereitelte unsere Fluchtpläne und rief eine Limousine, die uns in der hermetisch abgeriegelten Hotelanlage abholte und nach einiger Fahrzeit durch die mit dem Rollstuhl unpassierbare Wüste im touristischen Teil Hurghadas absetzte.

Da ich relativ frisch aus der Klinik kam und von vielen ungewohnten Umständen dieser Reise überrascht wurde, blieb ich von unangenehmen Nächten nicht verschont. Eine ist mir als besonders schmerzhafte gleichermaßen positiv wie negativ in Erinnerung geblieben. Einmal mehr überfiel mich massiver Nackenschmerz, der über den Kopf in Augen, Kiefer, Ohren und Schultern ausstrahlte, also überall dahin, wo ich noch etwas spürte. Fachärzte machen das Trauma des dreifach gebrochenen ersten Halswirbels für diese Art von Trigeminusneuralgie verantwortlich. (Wenn man Wikipedia Glauben schenken darf, gehören die Schmerzen, die bei der Trigeminusneuralgie auftreten, zu den stärksten für den Menschen vorstellbaren, und die Suizidrate ist bei Betroffenen signifikant erhöht.)

Wie jeder andere Mensch in solch einem Fall hatte ich das dringende Bedürfnis, aufzustehen und mich irgendwie abzulenken. Wider besseren Wissens versuchte ich mit aller Gewalt und unter brunftartigen Tiergeräuschen, meine Beine und Arme zu bewegen; nichts tat sich. Dieser nicht zu befriedigende Bewegungsdrang und die daraus resultierende Platzangst im eigenen Körper führten dazu, dass ich mich total verkrampfte, dadurch in Panik geriet und demzufolge Atemnot und daraufhin noch mehr Panik bekam.

In solchen Momenten (die inzwischen zum Glück seltener, aber dennoch regelmäßig auftreten) habe ich Gott schon oft vorgeschlagen: „Entscheide dich – Schluss mit den Schmerzen oder mit mir!" Doch oft nimmt Gott bekanntlich nicht die Lasten, sondern stärkt die Schultern.

In diesem Fall entlastete er meine Schultern in Gestalt von Jonathan, an dem meine Tortur nicht unbemerkt vorübergegangen war. Er machte kurzen Prozess, hievte mich aus dem Bett, bekleidete mich rudimentär und schob mich im manuellen Rollstuhl bis an den Strand. Es muss zwischen 2:00 und 5:00 Uhr nachts gewesen sein.

Am Ende des gepflasterten Weges angekommen, ließ Joni mich stehen, verschwand in der Dunkelheit und kam schließlich mit einem großen Liegestuhl im Schlepptau wieder. Nachdem er mich auf diesem platziert hatte, karrte er mich den Strand entlang bis unmittelbar zur Brandung des Roten Meers. Die Wellen rauschten unter uns und über uns funkelten die Sterne. Endlich beruhigte ich mich und schlief vollkommen erschöpft an Ort und Stelle ein und Jonathan wachte an meiner Seite.

Freunde mit gewissen Vorzügen

Auch mein guter bester Sandkastenfreund Chris spart nicht an selbstlosem Einsatz für mich. Das letzte Mal ist erst ein paar Wochen her.

Man kann sich wahrscheinlich vorstellen, wie blöd es ist, wenn man flach auf dem Rücken liegt und kotzen muss. Und noch viel blöder ist es, wenn man sich nicht aufrichten kann, um das zu tun, wozu einen der Magen zwingt. Man kotzt sich dann zwangsläufig selbst ins Gesicht.

Da ich in meinem früheren Leben so gut wie nie irgendwelche Medikamente zu mir genommen habe, reagierte mein Magen sehr ungnädig auf die Unmengen von Chemie, die ich plötzlich eingeworfen bekam. Als ich dann in der Klinik so weit war, meinen Kopf wenigstens ein bisschen anheben zu können, habe ich es zumindest geschafft, mir auf den Bauch zu erbrechen. Regelrecht ein bisschen stolz war ich, als ich einmal im Klinikbett lag und mein Magen zu einer so ruckartigen Kompression in der Lage war, dass ich in einem relativ sauberen Strahl im hohen Bogen auf den Boden neben meinem Bett gekübelt habe.

Chris weiß natürlich von dieser unangenehmen Problematik. Neulich kam er mich in Darmstadt besuchen, weil er am Folgetag bei einem Sponsorenlauf in meinem Team mitmachen wollte. Außerdem wollte er mich bei meinen diversen damit zusammenhängenden Interviewterminen unterstützen und am Abend unsere Konzertlesung besuchen. Chris übernimmt auch mal medizinische „Dienste", weil er weiß, dass es für mich schön ist, einmal nicht in einem Angestelltenverhältnis zu leben, und ich vertraue mich ihm gern an. Daher hatten wir den eigentlich diensthabenden Assistenten nach Hause geschickt.

Unglücklicherweise ging es mir an diesem Abend plötzlich sehr schlecht. Chris erkannte schnell, dass ich weiß um die Nase wurde, und klappte mich im Rollstuhl so nach vorn, dass ich mich in die eilig herbeigeschaffte Käsefondueschüssel übergeben konnte. Den ganzen Abend kümmerte er sich rührend um mich.

Als Chris mich schließlich ins Bett gebracht hatte, sollte er sich eigentlich im Gästezimmer hinlegen – eilte dann aber beim kleinsten Geräusch, das ich von mir gab, ständig wieder zu mir und setzte sich schließlich mit Schüssel und Handtuch bewaffnet direkt neben meinem Kopf auf den Boden, um mir schneller helfen zu können, wenn es notwendig war. Dort blieb er dann halb schlafend, halb lauernd sitzen. Bei Tagesanbruch kauerte er immer noch an mein Bett gelehnt auf dem Boden, war aber mittlerweile eingeschlafen.

Trotzdem rannte er am darauffolgenden Tag 16 Kilometer, nachdem ich den Startschuss abgefeuert hatte und immer noch befürchtete, jeden Moment auf die Start- und Ziellinie zu brechen.

Herzensfreundschaft

Aber obwohl ich jedes Mal neu gerührt bin über solche Liebesdienste, sind es doch nicht sie, die unsere Freundschaft ausmachen. Sie beruht nicht darauf, dass ich der arme Hilfsbedürftige bin und sie die Helden – wir sind immer noch dieselben, die sich nicht nur gut verstehen und füreinander interessieren, sondern sich auch zur Seite stehen und von denen einer eben ein bisschen unbeweglicher ist. Ich meine zu behaupten, dass ich immer noch wie früher derjenige bin, der Aktivitäten initiiert und die anderen antreibt.

Schon Aristoteles unterschied drei Arten von Freundschaft, die, wie ich finde, heute noch übertragbar sind:

„Lustfreundschaft", in der man neben gegenseitiger Sympathie vor allem ein Hobby oder eine gemeinsame Leidenschaft teilt, wie zum Beispiel einmal die Woche gemeinsam Bingo zu spielen oder zum Line Dance oder Apnoetauchen zu gehen.

„Zweckfreundschaft", in der man ein gemeinsames Ziel verfolgt und sich dabei gegenseitig von Nutzen sein kann, wie in der Schule, der Firma oder der Partei, und die

„Herzensfreundschaft" – diese ist im Grunde „zweck-los" und existiert nur um ihrer selbst willen.

Ohne Herzensfreundschaften hätte ich meine schwierigen Zeiten wohl kaum durchgestanden. Und andersherum hätten reine Nutzen- oder Spaßfreundschaften diese schwierigen Zeiten ebenfalls nicht überdauert.

Ein solcher Herzensfreund ist auch Jonathan, den ich erst kurze Zeit vor dem Unfall kennengelernt habe. Wir entdeckten viele Gemeinsamkeiten: Beide waren wir junge angehende Schauspieler mit ähnlichen Wurzeln, waren nämlich jeweils in einer sechsköpfigen, gläubigen Familie aufgewachsen, hatten mit unseren Eltern und Geschwistern die Gemeindearbeit mitgestaltet und sind dementsprechend beide ausgesprochene Familienmenschen sowie jeder auf seine Weise eitle Bewegungsfanatiker. Vielleicht ritten wir deshalb von Anfang an auf einer Wellenlänge.

Doch ähnlich wie bei Zahnpastatuben, die ihr wahres Inneres erst dann zeigen, wenn sie unter Druck stehen, vertiefte sich unsere Freundschaft maßgeblich in der schmerzhaften Zeit nach dem Unfall. Wann immer sein Studienalltag in Stuttgart es zuließ, besuchte Jonathan mich in der Schweizer Reha-Klinik. Wir redeten, lachten, weinten und schwiegen miteinander. Essenzielle Dinge, die man nur mit einem echten Freund tun kann.

In einer Zeit, in der Jobs und Partner häufig wechseln und Familien nicht mehr selbstverständlich sind, behauptet der Berliner „Freundschaftsexperte" Wolfgang Krüger, solche Herzensfreundschaften hätten vier Merkmale:

1. Offen und ehrlich reden können
2. Verlässlichkeit
3. Geheimnisse bewahren/Vertrauenswürdigkeit
4. Freundschaft pflegen.

Chris Brunner über die Freundschaft mit Samuel

Echte Freundschaft ist für mich von Leichtigkeit geprägt. Sie existiert bei Sam und mir völlig losgelöst von Erwartungshaltungen. Hätte ich diese, hätte ich ihm die Freundschaft schon im Kindergarten kündigen müssen, als er mich stets zu spät zum Spielen abholte (theoretisch warte ich noch heute auf die eine oder andere Abholung). Auf der anderen Seite hätte er mindestens ein Spielzeug-Imperium gründen können, wenn ich nicht so viele seiner Sachen auf dem Gewissen hätte (letztes Ereignis: Dezember 2014, die Kronleuchter-Halterung bei „Agathas letzter Wille" geschrottet).

Es ist ein vertrautes Gefühl, ihn an meiner Seite zu wissen, egal wo/an welcher Stelle er sich befindet (räumlich oder auch interpersonell). Hinter mir: immer! Vor mir: zu Zwecken dringender Nackenmassagen sogar als betreuende Personalie an DFB-Pokalfinalen... Freund ist nun mal Freund. Meine „Lapsus", Missetaten, Fauxpas, Fehltritte und auch Dummheiten formulieren sich ihm gegenüber weniger mühevoll, beziehungsweise überhaupt nur bei ihm. Mich auf das Wagnis des „Blankziehens" einlassen zu können und dabei seine Aussagen kommentarlos entgegenzunehmen, ist für mich ein Prozess, aus dem ich zumindest in letzter Konsequenz immer gestärkt hervorgehe. Er gibt keine Floskeln oder Belehrungen von sich, sondern ist immer glaubwürdig. Gemeinsame Erlebnisse teilen zu können beziehungsweise zu dürfen ist für mich dann der Streusel auf dem Apfelkuchen.

10 Minuten mit einem guten Freund neutralisieren laut einer Freundschafts-Studie eine Stunde Stress. Mit Jonathan und Chris habe ich feste wöchentliche Telefontermine eingeführt, damit wir im Alltagsstress in Kontakt bleiben. Wir bringen uns gegenseitig auf den neuesten Stand, lesen uns Texte vor, die uns im Lauf der Woche begegnet sind, oder reden einfach nur Blödsinn. Neulich las ich mit einem der beiden eine komische Formulierung im

2. Korintherbrief 11,30, wo es darum geht, sich „seiner Schwäche zu rühmen". Etwas, das im ersten Moment widersprüchlich scheint: mit Mängeln prahlen?

Das Gegenteil scheint erst mal sicherer zu sein: seine Schwächen nicht zu zeigen. Hinter seiner Fassade zu bleiben. Sorgen, Ängste oder Schuldgefühle lieber nicht ans Licht zu bringen und stattdessen über Smartphones, Politik oder Fußball zu reden. „Alles in Ordnung" zu suggerieren und unantastbar zu sein.

Ich habe aber die Erfahrung gemacht, dass es ungemein stärkt, seine Schwächen mit Format zu tragen – zu ihnen zu stehen, sich mit ihnen auseinanderzusetzen und sie mit Freunden zu teilen, die ebenso transparent sind. Ich weiß, dass sie mich kennen und trotzdem lieben. Und wenn sie mir einen Rat geben, ist das ein sanftes Korrektiv. Nur so kann man sich meiner Meinung nach weiterentwickeln.

Freunde beleben, bereichern und tragen sich gegenseitig. Vor allem aber gibt ein guter Freund mir das Gefühl, zu Hause zu sein, egal, wo ich bin. Wahrscheinlich schlafe ich auch deshalb bei Chris in Berlin am allerbesten, obwohl sein „Bett" nur aus zwei ranzigen Ikea-Matratzen besteht.

Ist ein normales Leben denn zu viel verlangt?

Normale Menschen gehen spazieren.
Normale Menschen lesen Bücher.
Normale Menschen essen.
Normale Menschen trinken.
Normale Menschen trinken Alkohol.
Normale Menschen trinken zu viel Alkohol.
Normale Menschen rauchen.
Normale Menschen rauchen zu viel.
Normale Menschen kiffen.
Normale Menschen haben eine furchtbare Kindheit.
Normale Menschen sind deshalb aggressiv.
Normale Menschen verprügeln jemanden auf der Straße.
Normale Menschen töten aus Versehen.
Normale Menschen bauen Unfälle.
Normale Menschen sind dadurch behindert.
Normale Menschen werden dann zu Tyrannen.
Normale Menschen streiten sich.
Normale Menschen führen Krieg.
Normale Menschen sind Soldaten.
Normale Menschen müssen töten.
Normale Menschen töten mit Absicht.
Normale Menschen vergewaltigen.
Normale Menschen sehen nur zu.

Wenn das alles normal ist, gibt es kein anders mehr.
Wenn es kein anders mehr gibt, sind alle gleich.
Wenn alle gleich sind, ist anders normal.

Heaven Is a Halfpipe

Ich möchte Sie bitten, Geduld zu haben gegen alles Ungelöste
in Ihrem Herzen und zu versuchen, die Fragen selbst
liebzuhaben wie verschlossene Stuben und wie Bücher,
die in einer sehr fremden Sprache geschrieben sind.
Forschen Sie jetzt nicht nach den Antworten, die Ihnen nicht
gegeben werden können, weil Sie sie nicht leben könnten.
Und es handelt sich darum, alles zu leben.
Leben Sie jetzt die Fragen. Vielleicht leben Sie dann
allmählich, ohne es zu merken, eines fernen Tages
in die Antwort hinein.
Rainer Maria Rilke[12]

Ich sitze im Hinterhof in der Nachmittagssonne und versuche
parallel abwechselnd Texte von Graiber über Schulden der letzten 5.000 Jahre und eine Szene für eine Romanverfilmung zu
lernen. Während unseres Theaterstücks „Schulden", das vor der
Darmstädter Zentralstation in einem künstlichen griechischen
Tempel stattfindet, soll unter anderem ein Huhn auf der Bühne
geschlachtet werden, es sei denn, Zuschauer kaufen dieses frei.
Geschmacklos, gewalttätig, skandalös. Auf der einen Seite. Auf
der anderen Seite kommt dieses Huhn ohnehin aus dem Schlacht-
hof und würde, falls es freigekauft wird, den Rest seines Lebens
auf einem Biobauernhof verbringen. Zudem kann diese scheinbar sinnlose Provokation die Frage aufwerfen, warum einen die
Schlachtung vor den eigenen Augen so angreift, während man
im Supermarkt meist gleichgültig an der Fleischtheke vorbeiläuft.
Und weiterführend, wie viel ein Leben wert ist, da es ohnehin
ständig überall auf der Welt heißt: Geld oder Leben.

Karos Pony wurde heute von einem größeren Pferd ein Bein gebrochen, daraufhin musste es eingeschläfert werden. Und am selben Tag bekomme ich hier in der Sonne kein Wort gelernt, denn direkt vor mir sitzt ein kleiner Spatz, und ich beobachte aus nicht allzu ferner Ferne, wie sich eine schwarze Katze ihm nähert. Wieder einmal scheinen die Tiere mich als eine nicht lebendige Masse wahrzunehmen, wodurch ich interessante Beobachtungen mache.

Mit jedem Schritt, den sich die Katze heranschleicht, wächst meine Angst, gleich Zeuge eines Gemetzels zu werden. Dann aber stelle ich erheitert fest, dass der Vogel eine Art Blickkontakt zur Katze aufnimmt; sie scheinen sich zu kennen. Er hopst auf die Katze zu und flattert vor ihrem Gesicht hin und her, sie stupst ihn scheinbar spielerisch immer wieder mit ihren Pfoten und unausgefahrenen Krallen an. Hin und wieder beruhigt sich das Spiel, der Vogel entfernt sich etwas und die Katze legt sich räkelnd und schnurrend neben ihm hin. Ein idyllisches Bild.

Doch dann scheint die Kuschelparty zu eskalieren: Die liebevollen Stupser der Katze werden rabiater, der nach wie vor heiter flatternde Spatz wird immer öfter am Kopf getroffen (das viel zitierte „Spatzenhirn" scheint seine Berechtigung zu haben). Als die Katze dann auch noch Zähne zeigt, starte ich den Rollstuhl und greife ein.

Leider vielleicht einen Tick zu spät, denn die Katze huscht zwar auf meine Attacke hin flink weg, der Vogel jedoch bleibt hechelnd und schwach hopsend an seinem Platz. Er scheint zu schwer verletzt, um wegfliegen zu können. Mitleidsvoll umfahre ich ihn und beobachte ihn eine Zeit lang. Dann zwinge ich mich wieder auf meinen Platz, um weiter Text zu lernen. Doch als ich mich umdrehe, sehe ich, wie dieselbe Katze sich unter einem Auto erneut an den keuchenden Vogel heranpirscht. Sofort starte ich zu einem weiteren Verteidigungsmanöver. Dies wiederholt sich einige Male, bis ich beschließe, dem Vogel nicht mehr von der Seite zu rücken. Ich liefere mir ein ständiges Katz-und-Rollstuhl-Spiel mit dem schwarzen vermeintlichen Kater, umkreise das Auto, unter welchem er sich verschanzt. Ich weiß nicht, wie lange diese Prozedur geht, jedenfalls beginnt es schon zu dämmern, als die Katze nach einigen meiner dynamischen und lautstarken Attacken aufgibt. Ich triumphiere und glaube, den Vogel gerettet zu haben.

Mit den letzten Sonnenstrahlen versuche ich weiter zu lernen, ein Auge für den Graiber-Text und eins für den immer noch erschöpft hechelnden Spatz. Von der besiegten Katze ist nichts mehr zu sehen. Jedoch nähert sich nun ein dunkelblauer Golf 3 der hässlichen Pink-Floyd-Sonderedition, wie ich ihn selbst einmal fuhr. Er rollt geradewegs wie von langer Hand geplant mit dem rechten Vorderreifen auf den Spatz zu ... und zermatscht ihn.

Aus dem Golf steigen eine hochschwangere Frau und der Fahrer, der vermutlich für dieses neu entstehende und das gerade genommene Leben verantwortlich ist.

Die Welt ist so grausam. Fressen oder gefressen werden.

Warum das alles?

Wenn ich schon als Nichtvegetarier, der kopflos Chicken Nuggets futtert, so sehr um einen toten Spatz trauere, wie ich es an diesem Abend getan habe, wie sehr muss Karo um den kleinen Eddie trauern, den sie schon drei Jahre kannte? Und wie sehr erst eine Mutter, die ihr Kind verliert, das sie schon sein ganzes Leben lang kannte?

Dass die Welt grausam ist, weiß ich nicht erst seit meinem Unfall, doch das geballte Leid, mit dem ich auf der Intensivstation konfrontiert wurde, in der Menschen täglich ums Überleben kämpften oder auch nur auf ihr Ableben warteten, hat mich so einiges noch mal überdenken lassen. Zum Beispiel die berühmte Frage: Wenn es einen Gott gibt, warum lässt er das dann alles zu?

Vor einigen Wochen bat mich eine deutsche Familie um Hilfe für einen syrischen Freund, der für eine Hilfsorganisation arbeitet und dem auf dem Weg zur Uni ein Scharfschütze in den Kopf geschossen hat. Zwar überlebte Muhammed Al-Moussa wie durch ein Wunder, jedoch schwebte er jetzt, einige Monate später, erneut in akuter Lebensgefahr, da vor Ort niemand in der Lage war, die hochkomplexe notwendige Operation durchzuführen und die immer noch offene Schädeldecke zu schließen. Seine deutschen Freunde hatten bereits das Geld für die Operation vorgelegt, doch Muhammed erhielt dennoch kein Visum für die Einreise nach Deutschland. Ich telefonierte mit der Deutschen Botschaft, dem Auswärtigen Amt und dem Bundespräsidialamt, jedoch sah es danach aus, als ob die Willkür verschiedener Behörden darüber zu entscheiden drohte, ob Muhammed sterben wird und Frau und Kind allein zurücklässt.

Nicole Neumann, eine bildhübsche und erfolgreiche junge Frau, die unter anderem für das Wirtschaftsministerium Delegationsreisen organisiert hat, lief 2001 in Vietnam barfuß durch einen Fluss. Dabei ist sie wohl mit Rudimenten des dort im Vietnamkrieg zur Entlaubung eingesetzten Gifts *Agent Orange* in Kontakt gekommen. Seitdem versteinert sie langsam innerlich, Organe wie Gewebe. „Diffuse systemische Sklerose mit Organbeteiligung", nennen das die Ärzte, die ihr leider nicht wirklich zu helfen wissen. Ständig wehrt sie sich gegen neu angedrohte Amputationen. Ihre Haut ist so porös, dass sie nicht mal die Tastatur eines Computers bedienen kann, ohne dass die Finger Gefahr laufen aufzuplatzen.

Zwei Einzelschicksale, denen ich zufällig persönlich begegnet bin. Nicht nur in Syrien und Vietnam, sondern überall auf der Welt erleiden täglich Hunderte von Menschen ähnliche Qualen. Und dazu muss man gar nicht in ein Flugzeug steigen und in Krisengebiete fliegen. Da drängt sich die Frage auf: Ist Gott ein Sadist?

Beim Nachziehen der Schrauben des Halofixateurs in meinem Schädel fragte ich mich nicht nur das, sondern es ging so weit, dass ich die Existenz Gottes als Ganzes hinterfragte. Ist der Glaube oder überhaupt Religion vielleicht nur ein von Menschen gemachtes psychologisches Konstrukt, das uns irgendwie über Wasser halten soll, als Notlösung, die uns einen vermeintlichen Sinn im Leben gibt?

Das Grundvertrauen, das ich vorher Gott gegenüber empfunden hatte, war erschüttert worden. Der Unfall war aus meiner Sicht ein krasser Vertrauensbruch, und das hat mich dazu gebracht, erst mal alles anzuzweifeln. Warum hat Gott mich fallen lassen? Ich hatte doch vorher wie immer darum gebeten, dass nichts passiert. Und wenn das der Fall gewesen wäre, hätte ich auch schön artig gesagt: „Gott sei Dank!" Nun war aber etwas Schlimmeres geschehen, als ich mir je hatte vorstellen können, und ich fragte mich: „Wo war Gott? Habe ich gegen die Wand gebetet? Bestimmt gibt es ihn gar nicht! Ein liebender Gott könnte so etwas nicht zulassen!" Ich erwischte mich dabei, wie ich in das anscheinend typisch menschliche Muster verfiel, alles und jeden anzuklagen, wenn die eigenen Vorstellungen vom Leben zerbrechen.

Doch ich merkte schnell, dass mich das nirgendwo hinbringt.

Lichtblicke

Das erste Mal, dass ich ahnte: „Es gibt ihn doch", war noch am Anfang der Reha in der Schweiz. Gerade fing mir an zu dämmern, dass ich diesmal nicht glimpflich davongekommen war. Ich würde nicht wie nach meinen sonstigen Unfällen auf meinen eigenen Beinen gesund und munter die Klinik verlassen. Es sah richtig übel aus und vermutlich würde es auch so bleiben. *Du wirst nie wieder laufen können, nie wieder selbstständig leben.* Ich hatte nichts mehr, überhaupt nichts war mir mehr wichtig, und alle meine Pläne, alles, was mir auch nur irgendwie, irgendwann mal vorgeschwebt hatte, lag nun in Ruinen vor mir. Trotz all der lieben Menschen, dich mich umgaben, fühlte ich mich einsam und unverstanden. Drei endlose Monate lang hatte ich auf dem Rücken gelegen, mit dem Kopf eingespannt in einer

Schraubstockkonstruktion. Kurz nachdem ekelhafte, demütigende lebenserhaltende Dinge mit mir gemacht worden waren, „durfte" ich ein paar Minuten im Rollstuhl sitzen. Man fuhr mich auf den Balkon. Schmerzen. Frustration. Alle Träume für ewig zerplatzt? In diesem Moment war es die einzig logische Konsequenz, mich an Gott zu wenden. Wohin sonst sollte ich jetzt noch gehen?

Das Loch in meinem Hals, durch das ich bis vor Kurzem noch beatmet worden war, war noch nicht ganz zugewachsen, als ich zum ersten Mal seit sehr langer Zeit wieder bewusst durch Mund und Nase unklimatisierte Bergluft einatmete. Ich konnte die feucht-frischen Luftpartikel förmlich spüren, die durch meine Atemwege strömten. Nachdem ich wochenlang nur einen Fensterausschnitt der Umgebung gesehen hatte, sah ich nun endlich, was sich außerhalb des Klinikgebäudes befand. Mein Blick fiel auf die grüne Wiese, den Sempacher See, die hässlichen Heidschnucken auf der Wiese mit den herrlichen, schneebedeckten Bergen im Hintergrund. Alles umrahmte der blaue Himmel mit seinen vereinzelten Wolken, durch die hin und wieder die Sonne blitzte. So etwas wie ein Lächeln begann fast unwillkürlich in meinem Gesicht zu kitzeln.

Ich empfand Dankbarkeit für die wirklich netten Krankenschwestern und Therapeuten. Dann dachte ich an meine Familie und die Freunde, die heute wieder auf meinem Besuchsplan standen. Und plötzlich verspürte ich eine scheinbar grundlose Freude. Eine, die von innen heraus kam. Über die Luft zum Atmen, die Schönheit der Schöpfung, die Menschen in meiner Umgebung und das Leben als solches. Mit einem breiten Grinsen saß ich auf dem Balkon und habe es selbst nicht verstanden. Logisch war das jedenfalls nicht!

Rückwirkend würde ich diesen Moment mit dem Begriff „innerer Frieden" betiteln. Vielleicht war er eine erste Ahnung davon, dass es trotz allem immer noch Grund zur Hoffnung auf ein lebenswertes Leben gibt; dass ich eines Tages wieder glücklich sein kann.

Der Sobotta und die Kopfhörerkabel

Mein Lieblingsbuch, der „Sobotta" (Atlas der Anatomie des Menschen in 3 Bänden), ist ein über tausend Seiten starkes Standardwerk. Wenn man es liest, wird einem klar, was für ein unglaublich komplexer Organismus der menschliche Körper ist, wie krass wunderschön und genial und funktional er ist und was für eine hoch spezialisierte Abfolge von Aktionen und Reaktionen nötig ist, um beispielsweise nur einen Finger zu bewegen – ganz zu schweigen davon, Geige zu spielen. Eigentlich kann man nach der Lektüre dieses Buches oder auch nur weniger Seiten davon nicht mehr an so etwas wie die Evolutionstheorie glauben. Denn auch Jahrmillionen von Zufällen und Entwicklungsschritten können das erwiesenermaßen nicht erklären. Mir jedenfalls macht unter anderem der Sobotta überdeutlich, dass hinter alledem eine intelligente Energiequelle steckt; wie ich glaube, ein intelligenter Designer, der erst mal nichts ungelenkt ließ.

Jeden Tag beobachte ich, was passiert, wenn man Handy-Kopfhörerkabel in eine Tasche steckt: Sie verheddern sich unweigerlich innerhalb kürzester Zeit und bilden Knoten. Das kommt dabei heraus, wenn man Dinge sich selbst oder dem Zufall überlässt – Chaos.

Die Option, dass es Gott nicht gibt und der Glaube nur eine Krücke ist, habe ich wieder verworfen.

Obwohl ich noch derselbe bin und Gott wahrscheinlich auch, hat sich meine Sicht von Gott verändert. Anscheinend ist er anders, als ich dachte. Trotzdem: Wer einen kaputten DVD-Player hat, reklamiert ihn im Fachgeschäft. Und so wende ich mich mit meinem defekten Rückenmark logischerweise ebenfalls an den Hersteller, nachdem der Kundendienst mir nicht helfen konnte.

Leider scheint Gott andere Prioritäten zu haben als physische Gesundheit und Beweglichkeit. Was nicht heißt, dass er meinen Unfall gewollt hat. Ein allwissender Gott hat natürlich vorher gewusst, was passieren würde, und er hat es nicht verhindert – aber mehr kann ich ihm wirklich nicht vorwerfen. Ich war es, der die freie Entscheidung getroffen hat, über dieses Auto zu springen.

Der freie Wille – eins der größten Geschenke, die uns Gott gemacht hat. Es macht für mich wenig Sinn, Gott für alles Leid auf der Welt verantwortlich zu machen, da recht offensichtlich wir Menschen durch unsere Entscheidungen den größten Prozentsatz dieses Leids verursachen. Und Gott respektiert unseren freien Willen. So gesehen, wäre es absurd, wenn ich meine geliebte Unabhängigkeit auslebe und dann denjenigen anklage, der sie mir geschenkt hat.

Ich glaube nicht, dass es „sein Plan für mein Leben" war, dass ich gelähmt bin. Ohnehin bezweifle ich, dass es einen in Stein gemeißelten Plan für mein Leben gibt, dem ich folgen muss, und wenn ich es nicht tue, habe ich den Weg verfehlt.

Weil mein Weg so offensichtlich schiefging, denke ich schon manchmal: *Mensch, hättest du das Stipendium in den USA angenommen oder dich beim Cirque du Soleil beworben! Hättest du doch das Privileg der Pilotenausbildung bei der Bundeswehr genutzt!* Aber andererseits: Wer weiß, was dann gewesen wäre. Vielleicht wäre ich vom Trapez oder in Afghanistan gefallen.

Daher gefällt mir die Vorstellung ganz gut, dass Gott eher ist wie ein Navi, das immer das Ziel im Auge behält und, wenn ich anders abgebogen bin, seelenruhig sagt: „Die Route wird neu berechnet."

Der Gott des Alltags

In einem Gottesdienst fragte mich ein junges Mädchen, noch nicht mal im Konfirmationsalter, wie es sich anfühlt, mit Gott im Alltag zu leben. Überraschenderweise eine Frage, die ich so noch nicht gestellt bekommen habe und die mich erst mal ins Grübeln brachte.

Ich erzählte ihr von einem besonderen Trainer aus dem französischen Leistungszentrum, in dem ich turnerisch groß geworden war. Beim Kraft- und Ausdauertraining sowie beim Dehnen striezte er uns bis zur Schmerzgrenze. Wenn wir neue Übungen erlernten, gab er uns Hilfestellung. Aber nicht irgendwie, sondern wohlüberlegt und weder zu spät noch zu früh. Beim Djamidow oder der Stützkehre am Barren zum Beispiel griff er mit einer blitzschnellen, präzisen Handbewegung mitten in die Rotation des fliegenden Körpers zwischen Schulter und Nacken. Nur wenige Zehntelsekunden, wie eine Art Schlag, der aber so gesetzt war, dass er im richtigen Moment Unterstützung bot, die Richtung wies und natürlich ein Gefühl von Sicherheit gab.

Oder er stand bei einer Übung am Reck dicht auf Stangenhöhe parat und schob beim gefährlichsten Flugteil ein Polster wieder genau im richtigen Moment zwischen mich und die harte Eisenstange. Er verhinderte damit nicht den Aufprall, aber dämpfte ihn auf ein erträgliches Maß. Wenn es hart auf hart kam und man stürzte, schmiss er sich als letzte Instanz auf den Boden, um den Aufprall abzufangen, und kam dabei selbst meist nicht ohne Blessuren davon.

So wie diesen Trainer erlebe ich auch Gott: Er führt, er greift ein, er gibt Impulse, er bremst, er lenkt, er schützt – wenn man ihn lässt; immer mit dem Ziel, dass ich mich weiterentwickle und es schaffe. Er motiviert, er fiebert mit, er sieht zu, er hört zu, er will das Beste, den Sieg, und wenn man scheitert, ist er der Erste, der tröstet.

Der Glaube hat sich für mich in manchen Dingen relativiert und in anderen intensiviert. Schien die Beziehung zu Gott früher ein bisschen wie das Sahnehäubchen auf der Torte meines sonnigen Lebens, so ist sie heute eher die Teigmasse und damit überlebenswichtig für mich geworden.

Im Wort „Religion" schwingt von seinem lateinischen Ursprung „religere" her die Bedeutung mit, etwas zu überdenken, eine Gegend mehrfach zu durchreisen, sich auf etwas zu besinnen. Jeder, der es einmal mit dem Christsein versucht hat, weiß, dass das ein dynamischer Prozess ist, mit dem es sich eigentlich wie mit jeder Beziehung verhält: Es gibt bessere und schlechtere Phasen und

Momente. Manchmal fühlt man sich dem anderen weniger nah, dann wieder schäumt man über vor Kraft und Liebe.

Von einer Klassenfahrt in Rom sind mir viele Brunnen ähnlicher Konstruktion in Erinnerung geblieben, bei denen oben das Wasser herauskommt und in ein kleines Becken fließt. Aus diesem wiederum läuft es über in das darunterliegende größere Becken und dann ins nächste und so weiter. Ein Bild für ein Gebet, das ich gern in mir trage: *Gott, schenk mir wie diesem Brunnen Liebe und Kraft ein. Am liebsten so viel, dass ich davon überlaufe und sie weitertragen kann. Und diese Liebe dann wieder weitergetragen wird.*

Eine Beziehung gedeiht aber nur, wenn man sie pflegt. Unter anderem deshalb tut es mir gut, mich in die Stille zurückzuziehen und innezuhalten. Anders als Elvis, der besonders gern nachts unterwegs war, weil er dachte, dass Gott dann nicht hinschaut, fahre ich gern ins Freie, wo ich möglichst viel vom Himmel sehen kann. Ich begebe mich in meinem Rollstuhl in Liegeposition und betrachte die schwebenden Wolken, die der Mond beleuchtet. Die Vorstellung, dass in der Stadt alles schläft, gefällt mir – die Menschen liegen in ihren Betten und tun nichts, und ich genieße es, dass ich allein bin und kein Handy bimmelt. Das Leben hält inne. Erst in einigen Stunden werden die Leute wieder aufwachen, die Lichter werden angehen, die meisten werden sich anziehen und zum Auto oder zur Straßenbahn gehen, um zur Arbeit zu fahren. Dieser Rhythmus ist beruhigend und belebend zugleich. Ich mag die Nacht sehr.

Für den Fall, dass es einen nächsten Tag geben sollte, bitte ich, was mich angeht, zurzeit eher um Leitung als um Schutz. Denn rein physisch habe ich ja nicht mehr so viel zu verlieren. Ich rede mit Gott über die Leute auf meiner Gebetsliste; ich bete dafür, dass ich gute Arbeit abliefere, dass die Schmerzen endlich aufhören, und um Weisheit, Demut und Liebe. Und wie bei jedem Gespräch höre ich auch zeitweise einfach nur zu. Meist sind dann meine Anliegen und Probleme zwar nicht gelöst, aber sie fühlen sich leichter an.

Wunder und Windsorknoten

Am Theater in Bonn spielte ich 2015 den körperlich und scheinbar auch geistig behinderten Menuchim aus Joseph Roths „Hiob".
Menuchims Vater, Mendel Singer, vertraut in allem blind auf
Gott. Als ihm gleich zu Anfang der Geschichte ein Arzt vor-
schlägt, seinen Sohn ohne Behandlungskosten in ein Krankenhaus mitzunehmen, weil Aussicht auf Heilung besteht, wirkt es
völlig absurd und bescheuert von Mendel, dass er das Angebot
ausschlägt. Stattdessen legt er Menuchims Schicksal lieber in die
Hände Gottes. Man denkt sich: *So ein Idiot!* Das denken auch
viele über mich, wenn ich mal wieder dankend ablehne, dieses
Amulett zu tragen, diese Wunderpille zu schlucken oder jenen
besonderen Schamanen aufzusuchen, der mich nach nur wenigen
einfachen Ritualen heilen wird.

Und doch, auch wenn Mendel zeit seines Leidens als Dumm-
kopf dasteht, wird er für mich am Schluss zum stillen Helden,
denn das lang ersehnte Wunder tritt ein. Es scheint, als ob Gott
in einer anderen Zeit rechnet, sodass die Geduld aller und besonders die von Mendel ganz schön strapaziert wird.

Schon Roths Zeitgenossen kritisierten das Ende als zu kitschig
und als Verlegenheitslösung. Heinrich Böll etwa meinte, es sei
„etwas leichtfertig wie die Krawatte eines Kavaliers geschlungen".

Aber dem kann ich nicht zustimmen. Es ist alles andere als ein
leichtfertiges Happy End. Mendel musste mehr als genug Schick-
salsschläge einstecken. Zudem ist der Charakter eines Wunders
kein starr gebundener doppelter Windsorknoten, sondern vielmehr etwas Gnädiges, also nichts Erarbeitetes, das meist plötzlich
und überraschend kommt. Und auf so einen geplatzten Windsorknoten hoffe auch ich immer noch.

Übrigens gab es für Muhammed, den Syrer mit der Kugel im
Kopf, auch ein kleines Wunder, an das schon keiner mehr ge-
glaubt hat: Nach einem Prozess genehmigte das Auswärtige Amt
ihm das Visum, sodass er nun zumindest für seine Operation
nach Deutschland reisen darf.

Gute Aussichten

Die gute Nachricht ist: Unabhängig davon, ob unser Leben hier auf der Erde katastrophal schmerzhaft und grausam oder wunderschön prunkvoll und erheiternd ist, kommt nach dieser begrenzten Zeit gleichberechtigt für alle ein unkenntlich langer und schöner neuer Horizont.

Als ich ein kleiner junger Skater war, hörten wir häufig das Lied „Heaven Is a Halfpipe" von der Band OPM. Die in dem Song geschilderte Vorstellung gefiel mir, dass im Himmel alles in jeder Hinsicht gut ist, dass Partys stattfinden und man mit natürlich voll funktionsfähigen Körpern die abgefahrensten Saltos hinlegen kann und dabei höchstens in eine weiche Wolke stürzt. Dieses kitschige Bild finde ich nach wie vor so schön, dass ich mich gar nicht davon wegbewegen will.

Noch wichtiger aber ist, dass im Himmel alles so sein wird, wie es ursprünglich mal gedacht war. Das Böse und das Leid werden nicht das letzte Wort haben.

Die Aussicht auf den Himmel verändert meine ganze Sicht auf das irdische Leben – weil es nicht alles ist, was ich zu erwarten habe, ist es auch nicht der Weltuntergang, wenn es meinen Erwartungen nicht entspricht.

Dietrich Bonhoeffer hat genau dafür eine schöne Formulierung gefunden, indem er vom „Letzten und Vorletzten"[13] sprach. Burnout, Krankheiten, Kriege – alles, was hier auf der Erde passiert und angesichts dessen man verzweifeln könnte, ist nur das Vorletzte.

Auch Nicole, der versteinernden jungen Frau mit der *Agent-Orange*-Vergiftung, gibt diese Perspektive die Kraft, die Härten ihres Lebens auszuhalten. Und es ist für mich bewundernswert, wie sie das Leben und die Schönheit der Schöpfung feiert und dankbar ist. „Nun wird es endlich wieder wärmer und länger hell", schrieb sie mir neulich wieder auf einer ihrer schönen Postkarten. „Der Frühling zeigt mir jedes Mal aufs Neue Gottes Wunder, wie schön er die Welt erschaffen hat und wie kreativ er ist in der Schöpfung der wunderschönen, farbenfrohen Blumen- und Tierwelt!"

Sie liegt die meiste Zeit auf der Intensivstation und kann sich kaum noch rühren; trotzdem ist ihre Lebensfreude ansteckend. Das können auch alle ihre Krankenschwestern bestätigen. Jedes Mal wenn ich sie in der Klinik besuche, haben wir eine schöne Zeit miteinander, und ich verlasse beseelt ihr Zimmer. Nicole ist sich ganz sicher: „Nicht mehr lang, und wir werden nur noch auf der Sonnenseite des Lebens stehen, denn wir haben uns entschieden, das Geschenk Jesu anzunehmen. Ich freu mich schon so sehr und weiß: Das Beste kommt zum Schluss!"

Nicole leidet zwar, aber ist voller Hoffnung. Muhammed bekommt seine Operation und darf voraussichtlich noch ein bisschen weiterleben. Und auch ich arrangiere mich zunehmend mit meiner Situation.

Alles schön und gut. Trotzdem bleiben noch Fragen offen. Spätestens, wenn ich erzählt bekomme, wie ein kleines Kind wieder und wieder missbraucht wurde, obwohl es Gott um Hilfe anflehte, ist das Argument „Gott respektiert auch den freien Willen der Täter" für mich einfach nicht mehr stark genug, um diese Form der unterlassenen Hilfeleistung zu erklären.

Ich werde hier auf der Erde wohl nie auf alle Fragen eine Antwort bekommen. Doch wenn ich kann, werde ich sie Gott stellen, sobald ich bei ihm bin. Und bis dahin hoffe ich darauf: „Er wird alle ihre Tränen trocknen, und der Tod wird keine Macht mehr haben. Leid, Klage und Schmerzen wird es nie wieder geben; denn was einmal war, ist für immer vorbei" (Offenbarung 21,4).

Tränen trocknen, Schmerzen lindern. Geht auch schon jetzt. Deshalb werde ich weiter wach, neugierig und abenteuerlustig vorwärtsrollen und versuchen, mit so vielen Menschen wie möglich schon jetzt und hier ein Stückchen Himmel auf Erden zu feiern.

Dank

Zuerst und zuletzt möchte ich Juli danken, die mir so oft ihre Mama ausgeliehen hat. Ihre Mama, die sich im vergangenen Jahr zwischen mehr als 250 Vorstellungen und anderen Veranstaltungen Tag und Nacht meinem Lebensrhythmus angepasst hat. Ohne diesen Einsatz wäre das Buch nie fertig geworden. Danke, Juli, und danke, Karoline Kuhn.

Karo Kuhn und Samuel Koch bei der Arbeit am Buch

Viten

Samuel Koch

Jahrgang 1987. Schon früh galt seine Begeisterung dem Sport. Bereits mit 6 Jahren begann er als Kunstturner und turnte 17 Jahre lang bei unzähligen Wettkämpfen in der deutschen (2.) wie französischen Liga. Er studierte Schauspiel an der Hochschule für Musik, Theater und Medien in Hannover. Seit einem Unfall 2010 ist er Tetraplegiker, beendete aber dennoch sein Studium mit Diplomabschluss im Juli 2014. Sein erstes Buch „Zwei Leben" avancierte zum „Spiegel"-Bestseller und erhielt den Medienpreis „Goldener Kompass".

Aktuell unterstützt er die Deutsche Stiftung Querschnittlähmung (DSQ) sowie die internationale Rückenmarksforschung „Wings for Life", aber auch regionale Projekte als Schirmherr. Zusätzlich hält er immer wieder Lesungen und Vorträge an Ärzte- und Pflegekongressen, Schulen oder anderen Einrichtungen.

Titus Müller

hat Samuel Koch beim Schreiben dieses Buches unterstützt.

In Berlin studierte er Literatur, Mittelalterliche Geschichte, Publizistik und Kommunikationswissenschaften. Mit 21 Jahren gründete Titus Müller die Literaturzeitschrift „Federwelt". Er ist Mitglied des PEN-Clubs und wurde u. a. mit dem „C. S. Lewis-Preis" und dem „Sir Walter Scott-Preis" ausgezeichnet.

Quellenhinweise

1 Bernard, Andreas (2005): Stephen Hawking. Website sz-magazin.sueddeutsche.de: Stephen Hawking (abgerufen am 22. September 2010)
2 Heinrich von Kleist: Über das Marionettentheater, Reclam Verlag 2013
3 Ebd.
4 Franz Kafka: Ein Bericht für eine Akademie, Fischer Taschenbuch 1988
5 Auf dem Deutschen Evangelischen Kirchentag in Hamburg, 1. Mai 2013
6 „Euthanasia and other end-of-life decisions in the Netherlands", The Lancet 08/2003
7 aerzteblatt.de, 19. Februar 2012
8 Eine der Ausnahmen ist zum Beispiel der Spanier Pablo Pineda, der mit Down-Syndrom ein Hochschulstudium absolvierte und heute als Lehrer arbeitet.
9 Der Spiegel 29/2012 vom 16. Juli 2012
10 Wikipedia-Eintrag zu Udo Reiter: https://de.wikipedia.org/wiki/Udo_Reiter
11 William Paul Young: Die Hütte. Ein Wochenende mit Gott, Allegria, Taschenbuchauflage 2011, Seite 119–120
12 Rainer Maria Rilke: Briefe an einen jungen Dichter, Insel, Leipzig 1950, Seite 21
13 Dietrich Bonhoeffer: Ethik, DBW Band 6, Seite 141f.

Mit einem Vorwort von
Thomas Gottschalk

Gebunden · Mit Schutzumschlag
208 Seiten · € 17,99
ISBN 978-3-942208-53-6

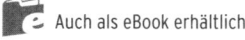 Auch als eBook erhältlich.

*„Irgendetwas kann auch unser Leben schon morgen in eine völlig
andere Bahn werfen. Ich wünsche uns dann die Kraft, die ich im Buch
von Samuel finde. Ich beglückwünsche ihn dazu und ich bewundere
ihn dafür",* schreibt Thomas Gottschalk im Vorwort zum ersten
Buch von Samuel Koch, das im Frühjahr 2012 veröffentlicht wurde.

Von Anfang an bewegte es die Gemüter und war für eine Weile das
meistverkaufte Buch Deutschlands. Samuel Koch erzählt von seinem Leben vor dem Unfall. Der Wettanbahnung. Der Vorbereitung.
Und von seinem Leben danach. Radikal ehrliche Schilderungen
eines jungen Mannes, der nichts mehr zu verlieren hat, sondern
nur noch gewinnen kann. Und eine Einladung, die Kostbarkeit
des Lebens neu zu schätzen.

Ebenfalls erhältlich als gekürzte Hörbuch-Fassung
Gelesen von Samuel Koch
4 CDs · ca. 260 Minuten
€ 19,99 · ISBN 978-3-863340-07-0

Erhältlich im Buchhandel oder unter www.adeo-verlag.de

adeo
Unterwegs. Sein.

Verlagsgruppe Random House FSC® N001967
Das für dieses Buch verwendete FSC®-zertifizierte Papier *EOS*
liefert Salzer, St. Pölten, Austria.

Wir bedanken uns für die erteilten Abdruckgenehmigungen:
S. 9, Heinz Erhardt © Lappen Verlag
S. 52, Textauszug aus: Judith von Sternburg, Das Monster in und neben uns,
Frankfurter Rundschau online, 3. 4. 2015 © Alle Rechte vorbehalten.
Frankfurter Rundschau GmbH, Frankfurt
S. 87, Kurt Marti, mit freundlicher Genehmigung des Autors
S. 118, Else Pannek, © Else Pannek, narzissenleuchten.de
S. 137, Manfred Hinrich, © Manfred Hinrich via Christa Moll, zitante.de

Die Bibelstellen wurden den folgenden Übersetzungen entnommen:
Hoffnung für alle®, © 1983, 1996, 2002 by Biblica, Inc. Verwendet mit freundlicher
Genehmigung des Herausgebers Fontis – Brunnen Basel.

S. 152, Lutherbibel, revidierter Text 1984, durchgesehene Ausgabe in neuer
Rechtschreibung, © 1999, Deutsche Bibelgesellschaft Stuttgart.

© 2015 by adeo Verlag
in der Gerth Medien GmbH, Asslar
Verlagsgruppe Random House GmbH, München

1. Auflage, Oktober 2015
Bestell-Nr. 835071
ISBN 978-3-86334-071-1

Umschlaggestaltung: Gute Botschafter GmbH, Haltern am See
Innengestaltung: Stefan Wiesner
Titelfoto: Jürgen Tap
Satz: Uhl + Massopust, Aalen
Druck: GGP Media GmbH, Pößneck
Printed in Germany